木下勝一 著

適用会計基準の選択行動
―会計改革のドイツの道―

東京 森山書店 発行

　　　　　は　し　が　き

　2005年に向けた会計国際化戦略のなかで，会計基準をめぐる国際間競争がいよいよ熾烈になってきた。これを著者は，会計基準の地政学的な覇権競争と呼称したい。今日の国際的な会計基準をめぐっての覇権競争は，地理的な条件からいえば，アメリカとヨーロッパの狭い空間の国際間アカウンティングウォーズであるが，この地理的空間のなかで，世界標準を決定する会計基準の地政学的覇権競争が繰り広げられているところに今日的特徴がある。しかも，この会計基準の地政学的覇権競争は，圧倒的にアメリカの競争優位のもとに進展しており，ヨーロッパがこれに対抗する１つの軸となって，国際会計基準理事会での基準設定プロセスに関与しているという構図が浮かび上がっている。
　たしかに，資本市場指向の投資家の意思決定有用性アプローチというレトリックが会計世界を席巻し，国際的比較可能性と透明性の高い会計情報を要請しているとの常識が大きな壁を形成して，会計世界を支配する意識構造がかたちづくられている。しかも，連結財務諸表が投資家の意思決定有用性の会計情報を提供することが世界の公共財であるとのレトリック的な認識論が蔓延しているのが現代の会計国際化戦略の特徴である。しかし，大事なことは，その内実において，会計世界の公共財を支配しているのがアングロサクソンの雄のアメリカのSEC・FASBのUS-GAAP基準であり，いま，IAS/IFRS基準の設定プロセスでのUS-International-GAAP基準の支配構造のもとでの会計国際化戦略の進展が見られることである。そして，この会計世界の現実のなかで，ヨーロッパが，また，ドイツがIAS/IFRS基準をめぐる競争に関与し，IAS/IFRS基準への適応戦略を練っている。
　本書は，このような会計世界の現実にあって，会計国際化戦略に対応させて，ドイツがどのような会計改革の道を歩んできたのか，また，どのようにド

イツ会計のパラダイム転換が起きているのかといった問題意識のもとに論究を進めている。本書の論点は，ヨーロッパというブロック経済圏なかで，ドイツが債権者保護重視の自国基準の支配のナショナルインタレストをいかに保持し，アングロサクソンの投資家保護重視の資本市場指向の会計基準への適応戦略をどのように築こうとしているのか，また，ヨーロッパにおいて，会計基準調和化プロセスがIAS/IFRS基準の導入へと収斂していく方向への転換が見られるが，その意義が何であるのかといった点にある。ドイツの適応戦略は，これまで，ヨーロッパの会計基準調和化という枠組みのなかで，1985年適応問題として，EC会計指令の変換を商法会計規範システムのもとに会計指令法を組み込むかたちで具体化させ，一応の域内調和化の会計世界を達成させた。しかし，1990年代に入って起きた，その後のIAS/IFRS基準・US-GAAP基準への国際化対応のいっそうの進展のなかで，1985年に一応の達成を見たはずの域内調和化の会計世界において，商法会計規範システムの不安定化・危機が露呈した。ドイツの適応戦略は，この危機状況に対処して，1998年適応問題として，会計国際化への開放条項（商法典第292a条）を時限立法で妥協的解決を図ったが，さらに，その後，IAS/IFRS基準適用への収斂のための2005年適応問題が起き，商法会計規範システムの再編の現代化の道を進んでいるのである。ここに，商法会計規範システムの会計改革のドイツの道が何かということが引き続き問われている。本書は，この会計改革のドイツの道を商法会計規範の混成システムのなかで，その解を見出そうとするドイツの会計世界の現実の姿を論究している。

　本書は，つぎのような内容から構成されている。第1章は，ドイツ商法会計規範と資本市場指向の会計規制への対応について，ドイツがIAS/US-GAAP基準の適応戦略を商法会計規範の混成システムのなかに組み込み，国内基準との重層的な制度設計を行っていることを明らかにしている。第2章は，企業統治の視点から会計改革のドイツの道を考察し，ドイツの企業統治の規定要因の変化のなかで株主価値指向と社会的市場経済の複眼思考からドイツ会計改革の特性を論究している。第3章は，会計国際化戦略のなかでの商法会計規範の混

成システムの再編過程をEC会計指令変換から商法典第292a条の免責条項・商法典第342条のドイツ会計基準委員会設置を経て，2005年のIAS/IFRS基準への収斂に至る期間にわたって論究している。第4章は，適用会計基準の国際化への開放条項を生み出した1998年会計改革法について，商法典第292a条の免責条項を通じて，IAS/US-GAAP基準準拠の連結財務諸表作成が制度化され，商法典第342条を根拠として設置されたドイツ会計基準委員会がドイツの会計国際化戦略の開放をもたらしたことを究明している。第5章は，2005年のIAS/IFRS基準の強制・任意適用に向けた商法会計規範の将来像をドイツがどのように描いているかを検討している。本書は，以上のように，ドイツ会計改革の道が商法規範の枠組みなかで，法規範と専門規範（ドイツ会計基準）の混成システムのもとでIAS/US-GAAP基準の適応・導入を図る方向にあることを解き明かした後，第6章は，ドイツ上場会社の適用会計基準の選択行動の事例研究を行っている。

以上，本書は，2005年のIAS/IFRS基準導入を図る企業会計法改革法（Bilanzrechtsreformgesetz）の商法改正前夜にいたる商法会計規範システムの再編過程を研究している。このため，本書では，連邦政府草案として公表されている企業会計法改革法案以降の新しいドイツの会計世界を取り上げることを今後の課題としている。2005年以降のドイツの会計世界が地政学的な会計基準をめぐる国際的な覇権競争のなかで，IAS/IFRS基準への収斂，US-GAAP基準のInternational-GAAP基準化がどのように進展していくか，その特徴が何処にあるかといった点に関する研究は，2005年以降の会計世界の現実を分析することが必要であり，他日を期したい。

著者は，これまで『リース会計の論理』（森山書店，1985年）と『会計規準の形成』（森山書店，1991年）において，ドイツ会計をGoB（正規の簿記の諸原則）をコア概念とした商法会計規範システムのなかで論究してきた。しかし，1990年代後半以降にドイツで起きている会計世界の現実は，それまでのドイツ一国の枠組みのなかで自己完結すればよいというものではなく，むしろ，資本市場指向に傾斜した会計規制の国際及び国内ネットワークのなかで，ドイツ会計を

再構築していくことを目指した商法会計規範システムの適応戦略の新思考をもとめている。本書は，著者のドイツ会計を定点観測する研究成果として書き上げたものであると同時に，2005年のIAS/IFRS基準への適応の前夜にあるドイツの会計世界の現実から会計改革の道を探ったものである。

本書は，平成9年度から平成11年度の科学研究費基盤研究C-2（「日独上場企業のIAS/US-GAAP基準適応の会計行動に関する研究」）と平成12年度から平成15年度の科学研究費基盤研究C-2（「ドイツ会計基準委員会の設置と商法会計規範システム形成に関する研究」）の交付，平成11年度から平成15年度の私立大学学術研究高度化推進事業（同志社大学ワールドワイドビジネス研究）の交付を受けて行った研究成果を踏まえて上梓したものである。

最後に，本書の刊行にあたって，今日の厳しい出版事情のなか，森山書店社長，菅田直文氏の多大なご尽力を得て実現したことに厚く御礼申し上げたい。

　　平成16年10月

　　　　　　　　　　　　　　　　　　　　　　　　　木　下　勝　一

目　次

第1章　ドイツ商法会計規範と資本市場指向の会計規制への対応視点 ……1

　　　はじめに …………………………………………………………………1
　第1節　会計国際化への対応のドイツの道の視点 …………………………2
　第2節　会計システムの影響要因とドイツ商法会計規範の
　　　　　混成システム ……………………………………………………8
　第3節　IAS/US-GAAP基準への適応条項に見るドイツの対応思考 ………13

第2章　企業統治と会計改革のドイツの道 …………………………………23

　　　はじめに …………………………………………………………………23
　第1節　ドイツの企業統治論の特徴 …………………………………………24
　第2節　ドイツの企業統治の規定要因の変化 ………………………………29
　　1　資本調達システムにおける機関投資家化と規制緩和 ……………29
　　2　企業の資本調達行動に見られた市場からの調達 …………………31
　　3　株式所有に見られる資本提供者の構成の発展 ……………………33
　　4　企業統治の国際的調和化とドイツの企業統治の立法措置 ………35
　　5　株主価値指向への転換と社会的市場経済の視点 …………………40
　第3節　市場による統制とドイツ会計の適応 ………………………………43
　　1　資本市場のグローバル化に伴うドイツ会計の国際的調和化 ……43
　　2　ドイツの連結財務諸表の会計国際化の行動 ………………………47
　　3　ドイツ会計（連結財務諸表）のIAS/US-GAAP基準への
　　　　2つの制度対応 …………………………………………………49

4　国際化のなかの企業統治と会計改革へのドイツの道 ……………54

第3章　国際化のなかの商法会計規範の混成システムの再編 ……57
　　　はじめに ………………………………………………………………57
　第1節　ドイツ会計の変化を促した国際的調和化の波 ………………58
　第2節　ヨーロッパ会計調和化のなかのドイツ会計 …………………63
　　　1　EC会計指令変換と商法会計規範システムの再編成 …………63
　　　2　IAS/US-GAAP基準へのいっそうの国際的調和化の対応 ……68
　　　3　いっそうの国際的調和化へのドイツのスタンス ………………72
　第3節　商法会計規範システムのなかでのIAS/US-GAAP基準への
　　　　　適応条項 ………………………………………………………77
　　　1　商法会計規範システムのなかでのダブルスタンダード ………77
　　　2　ドイツ上場会社のIAS/US-GAAP基準への適応状況 …………80
　　　3　IAS/US-GAAP基準への適応のための2つの商法条項の新設 …83
　第4節　2005年に向けたIAS/IFRS基準適応のドイツの道 ……………92

第4章　適用会計基準の国際化への開放条項 ……………………………99
　　　はじめに ………………………………………………………………99
　第1節　商法典第292a条の免責条項による国際化への開放 ………100
　第2節　ドイツ会計基準委員会と会計国際化への開放 ………………104
　　　1　商法典第342条によるドイツ会計基準委員会の創設 …………104
　　　2　会計の国際化対応に関する大企業の意識変化 ………………106
　第3節　ドイツ会計基準委員会の権限と役割 …………………………110
　　　1　ドイツ会計基準委員会の基準設定約款 ………………………110
　　　2　ドイツ会計基準委員会の権限と役割をめぐる議論 ……………112
　　　3　ドイツ会計基準委員会の役割と「2005年適応問題」 …………117

第5章　ドイツ商法会計規範の将来像 …………………………………121

　　　　はじめに ……………………………………………………… 121
第1節　国際化対応のなかでの適用会計基準の特徴……………… 123
　　1　IAS/IFRS基準適用の最大のユーザー国としてのドイツ ……… 123
　　2　ドイツの国際化対応における適用会計基準の混成システム …… 125
第2節　2005年以降の適用会計基準のドイツの将来像…………… 130
　　1　IAS/IFRS基準の導入に関するEU命令とIAS/IFRS基準の初度適用 … 130
　　2　EU命令・IAS/IFRS基準導入に対するドイツの対応 …………… 133

第6章　ドイツ上場会社の適用会計基準の選択行動……………… 143
　　　　はじめに ……………………………………………………… 143
第1節　ドイツの上場企業のIAS/US-GAAP基準適応の会計行動 ……… 144
　　1　IAS/US-GAAP基準適応のドイツ上場企業の現状 ……………… 144
　　2　ドイツ上場企業のIAS/US-GAAP基準適応の形成可能性 ……… 151
第2節　ドイツ上場会社の適用会計基準の選択行動の事例研究…… 160
　　1　Daimler-Benz/Daimler-Chrysler株式会社 ……………………… 160
　　2　Deutsche Telekom 株式会社 …………………………………… 177
　　3　Deutsche Bank株式会社 ………………………………………… 186
　　4　Bayer株式会社 …………………………………………………… 201
　　5　Volkswagen株式会社 …………………………………………… 208
　　6　連単利益表示と適用会計基準の選択行動 ……………………… 217
第3節　事例研究から見た適用会計基準の選択行動の意味………… 224

索　　引 ……………………………………………………………… 227

第1章

ドイツ商法会計規範と資本市場指向の会計規制への対応視点

　　は　じ　め　に

　ドイツは,「国家の法規範の秩序[1]」のもとで商法会計規範システムが形成されてきた「立法国家[2]（Gesetzgebungsstaat）」である。この立法国家の商法会計規範システムの特徴は，成文法のなかの不確定法概念を充填し，法律の欠缺を推論して法の発展，実質的な法の形成を図るべく実務，判決，専門科学が機能している点にあった。しかし，このドイツの商法会計規範システムを揺るがす事態が1990年代に急速に進展してきた。それが1990年代の会計国際化対応の新しい現実の到来のなかに現れた「ファントム[3]（Phantom）」であった。この新しい現実がアングロサクソン主導の意思決定有用性アプローチからの「会計システムに対する市場の規制緩和[4]」，換言すれば，資本市場指向の投資家保護重視の会計システムへの転換をドイツに求めている。これは，明らかに，ドイツの社会的市場経済と商法会計規範の根幹としてきた債権者保護重視の思考と対立し，ここに，"ドイツ会計のパラダイム転換か"，"ドイツ会計にチャンスがまだあるか"といった危機感が1990年代後半にドイツで生まれた。一方，この「会計システムに対する市場の規制緩和」の強まりに関し，ドイツの対応視点がこの危機感のなかから，国際会計研究の成果として，ドイツ会計改革論が提起されてきた。

　ドイツの会計改革論は，1998年の会計改革関連法（資本調達容易化法と企業領域統制透明化法）で連結財務諸表に限定して期限付の規制緩和として，市場の規制緩和論を会計領域に移転させる戦略的対応を行った。これは，商法会計規

範システムの枠組みのなかで,商法典第292a条の免責条項を挿入し,国際資本市場指向の上場会社の連結財務諸表に限って国内基準の適用除外を認めるというかたちでの「会計システムに対する市場の規制緩和[4]」に対応したものであった。しかし,1998年の国際化対応の後も,2005年1月1日以降,EU域内の上場会社に対するIAS/IFRS基準の強制適用というEU命令が出され,「会計システムに対する市場の規制緩和」の流れはいっそう強まる傾向が続いており,「会計システムの競争のなかの商法会計規範[5]」状況が現状の特徴である。このため,ドイツの会計改革論は,2005年に向けた「競争のなかの会計システムに対する市場の規制緩和[6]」に対応する方向性を「国際会計への適応の戦略的な思考[7]」から議論し,資本市場指向の大手上場会社に対する会計規制と非資本市場指向の中小会社に対する会計規制に適応し新たな混成システムの商法会計規範の再構築を目指す「選択プロセス[8]」を歩んでいる。

本章は,「国際会計における支配的な規範システム[9]」の形成をめぐる競争優位の論争のなかで,ドイツ会計の将来像を描き,会計改革のドイツの道を模索している会計世界の現実を取り上げ,その内実を明らかにすることを狙いとしている。

〈注〉
1.2. Rebbinder, M., Einführung in dei Rechtswissenschaft, 7. Aufl., Berlin/New York 1991, S. 85, S. 218.
3. Schildbach, T., Harmonisierung der Rechnungslegung-ein Phantom, in : Betriebswirtschaftliche Forschung und Praxis, Heft2/1998, S. 1.
4.5.6.7.8. Pellens, B., Internatioanle Rechnungslegung, 4. Aufl., Stuttgart 2001, S. 600-604.
9. Spanheimer, J., Internaitonale Rechnungslegung, Düsseldorf 2002, S. 192.

第1節 会計国際化への対応のドイツの道の視点

近年,ドイツで展開されている会計の国際化対応は,1985年の会計指令法がEC会計調和化の枠組みのなかで秩序づけた「ドイツの健全な会計世界[1]」を

第1章　ドイツ商法会計規範と資本市場指向の会計規制への対応視点　　3

揺るがし,「ドイツ企業会計法の危機[2]」を招いたとの認識を強めた「IAS/US-GAAP基準への会計の転換を促した資本市場のリアクッション[3]」の一方で,しかし,ドイツの対応を象徴するものとして,1998年に2つの会計改革関連法(資本調達容易化法と企業領域統制透明化法)が成立した。この資本調達容易化法と企業領域統制透明化法は,グローバル資本市場とコーポレートガバナンス(企業統治)に関する法の整備をはかったものであるが,そのなかで,IAS/US-GAAP基準への商法適応条項の新設がなされた点が特徴的であった。

　この新しい現実に関し,ドイツ商法会計規範がIAS/US-GAAP基準への適応に大きくシフトしたと捉えられるが,しかし,そのことよりも重要な点は,IAS/US-GAAP基準適応の深層において,短絡的にアングロサクソンの市場重視型の会計思考への傾斜として捉えるのでなく,むしろ,アングロサクソン会計思考への対抗軸としてコンチネンタルヨーロッパの会計思考からの「IAS/US-GAAP基準への対応の戦略的思考[4]」が内在しているとする認識論ではないかということである。

　この観点から捉えた場合,IAS/US-GAAP基準適応を通じて,ドイツの視点からの国際化への対応の可能性をドイツ商法会計規範の枠組みのなかで探ろうとするドイツの道の視点が重要な論点となってくる。この意味で,1998年に成立した資本調達容易化法と企業領域統制透明化法は,ドイツ商法会計規範の枠組みのなかでの新しい国際化対応の視点をしめしたものである。

　この視点は,ドイツがIAS/US-GAAP基準への対応に取り組む意義は何処にあるのかという問いに答えたドイツの国際会計論者のPellens, B.(ペレンス)のつぎのような研究のスタンスによく現れている。

「ドイツの会計規準設定機関である議会において,国内の利害関係団体との長期にわたるインセンティブに満ちた立法議論を繰り広げ,1985年の商法典改正のかたちで,EC第4号,第7号,第8号会計指令をドイツ法に変換した当時,多くの人々は,1965年株式法改正の時と同じように,ドイツ会計が数十年間はふたたび"いばら姫の眠り"に入るものと思っていた。たしかに,1985年の会計改革により多くの問題が新たに解決されはし

たが，しかし，配当及び税支払に対する利益計算の支配，そして，このことに関連した債権者保護及び企業それ自体の慎重な貸借対照表作成への期待からドイツの立法機関が脱皮しきれないままであった。しかし，その一方において，国際的な資本市場関係者のあいだで，投資家は会計によって企業の経済状態に関する適宜な情報の提供を受けるべきであるとする考えが広まるなかで，会計の情報化機能に焦点を合わせた投資家重視のアングロアメリカの考えが債権者保護や慎重原則を特徴とするドイツの会計よりも効率的であると認識されるようになった[5]」。

　このように，"いばら姫の眠り"と見られたドイツ会計が1990年代に入って国際的資本市場指向のなかで新たな転換期を迎え，資本調達容易化法案の審議を軸にアングロアメリカ会計思考を受け入れる方向が明確に打ち出され，その後2年を経て，1998年に成立した資本調達容易化法と企業領域統制透明化法のもとで，IAS/US-GAAP基準への商法適応条項が新設されるに至った。

　しかし，ドイツの国際会計論者のPellens, B. は，このIAS/US-GAAP基準への商法適応条項のなかに貫かれている視点が何かということを考え，アングロアメリカの会計思考の幅広い受け入れというだけではなく，ドイツがグローバルスタンダードに能動的に対応し，債権者保護の商法会計規範の枠組みをいかに維持しつつ，ナショナルインタレストのなかにいかに組み込んでいくべきかという戦略思考にあったと考えるべきであるとする。「我々は，外国の会計を積極的に議論し，これをドイツの規準と批判的に比較しなければならない。国際的に異なった会計を認識することによってのみ，将来，"最適"な国際的解決とそのいっそうの発展をめぐる議論に建設的に参加することが可能となる[6]」とする考えがこのことを反映している。ドイツで展開されている会計の国際化対応論は，アングロアメリカのIAS/US-GAAP基準の分析をドイツ的視点から行い，商法会計規範の単独・連結財務諸表の混成システムの枠組みのなかでどう整合させ得るかといった優れて政策的な議論がドイツの道を探る会計の地政学ともいうべき展開を見せている。

　ドイツの商法会計規範の"いばら姫の眠り"を覚醒せしめるに至った契機を

第1章　ドイツ商法会計規範と資本市場指向の会計規制への対応視点　5

考えると，それは，ドイツ会計のグローバルスタンダードへの適応を上場認可の条件とした1992年のDaimler-Benz（ダイムラーベンツ）社のニューヨーク証券取引所上場であった。Daimler-Benz社の事例に見られるように，国境を越えた資本調達行動に伴い，外国で適用されている会計ルールや実務，そして，その国で通常となっている解釈にしたがった財務報告が投資家の意思決定に有用な情報を提供するものとして要請された。

　そして，そのことは，ドイツの国際会計論者のPellens, B. によれば，「市場経済的な経済システム[7]」のなかでは，経営者と企業外部者とのあいだの契約関係が網状組織となっているため，企業開示に関する情報の均等化のもとで会計データが公表される必要があり，非対称な情報ではなく，スタンダード化された情報が要請されていると理論的に説明づけられている。だが，この理論的な説明づけをどう考えればよいかということが重要なのである。ドイツ会計の国際化が国際的な市場経済システムのもとで起きた非対称的な情報の撤廃をめざすなかで起き，スタンダード化された情報を経営者が契約関係者に提供するにはどのようにすればよいかといった問題を提起しているが，そのようなグローバルスタンダードがなんらかの特定国，たとえば，アメリカの会計システムのスタンダード化であればよいということなのかどうか[8]，この点の吟味がドイツ的視点の核心部分であるとPellens, B. は考える。

　ドイツの視点から市場経済システムに関連づけて展開される国際会計論は，企業の契約関係への会計の作用のなかで経営者が外国の会計システムを知ることが不可欠となり，外国の取引相手，競争者に関する判断，外国におけるポートフォリオ及び直接投資の意思決定に関する判断，外国の企業及び関連企業の指揮，外国の投資家の獲得が外国の会計規準を議論する際の社会経済的環境要因となっているとともに，さらにまた，全体経済的な関係への会計の作用も外国の会計規準の議論を促している要因となっていると考えている。国民経済が閉鎖されている国では，外国との経済関係がなく，そのため，外国との比較で会計の違いがその国では重要視されることはない。これに対し，国民経済が国際的な経済関係のなかで発展している国では，会計が相違していることが重要

な意味をもつことになる。これらの国々では，会計システムの形成がパブリックセクターによっているか，プライベートセクターによっているかどうかはともかく，企業はその国々の会計システムを適用することを義務づけられてきた。しかし，今日のメガコンペティション（国際的な大競争）の時代に入って，会計システムに対する市場の国際的な規制の緩和というもう1つの可能性がクローズアップされてきた。市場競争が完全に機能していれば，市場メカニズムが働き，効率的な会計システムを選好するため，会計の国際的調和化というものがなんら必要でないことになるが，実際の市場が会計システムに対して機能的に働くかどうかは明らかではない[9]。

ドイツの視点から，以上のような立論がドイツの国際会計論者のPellens, B.によってなされ，ミクロ経済的な契約関係だけではなく，増大するグローバルな経済の考慮からしても，国際的な会計の原則においても相違が存在しており，IAS/US-GAAP基準を固定したグローバルスタンダードとして捉えるべきでないと結論づけている[10]。むしろ，会計システムの影響要因によって，グローバルスタンダードもまた変化していくものであるとする主張が行われる。その際，会計システムの影響要因がそれぞれの会計システム間における違いをドイツの視点から自己確認したうえで，ドイツの国際的調和化の可能性を探ぐることができるというのである[11]。

それぞれの会計システムを成立せしめている影響要因が何かというと，それは，①秩序政策及び法的枠組み条件，②歴史的，文化的及びその他の社会経済的要因，③税システム，④与信者，投資家と資本市場であり，この4つが影響要因として会計システムに作用し，US-GAAP基準，IAS基準，ドイツ商法基準のそれぞれの会計システムが成立している。IAS/US-GAAP基準が投資家を主たる受け手として，投資の意思決定に適合した会計情報を伝達することに目的を有するのに対し，ドイツ商法基準の会計システムは，情報の伝達と所得の測定という二重の目的よって特徴づけられる。アメリカの法領域では個別の契約の規制が効率的でないときに限って，会計規準の確定がなされるのであるが，これに対し，ドイツの法領域では標準的な契約の傾向がつよいため，ドイ

ツの会計システムは新しい個々のケースについては解釈によって適用可能となるような一般的な規準を与えている[12]。

ドイツの国際会計論者のPellens, Bは，このようなドイツの視点から考え方から，それぞれの会計システムの違いというものを充分に認識することが大事であり，会計の規準は現存の秩序枠との重奏のなかでのみ判断を下すことができ，効率的なものとして採用されている会計システムといえども，それを他国に移転することがその国の会計法，税法，資本市場法の領域で適用されてきた法システム及び法の規準を侵害しかねないと指摘する[13]。

この指摘から分かるドイツの視点とは，アングロアメリカの会計システムを相対化したうえで，ドイツの「会計システムの二元主義[14]（Dualismus der Rechnugslegungssysteme）」の在り方を将来展望しようとするものである。

「現在見られるのは，ドイツの会計システムとは異なったアメリカの会計システム，そしてそのアメリカの影響をつよく受けたIASC基準が国際的に支配的な地位を占めているということである。それゆえ，ドイツで会計に関係するすべての者がこのような発展を議論する必要があるように思われる[15]」。

〈注〉
1．2．Beisse, H., Die Krise des deutschen Bilanzrechts und die Zukunft des Maßgeblichkeitsgrundsatzes, in : Baetge, J., Deutsches Bilanzrecht-In der Krise oder im Aufbruch, ?, Düsseldorf 2001, S. 3-8.
3．Pellens, B., Kapitalmarktreaktionen auf Rechnungslegungswechsel zu IAS bzw. US-GAAP, in : Gebhardt, G. /Pellens, B., Rechnungswesen und Kapitalmarkt, Düsseldorf/Frankfurt, 1999, s. 199-228.
4．Dyckerhoff, C., Übergang zur Internationalen Rechnungslegung, in : Coenenberg, A. G., /Pohle, K., Internationale Rechungslegung, Stuttgart 2001, S. 68.
5．Pellens, B., Internationale Rechnungslegung, 4．Aufl., Stuttgart 2001, Vorwort zur vierten Auflage.
6．7．8．Ebenda, S.68.
9．10．11．12．13．Biener, H., Stand und Möglichkeiten der internationalen Anerkennung der IAS, in : Baetge, J., Zur Rechnungslegung nach International Accouting Standards, Düsseldorf 2000, S. 3-21.

14. Kleekämper, H. /König, S., Die Internaitonalisierung der deutschen Rechnugsle-gung, in : Deutsche Steuerrecht, Nr. 13/2000, S. 569.　15. Pellens, B., a. a. O., S. 228.

第2節　会計システムの影響要因と
　　　　ドイツ商法会計規範の混成システム

　会計システムがその国により違った現われ方をしていることが誰の目にも明らかになり，また，その異なった会計システムの優位をめぐって国際的な競争が起きているが，そのなかに，それぞれに異なった会計システムを支えているつぎの第1-1図のような影響要因がある。

第1-1図　会計システムの影響要因

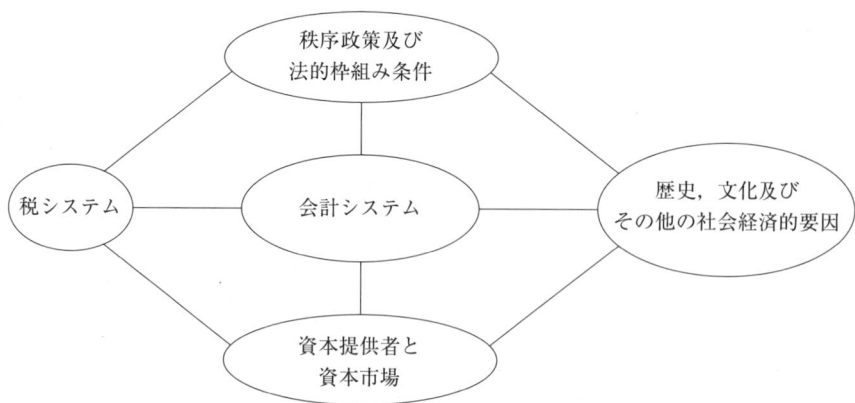

出典）　Pellens, B., Internationale Rechnungslegung, 2. Aufl., Stuttgart 1998, S. 19.

　この「会計システムの影響要因[1]」の違いから，1つの対抗軸として，アングロサクソンに属する市場重視型の会計システムと大陸ヨーロッパの非市場型の会計システムがあり，それぞれの国の会計システムの個性が特徴づけられる。もとより，大陸ヨーロッパに属する国々においても，市場重視型の会計システムへの適応を促す議論が起き，そのことにどう対応すべきなのかをめぐって検討が続けられてきた。とくに，非アングロサクソンの雄であるドイツの会

計国際化への戦略的な対応思考については，重要な論点であった。

　第1-1図の会計システムの影響要因によれば，会計システムは，それぞれの国の「歴史，文化及びその他の社会経済的要因[2]」によってその現われ方に影響を受けるとともに，「秩序政策及び法的な枠組み条件[3]」，「税システム[4]」，「資本提供者と資本市場[5]」という要因が相互に関連し合って，それぞれの国の会計システムの存在形態に影響を与えており，ドイツの会計システムもこのような「会計システムの影響要因」からその現われ方の個性が摘出される。

　ドイツの「会計システムの影響要因」を概観すると，まず，「秩序政策及び法的な枠組み条件」のもとで，慣習法に立つアングロサクソン圏のシステムと成文法に採る大陸ヨーロッパ圏のシステムが1つの対抗軸を形成していると捉えられるが，ドイツは，明らかに後者の成文法主義に属し，法律によって会計を規制する国として特徴づけられる。敷衍すれば，会計を規制する法律が商法規範であるところから，ドイツの会計システムを商法会計規範システムと呼称することができる。また，立法権限が連邦議会にあることから，商法会計規範システムを形成する主体が立法機関にある点で，ドイツの商法会計規範システムがパブリックセクター方式で形成されると特徴づけることができる。これは，プライベートセクター方式で，FASB（米国財務会計基準審議会）がUS-GAAP（一般に認められた会計原則）を設定するアメリカの会計システムとの決定的な違いであるといえる[6]。

　さらに，「資本提供者と資本市場」という環境要因からも，ドイツの商法会計規範システムの個性が浮かび上がってくる。公開資本市場からの直接金融にもとづく投資家保護の市場重視型の会計システムを採るアメリカと違って，ドイツは，銀行の産業支配中心の間接金融に依っているため，公開資本市場のウェイトが低く，債権者保護を重視した非市場型の会計システムに特徴が見られる国である[7]。また，「税システム」という環境要因から見ても，ドイツは，商法確定決算基準（商事貸借対照表の基準性）を採って，課税所得計算が商法決算利益と一体化している会計システムを堅持しており，この点で，GAAP基準の会計が直接的には税務上の所得計算の基準とされないアメリカとの違いが

際立っている[7]。

このように，ドイツの会計システムのなかに，債権者保護を重視した商法会計規範という個性を見ることができ，投資家保護を重視し，会計プロフェショナルの自主規制によって市場重視型の会計システムを形成しているアメリカとの違いがあることが分かる。

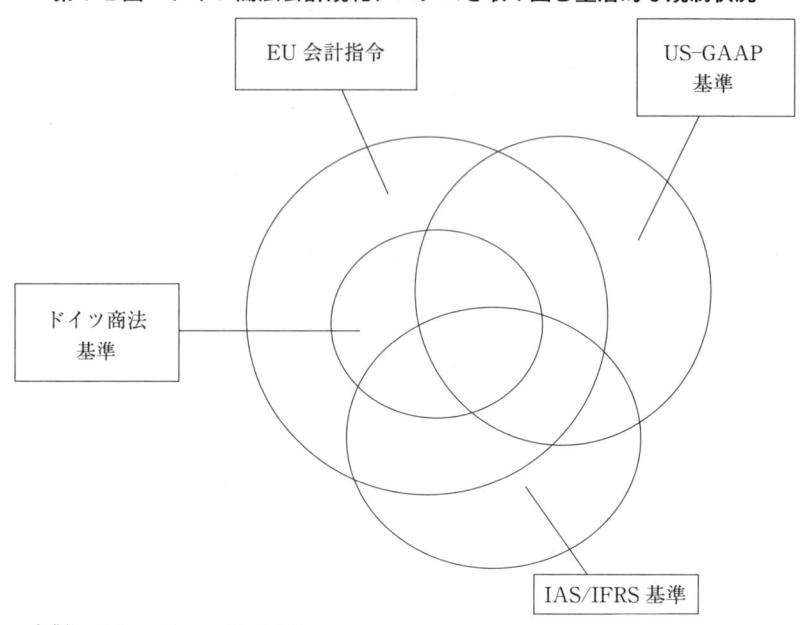

第1-2図　ドイツ商法会計規範システムを取り囲む重層的な規制状況

- EU会計指令
- US-GAAP基準
- ドイツ商法基準
- IAS/IFRS基準

出典）Pellens, B., a. a. O., S. 459.

しかしながら，すでに，1970年代後半以降にヨーロッパのなかでも見られ，とくに，1990年代にはいって，いっそう顕著となった会計国際化，会計の国際的調和化の波が怒涛のごとくドイツにも押し寄せてきたことがドイツ商法会計規範システムに国際化への対応を迫る事態となった。このなかで，ドイツ商法会計規範システムが市場重視型の会計システムに対する，いわゆる適応問題を抱え込むというもう1つの環境要因が現われてきたのである。第1-2図は，ドイツ商法会計規範システムがEU会計指令，US-GAAP基準，IAS基準との

重層的な関係のなかで存立している状況をしめしたものである。この点で，ドイツ商法会計規範システムが市場重視型の会計システムの国際的ネットワークのなかに組み込まれているとともに，国内・国際基準の重層的な仕組みのもとにあることを理解することができよう。

すなわち，「会計システムの環境要因」について留意しておかなければならないのは，このような理解がドイツの会計システムの個性をアングロサクソンと大陸ヨーロッパという対抗軸のなかで，債権者保護重視の商法会計規範システムとして描き出しているとともに，より分析的な視点として，ドイツ商法会計規範システムの個性である債権者保護の枠組みのなかで会計国際化対応が可能であるかどうかを思考しているということが重要なポイントである。ドイツの商法会計規範システムが市場重視型の会計システムの国際的ネットワークのなかに組み込まれているという事実を短絡的に「ドイツ会計のパラダイム転換[8]」が起きていると確認すること自体に事物の本性があるのではない。むしろ，「ドイツ会計のパラダイム転換」が商法会計規範システムの再構築のなかでどう評価されるべきかという点が重要である。

ドイツの会計国際化対応とは，国際資本市場での上場規制にドイツ企業が商法会計規範システムの枠組みのなかでいかに適応していくかということに外ならない。現実的な解決方向としては，①企業レベルにおいて，商法選択権の枠内でドイツ企業がIAS/US-GAAP基準への適応行動を採るか，②立法レベルにおいて，商法規定のなかにIAS/US-GAAP基準適応条項を新設するかということであった。この限りで，ドイツ商法会計規範システムの枠組みのなかで，会計国際化への対応が採られたと考えてよい。しかし，いま1つの特徴点として，第1-3図のような商法会計規範の重層的体系があって，この枠組みのなかで，上場会社の適用会計基準の国際的な選択行動が見られると考える。

このため，ドイツ商法会計規範システムそれ自体が市場重視型の会計システムへパラダイム転換する方向にあると捉えることは短絡的で，早計であると言わざるを得ない。ドイツ商法会計規範システムは，商法典第三篇のなかで重層的な構造を編成して，すべての商人の商業帳簿を規制する法規範を定めてお

第1-3図　商法会計規範システムにおける規定の差別

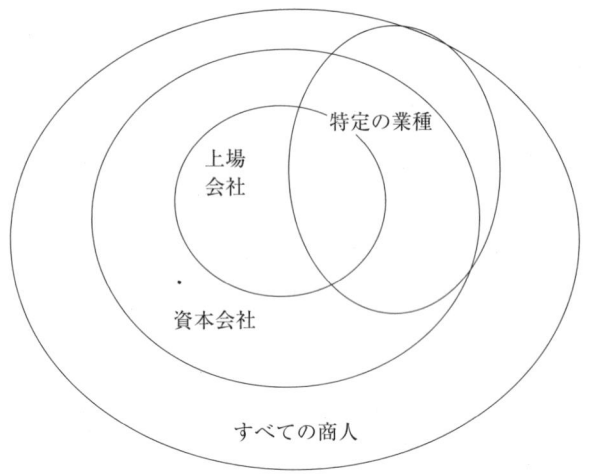

出典）Pellens, B., a. a. O., S. 497.

り，資本会社，上場会社，業種にわたって会計規制を行っている。したがって，商法会計規範システムに内在している「会計規定の差別化[9]」のなかにドイツの個性を見出だすことができる。

　商法典第三篇が重層的な体系を内包し，商法会計規範システムを形づくっているが，では，会計国際化への対応を商法会計規範システムのなかでどのように具体化しようとしているのか。商法典第三篇は，債権者保護重視の処分利益可能性の会計規制を行っているが，それとともに，投資家保護の情報開示の会計規制をしている。そして，この債権者保護を重視した処分利益可能性と投資家保護の情報開示の会計規制の二重性のなかに，アメリカと違ったドイツ的な特徴が見い出される。

　ドイツ商法会計規範システムは，単独財務諸表と連結財務諸表の2つの領域に分かれ，両者が密接に結び付いているとともに，債権者保護の処分利益可能性がもっぱら単独財務諸表の領域に属するものとされる。この点で，債権者保護の慎重主義を重視した正規の簿記の諸原則（GoB-Grundsätze ordnungsmäßiger Buchführung）レジームの体系化と商法確定決算基準（商事貸借対照表の

第1章　ドイツ商法会計規範と資本市場指向の会計規制への対応視点　　13

税務貸借対照表に対する基準性原則/Maßgeblichkeitsprinzip der Handelsbilanz für die Steuerbilanz)」とが一体となっている[10]。そのことがドイツのナショナルインタレストとして会計国際化のなかで，単独財務諸表の会計規制を堅持してきたと見ることができる。

　では，会計国際化対応が商法会計規範システムのなかでどのように扱われてきたのかということが問題となってくる。この点，投資家保護の情報開示の会計規制が単独財務諸表・連結財務諸表のなかで遂行されていると考えられるが，それは，投資家保護を視野に入れながらも，債権者保護を重視した情報開示であって，アメリカの投資家の意思決定に有用な情報開示とまったく同じものでなかったことに留意しなければならない。このことを示したのが1998年の会計改革関連法に向けた動きであった。

〈注〉
1．2．3．4．5．6．7．Pellens, B., Internationale Rechnungslegung, 2. Aufl., Stuttgart 1998, S. 19–24.
8．Busse von Colbe, W., Deutsche Kapitalgesellschaften zuf dem Wege zur Internationalisierung ihre Rechnungslegung–Vor einem Paradigmswechsel?, in: Der Schweizer Treuhänder, Nr. 69/1995, S. 551.　　9．Pellens, B., a. a. O., S. 497.
10．Beisse, H., Zum neuern Bild des Bilanzsystems, in : Ballwieser, W. /Bröcking, H–J. /Drukarczk, J. /Schmidt, R. H., Bilanzrecht und Kapitalmarkt, Düsseldorf 1994, S. 31.

第3節　IAS/US–GAAP基準への適応条項に見るドイツの対応思考

　1990年代に入って，Daimler-Benz社，Bayer（バイエル）社などが始めたIAS/US-GAAP基準適応の会計行動が見られ，そして，それを支えるべく立法化された1998年の会計改革関連法[1]（資本調達容易化法と企業領域統制透明化法）にもとづき，商法典にIAS/US-GAAP基準適応の条項が新設された。会計の国際的な比較可能性と等価性を謳った連結財務諸表の会計国際化対応の条項がドイツ商法会計規範システムのなかに組み込まれた。1998年の資本調達容易化法と企業領域統制透明化法の成立は，ドイツ商法会計規範の規制に対する

「規制緩和[2] (Deregulierung)」であり，連結財務諸表に投資家の意思決定に有用な情報の開示を託し，単独財務諸表との任務の峻別化を図かって，商法会計規範システム内における部分的な改正を行ったものである。このため，EU会計指令，US-GAAP基準，IAS基準といった重層的な会計システムの国際的ネットワークが連結財務諸表の投資家の意思決定に有用な情報の開示をもとめる国際資本市場規制にかかわっているのであって，そのような国際的な会計規制のネットワークがドイツ商法会計規範システムの根幹にある債権者保護重視の処分利益可能性に抵触する際には，ドイツのナショナルインタレストを優先させた主張がなされるのである。1998年の資本調達容易法で新設された商法典第292a条の免責条項（IAS/US-GAAP基準に準拠した連結財務諸表の作成を認め，商法基準準拠の連結財務諸表の作成義務を免除するとした2004年までの時限措置）は，この点で，単独財務諸表の規制から離れて連結財務諸表の規制として別個に設計された。

ドイツは，1998年の会計改革関連法のもとで債権者保護重視の処分利益可能性とそれに関連した商法確定決算基準を堅持した商法会計規範システムのなかで，市場重視型の会計規制（IAS/US-GAAP基準）に適応する条項を挿入した国である。また，2005年以降，IAS/IFRS基準をEU域内の上場会社に強制適用するとしたEU命令への適応においても，この債権者保護の処分利益可能性と投資家保護の情報開示を単独・連結財務諸表の商法会計規範システムを堅持する枠組みのなかで，新たな再編プロセスを歩んでいる。

このような視点から，ドイツ商法会計規範システムの国際化対応を振り返って見ると，それぞれのターニングポイントに国際化対応の特徴を見出すことができる。

最初の国際化対応は，1960年代末からはじまるEG域内の会社法制の調整に関連して進められたEC会計指令の策定と1980年代に入って行われたEC会計指令の加盟国の国内法化へのプロセスに見られた。このEC域内の国際化を契機として，ドイツ商法会計規範システムの体系的な改編作業が進められたことがこの時期の特徴であった。このECの枠内における最初の国際化にドイツが

どのような対応視点であったかというと，イギリスの「真実かつ公正な概観」の受け入れに象徴されるような政治的な妥協を図って，それに随伴して，アングロサクソンの会計方法の選択適用を認める規定を部分的に採用するかたちで，商法典第三篇としてドイツ商法会計規範システムの体系的改編を行った。まさに，1985年の会計指令法（商法改正）政府草案理由書が述べている「ドイツの原則の堅持[3]」であった。1965年株式法で改正された商法会計規範がEG会計指令変換法という域を越えて，商人の企業会計法として，商人一般，法形態別，規模別，業種別といった全般的な企業会計法を体系的かつ重層的な会計規範として再編成し直されたのである。この点で，EC域内の会計基準の調和化がドイツ商法会計規範システムの体系化を実現させる誘因になったと見ることができ，EC内部で繰り広げられたEC会計指令の形成プロセスが自国基準のヨーロッパ化をめざす加盟各国のナショナルインタレストの調整と妥協の場であった。

その後，1990年代に入って，ECの枠組みを越えたIAS/US-GAAP基準への適応という新たな国際化の時期が訪れた。この国際化対応のなかで，ドイツ商法会計規範システムの内部に揺らぎが起き，「ドイツ会計にまだチャンスはあるか[4]」といった危機感すら生まれた。しかし，この間，激しい国際会計論争を繰り広がながらも，IAS/US-GAAP基準への対応に関し，ドイツのナショナルインタレストを根幹に据えたドイツ商法会計規範システムの新たな適応が1998年に行われた。

1998年にいたるIAS/US-GAAP基準適応がまず現われたのは，上場会社の会計行動においてであった。具体的には，Daimler-Benz社，Bayer社などの上場会社の会計行動における敏感な反応であった。Daimler-Benz社，Bayer社といったドイツの大手の上場会社は，相次いで，国際資本市場での資本調達にシフトをしはじめ，このために必要な対応として，IAS/US-GAAP基準シフトの市場重視型の会計規制への会計方針を移行させる新しい会計行動を採った。そして，この上場会社レベルでのIAS/US-GAAP基準適応の会計行動が進展するなかで，そのIAS/US-GAAP基準適応の会計行動に明確な法的根

拠を与えるために1998年の会計改革関連法（資本調達容易化法と企業領域統制透明化法）の立法化が商法会計規範システムに挿入された。

　だが，ここで看過してはならないもう1つの論点がある。それは，Daimler-Benz社やBayer社をはじめとするDAX・MDAX・NeuerMarktの多くの上場会社の会計行動が商法基準とIAS/US-GAAP基準のダブルスタンダード適用の会計方針を採っていたことである。1997年度のDaimler-Benz社の事例では，同社は，単独・連結合わせて，3つの財務諸表を作成する会計方針を採っていた。すなわち，ニューヨーク証券取引所上場に伴い，アメリカのSEC規制によるUS-GAAP基準適応の連結財務諸表を作成するとともに，ドイツ国内向けには，商法基準適応の連結財務諸表を作成していた。この限りで，それぞれが投資家の意思決定に有用な情報提供機能を有する連結財務諸表であるが，国内向けは，債権者保護の商法基準の枠組みのなかでの投資意思決定の情報媒体であり，IAS/US-GAAP基準の投資意思決定の情報媒体と違ったものであった。そして，Daimler-Benz社の会計行動として，このダブルスタンダード適用の2つの連結財務諸表の他に，債権者保護の処分利益可能性に関し商法基準準拠の単独財務諸表を作成していた点が特徴的であった。Daimler-Benz社は，商法基準適応の単独財務諸表・連結財務諸表の作成により，単独財務諸表レベルで債権者保護の処分利益可能性の機能を果たし，連結財務諸表レベルで国内向けの投資情報提供の機能を遂行する一方，アメリカの投資家に向けてはUS-GAAP基準適応の連結財務諸表を作成するといった二元的な対応をした。1998年以降のDaimler-Benz社の会計行動は，債権者保護の単独財務諸表を商法基準で，投資家保護の連結財務諸表をUS-GAAP基準で作成する会計方針を採っている。

　ドイツの会計国際化対応の30年間は，上場会社の会計行動と商法会計規範システムがいかに市場重視型の会計規制に適応していくかの変換のプロセスがあり，その変換のプロセスになかで，商法会計規範システムの枠組みの内部で債権者保護と投資家保護の相克の揺らぎが起き，その揺らぎに対応して新たな規範形成のプロセスが繰り返されてきたと見ることができる。この意味で，商法

会計規範システムの枠組みのなかでドイツの戦略的な国際化対応の思考が多くのIAS/US-GAAP基準の国際会計研究とそれをめぐる論争を通じてこの30年間にわたって模索され続けてきたといえる。

この点に関しては，とくに，1998年のIAS/US-GAAP基準適応条項（商法典第292a条の免責条項）に見られたドイツの対応思考が注目される。

1998年のドイツの対応は，資本市場規制への国際的な適応に必要な部分に限って，そのことが妥協的な解決と指摘されながら，IAS/US-GAAP基準適応条項を新たに挿入するという方向を採った。商法典第292a条の免責連結財務諸表条項の新設と商法典第342条及び第342a条の会計基準設定機関設置条項の二つの措置であった。しかし，留意すべき論点は，この二つのIAS/US-GAAP基準適応条項がドイツのナショナルインタレストを越えて，商法会計規範システムの債権者保護の慎重主義重視の正規の簿記の諸原則（GoB）のレジームと商法確定決算基準という根幹を放棄するものでなかったということである。

具体的には，IAS/US-GAAP基準適応条項に関連したドイツ会計基準委員会が新たに設置されたが，この委員会に付託された任務は，連結財務諸表に限定してIAS/US-GAAP基準適応を連邦法務省に勧告することであった。このため，ドイツ版FASBを想定して設立されたものであるが，ドイツ会計基準委員会がドイツの立法権限の委譲を受けて，会計規範の設定主体と見るのは正鵠を射ていない。IAS/US-GAAP基準適応に限定して，連結財務諸表の枠内でリース会計，デリバティブ会計，外貨換算会計，税効果会計等々に関する勧告を行うものである，

この限りで，ドイツの商法会計規範システムの立法主義の根幹を変更させるものでなく，しかも，連結財務諸表に限定したIAS/US-GAAP基準への適応というのが1998年の商法改正の趣旨であった。第1-4図は，1998年以前のドイツの商法会計規範システム形成を表わしたものであるが，これを見て分かるように，ドイツ会計基準委員会の設置にもかかわらず，ドイツ商法典の会計規範を設定する権限を有しているのは立法機関（Gesetzgeber）である。そして，

第1-4図 ドイツの立法主義と商法会計規範システム形成（1998年以前）

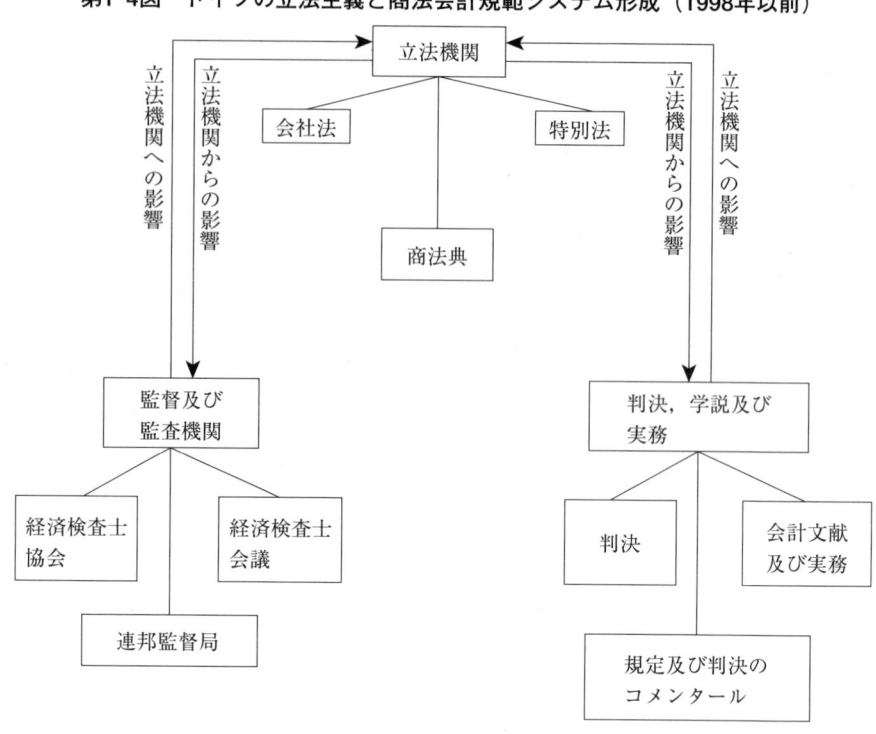

出典）Selchert, W./Erhardt, M., Internationale Rechnungslegung, München 1998. S. 18.

　この立法主義のもとで，商法会計規範システムを支えているものとして，判決，学理，実務があるとともに，経済検査士協会等の機関があり，法の欠缺がある場合に，これらのサポート装置が内容を充填するために働くことになる。ドイツ会計基準委員会設置もこのサポート装置として，①連結会計に関する諸原則の適用のために行なう勧告を開発する，②会計規定に関する立法行為に際し，連邦法務省に助言を与える，③国際的な基準設定機関においてドイツを代表するという新たな任務を与えられて設立されたものである。
　第1-5図は，1998年のドイツ会計基準委員会設置と商法会計規範システムの新しい関係を法規範と専門規範の観点から纏めた構図であるが，第1-4図

第 1-5 図　商法会計規範システムの法規範と専門規範の相互関係（1998 年以降）

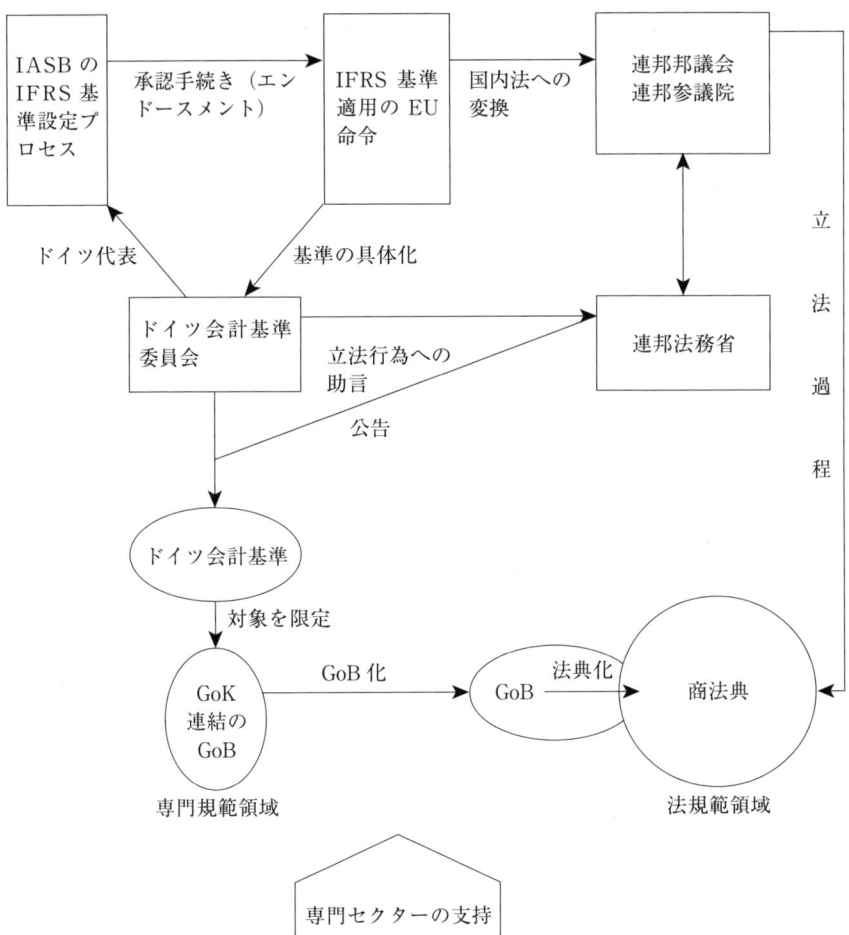

（デュープロセスにおける意見表明と解釈による法の欠訣の充填）
①ドイツ経済監査士協会・ドイツ経済監査士会議の意見書・実務指針　②経営経済学・法学の大学教授の見解　③裁判所の判決　④GoB・商法典のコメンタール，⑤会計実務慣行

との比較で，ドイツ会計基準委員会のドイツ会計基準がIAS/IFRS基準適応に決定的な役割を果たすとともに，ドイツ会計基準委員会がドイツ代表として国際会計基準理事会にドイツのナショナルインタレストを主張する任務を与えられ，さらに，法規範の立法過程に対しても立法助言の任務を認められている点が際立った特徴である。ドイツ会計基準委員会が公表し，連邦法務省が公告（Bekanntmachung）したドイツ会計基準が対象限定的な連結財務諸表のGoB（正規の簿記の諸原則）を商法上のGoB（正規の簿記の諸原則）化していくプロセスは，1998年以前になかった新しい商法会計規範システム形成である。専門セクターの支持機能がドイツ会計基準のデュープロセスに具体化されるとともに，専門規範としてのGoBの充填にも支持機能を果たす新しい構図が展開されている。

　1990年代に入って進展した会計国際化へのドイツの対応思考は，国内的対応として，商法会計規範システムの枠組みのなかに商法基準とIAS/US-GAAP基準のダブルスタンダードを組み込む二元的な適応の解決可能性の道を見出し，正規の簿記の諸原則（GoB）レジームと商法確定決算基準のナショナルインタレストを堅持したところに特徴が見い出される。しかしながら，商法会計規範システムの枠組みのなかにあって，債権者保護を重視する正規の簿記の諸原則（GoB）レジームと商法確定決算基準が投資家保護を重視するIAS/US-GAAP基準と相矛盾する点が解消されておらず，商法秩序の法理上の不安定性が除かれていない。このため，IAS/US-GAAP基準適応という市場重視型の会計システムへの対応をいかに商法会計規範システムの枠組みのなかで図っていくか，このことをめぐって，2005年に向けた商法の改正の論争がいまも引き続き繰り広げられている。

　しかし，ドイツの会計国際化の対応思考のもう1つの特徴は，対外的対応に関してドイツ会計基準委員会のドイツ代表の果たす役割が大きいことである。とくに，適用会計基準としてのIAS/IFRS基準へのシフトがより鮮明になっている現状から考えて，第1-6図に示すようなIASB（国際会計基準理事会）の会計基準設定プロセスへのドイツの積極的関与がIASB利害関係グループ間の

第1-6図　IASB 利害関係グループのなかのドイツ

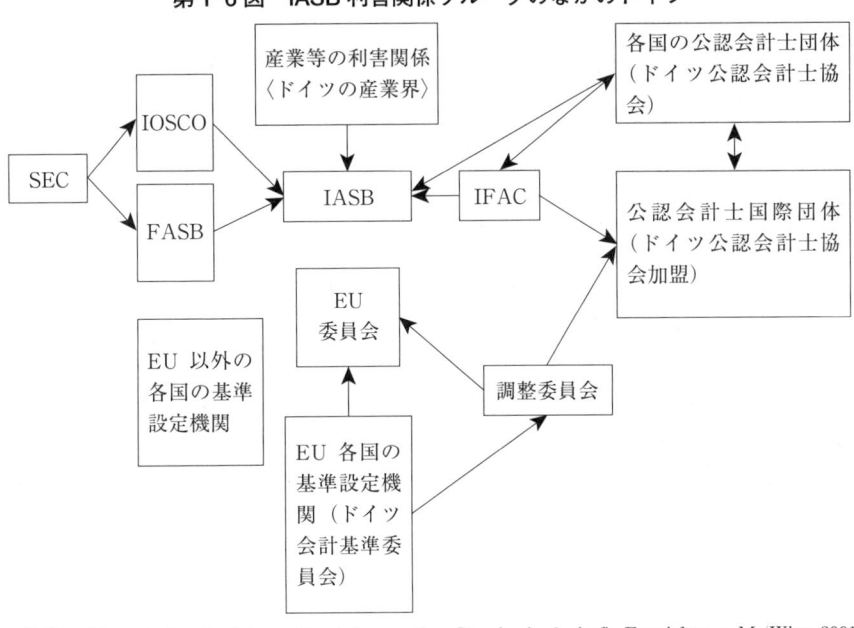

出典） Wagenhofer, A., International Accounting Standards, 3. Aufl., Frankfurt a. M./Wien 2001 S. 54. を一部修正して作成した。

競争原理のもとで期待されている。

〈注〉

1. Gesetz zur Verbesserung der Wettbewerbsfähigkeit deutscher konzerne an internationalen Kapitalgesellschaften und zur erleichterden Aufnahme von Gesellschafterdarlehen (Kapitalaufnahmeerleichterungsgesetz), vom 20. 4. 1998, in : Bundesgesetzblatt, I, 1998.
2. Gesetz zur Kontrolle und Tranzparenz im Unternehmensbereich (KonTraG) vom 27. 4. 1998, in : Bundesgestezblatt, I., 1998.
   Havermann, H., Standardsierung der deutschen und internationalen Rechnungslegung, in : Coenenberg, A. G./Pohle ,K., Internationale Rechnungslegung, Stuttgart 2001, S. 150.
3. Biener, H./Berneke, W., Bilanzrichtlinien-Gesetz, Textausgabe des Bilanzrichtlinien -Gestzes vom 19. 12. 1985 (Bundesgestzblatt, I S. 2355), Düsseldorf 1986.
4. Baetge, J., Harmonisierung der Rechnungslegung-haben die deutschen

Rechnungslegungsvorschriften noch eine Chance?, in ; Schmalenbach-Gesellschaft, e. V., Internationalisierung der Wirtschaft, Stuttgart 1994, S. 109.

5. Daimler-Benz AG., Geschäftsbericht für das Geschäftsjahr 1997.

第2章

企業統治と会計改革のドイツの道

はじめに

　ドイツの会計国際化の進展とそれに対応した企業会計法の改革を考える際に留意すべき点は，そのことの基底において，ドイツの「企業統治のレジーム[1]（Corporate Governance Regiemes）」の構造に起きている転換の正体を知ることである。

　とくに，近年，ドイツの会計改革の動きは，ヨーロッパ連合の域内における企業統治の市場原理導入である「資本市場による統制[2]（Kontrolle durch den Kapitalmarkt）」，「企業統治の市場[3]（Market for Corporate Contorlle）」をドイツにもとめたなかで起きているものである。すなわち，具体的には，EU域内の資本市場に上場する会社の連結財務諸表をIAS/IFRS基準準拠で作成・開示する方向にシフトさせていくというEU会計戦略[4]（Strategoepapier der EG-Kommission vom 13. 6. 2000 und VO-Entwurf vom 13. 2. 2001）のもとで，ドイツの企業会計法改革が2005年1月1日以降のIAS/US-GAAP基準導入に向けて加速的に進んでいる。

　本章は，ドイツの会計国際化が企業統治改革と一体的に進展している「企業報告の開示の透明性[5]」にかかわる現実を1998年に成立した企業領域統制透明化法と資本調達容易化法に焦点を合わせ，考察を行っている。その際，ドイツの企業統治改革論が企業統治の市場原理・資本市場による統治を「株主指向モデル[6]（Shareholder Model）」にもとづき短絡的に導入することを善しとせず，「資本市場文化の相違[7]（Unterschiede in den Kapitalmarktkulturen）」から社会

的市場経済との共生のなかで企業統治改革のドイツの道を模索し，そのことに関連したかたちで，会計改革においてもドイツの道の検討が進展していると捉えるのが本章における考察の視点である。

〈注〉
1. McCahery, J. A. /Moerland. P. /Raaizmekers, T. /Renneboog, L., Corpotate Governance Regiemes, Oxford 2002, Preface.
2. Nassauer, F., Corporate Governance und die Internationalisierung von Unternehmungen, Frankfurt a. M. 2000. S. 256.
3. Hopt, K. J., Common Principles of Corporate Governance, in : McCaberg, J. /Moreland, P. /Raaijmakers, T. /Rennboog, L., Corporate GovernanceRegimes, Oxford 2002, p. 178.
4. Ekkenger, J., Neuordnung des Europäjscben Bilanzrechts für börsennotierte Unternehmen : Bedenken gegen die Strategie der EG-Kommission, in : Betriebs-Berater, Heft 46/2001, S. 2362.
5. Wiedermann, H., Was bewirkt das KonTraG?, in : Coenenberg, A. G. /Pohl, K., Internationale Rechnungslegung, Stuttgart 2001, S.214.
6. Geatz, M., Internationale Rechnungslegung als Instrument der Marktkomminikation, in : Coenenberg, A. G. /Pohl, K., a. a. O., S. 24.
7. 企業統治モデルとして「経営者指向モデル（アメリカ）」，「労働者指向モデル」（ドイツ），「国家指向モデル」（フランス）といった分類がこれまであったが，そのいずれもが失敗した結果，「株主指向モデルの勝利となった（Hausmann, H. /Kraakman, R., Toward a Single of Corporate Law?, in : McCahery, J. A. . /Moreland, P./Raaijmakers, T. /Renneboog, l., ibid. p. 76.）。

第1節　ドイツの企業統治論の特徴

　ドイツの企業統治論は，アメリカの企業統治論との対照的な違いから特徴づけられている。第2-1表は，ドイツとアメリカの企業統治の相違点について，①資本調達セクターの構造的な違い，②企業の資本調達行動における違い，③直接的な統治なのか，間接的な統治なのかの違い[1]から見たものである。
　第1の資本調達セクターの構造的な違いについては，ドイツでは，上場会社数がアメリカに比して圧倒的に少なく，また，ドイツの銀行システムが金融・

証券の業務の兼営を行うユニバーサルバンクであるのに対し,アメリカは,金融・証券の業務が分離独立している。そして,アメリカは,資本市場が効率的で,かつ流動性に富んでいる。このため,ドイツが銀行ベースの資本調達システムであるのに対し,アメリカはマーケットベースの資本調達システムが特徴

第2-1表　ドイツとアメリカの企業統治の違い

	ドイツ	アメリカ
①資本調達セクターの構造的違い		
上場会社数	少数	多数
銀行システム	金融・証券兼営	金融・証券分離
証券市場	不十分な発達	効率的で流動性が高い
②企業の資本調達の行動の違い		
内部金融の割合	高位	高位
債務度	中位から高位	低位
全債務中の銀行借入割合	高位	中位
証券金融の割合	低位	中位から高位
IR活動	低位	高位
③直接的な統治		
持分所有の集中	高位	低位
支配株主	企業	基金
産業のグループ化度	高位	低位
企業統治組織	二層	一層
監査役の役割	重要	重要性に乏しい
統制機関における戦略的投資家の派遣	頻度が高い	頻度が低い
銀行と企業の間の長期的関係	密接	制限的
従業員の共同決定	重要	重要でない
預託議決権の行使	銀行	経営者
企業の目標志向	ステータスホルダー	シェアーホルダー
株式報酬制度	重要でない	重要
会計	債権者指向	株主指向
破産規制	債権者指向	経営者指向
間接的統治		
企業買収の市場	不十分な発達	発達
敵対的買収	少数	多数
企業買収規制	低位から中位	高位

出典）Nassauer, F., Corporate Governance und die Internationalisierung von Unternehmungen, Frankfurt a. M. 2000. S. 168.

である[2]。

　第二のドイツとアメリカの企業の資本調達行動の違いについては，内部金融が高いという点で両国に共通性が見られるが，外部金融に両国の違いがある。銀行借入は，ドイツの方がアメリカよりも高く，証券金融の割合は，ドイツの方が低い。また，この証券金融に関連して，IR（投資家への情報提供）活動は，ドイツの関心が低く，アメリカの方が発達していることから[3]，ここに「投資と情報の非対称[4]」が存在している。

　第三の企業統治が直接統治なのか，間接統治なのかの違いについては，ドイツの企業統治が間接統治で，大銀行・保険のビッグファイブ（Allianz（アリアンツ社），Deutsche Bank（ドイツ銀行），Müncher Rückversicherung（ミュンヘナー再保険会社），Dresdner Bank（ドレスナー銀行），Bayerische Hyto-und Vereinbank（バイエルン合同銀行））の産業支配のネットワーク[5]にもとづく長期的かつ密接に関係している人的な結びつきによって利害関係者を保護することが維持されてきた。また，ビッグファイブの銀行の株式持合いによる議決権の相互保有が行き渡っており，1992年のデータでは各銀行の議決権の約6割がビッグファイブの銀行により占められていた[6]。このために，株主だけでなく，従業員や銀行の代表者から成る監査役会が重要な役割を果たしてきた。ドイツでは，アメリカのように，企業統治の市場（Markt für Unternehmenskontrolle）が大きくなく，このため，「インサイダーの統治システム[7]」であると特徴づけられ，これに対し，アメリカの「アウトサイダーの統治システム[8]」と違って，取締役もまた，匿名の市場に対してではなく，企業の他の利害関係者を代表していた[9]。

　この結果，監査役の数がドイツの方がアメリカよりも多数であり，支配株主を表す議決権ブロックホルダーについても，ドイツが法人株主であるのに対し，アメリカは個人株主と基金のウエイトが高い。さらに，企業統治の組織は，ドイツが取締役会と監査役会の二層の構造であるのに対し，アメリカは取締役会の一層の構造である[10]。また，監査役会の役割は，ドイツの方がアメリカよりも重要視されており[11]，そして，銀行と産業の長期的な関係は，「株式

第2章　企業統治と会計改革のドイツの道　27

の閉鎖的な持合い[12]」のもとで進み，企業統治機関への戦略的投資家の派遣がドイツでアメリカよりも積極的であり，さらに，社会的市場経済のもとで従業員の共同決定をドイツは重視し，また，ドイツは，銀行が預託議決権を行使し，企業統治する。換言すれば，ドイツは，ブロックホルダーによる議決権支配の集中[13]が高い，「議決権ブロックホルダーシステム[14]（Blockholder System）」に特徴があり，アメリカの「マーケット企業統治システム[15]（Market Corporate Governance System）」と異なっている。

　また，企業買収の市場がドイツの場合に未発達であったことも，両国の企業統治の違いを示し[16]，とくに，敵対的買収はアメリカに比して少なく，企業買収の規制が弱かった。

　このように，ドイツとアメリカの企業統治構造に大きな違いがあるが，それは，企業の目標の違いから来ている。ドイツの企業目標がステークホルダーの利害の保護にあるのに対し，アメリカの企業目標は，シェアーホルダーの保護にあるという違いがある。株式報酬制度（ストックオプション）へのインセンティブがドイツよりもアメリカの方が大きかったことに見るように，ドイツが債権者保護指向であるのに対し，アメリカは株主保護指向であるし，また，破産規制も同様であった。

　以上のように，ドイツの企業統治は，大銀行・保険を核としたドイツ企業間の株式持合いの「ドイツ株式会社[17]〈Deutschland AG〉」のもとで，「株式の相互持ち合いと環状ネットワーク[18]（Wechselseitige Beteiligungen und Ringverflechtung）」から特徴づけられる。両国におけるこのような違いは，それぞれの経済的，法的，歴史的，文化的な枠組み条件が違うことから来ているものであった。

　しかし，その一方で，1990年代中葉以降，ドイツの企業統治論にアメリカナイズの「資本調達システムにおける規制緩和[19]」という兆候が見られるようになった。すなわち，1990年代半葉以降に急速に進展したドイツの経済の国際化であり，そのもとで進んだ資本市場のグローバリゼーションが規制緩和を促し，具体的に，①資本調達システムにおける機関投資家化と規制緩和，②企業

の資本調達行動の転換に見られた市場からの調達，③資本提供者の構成の発展，④企業組織とその目標指向の変化，⑤自社株買戻しの規制緩和，⑥企業の情報開示の発展，⑦破産規制の緩和，⑧企業買収規制の緩和といった変化がドイツの企業統治論で取り上げられ，規定要因に関する議論が進展した[20]。

この議論のなかで，ドイツの企業統治論は，アメリカナイズにどのように対応していくべきかをめぐって，ドイツの道を模索しはじめ，そして，このドイツの道の模索のなかで，社会的市場経済というドイツ的枠組み条件のもとで，監査役会の機能の改善，銀行の役割の見直し，株式市場の活性化といった動き等々が見られ，これを支える新しい企業統治の制度づくりが積み重ねられている。

〈注〉
1．Nassauer, F., Corporate Governance und die Internationalisierung von Unternehmungen, Frankfurt a. M. 2000. S. 168.
2．Ebenda, S. 168-169.　　3．Ebenda, s. 169.
4．Müller, K-P., Banken, Analysten und Großaktienäre-ein Dreiecksverhältnis, in : Zeitschrift für das gesamte Kreditwesen, 11/2002, S. 10.
5．Boehmer, E., Who Controls German Corporates?, in : MaCahery, J. A. /Moreland, P. /Raaijmakers. T. /Renneboog, L., Corporate Governance Regimes, Oxford 2002, p. 273-285.
6．Adams, M., Cross Holdings in Germany, in : Jounarl of Institutional and theoretical Economics. 155/1999, p. 108.
7．8．Maher, M. /Andersson, T., Corporate Governance, : Effects on Firm. Performance and Economic Growth, MaCahery, J. A. /Moreland, P. /Raaijmakers. T. /Renneboog, L., ibid., p. 386.
9．Hopt, K. J., Gemeinsame Grundsätze der Corporate Governance in Europa?, in : Zeitschrift für Unternehmens-und Gesellschaftsrecht, Nr. 6/2000, S. 782.
10．Grundmann, S. /Mülbert, P.O., Corpotrate Governance-Europäischen Perspektiven, in : Zeitschrift für Unternehmens-und Gesellschaftsrecht, Nr. 2/2001, S. 221.　　11．Nassauer, F.., a. a. O., S. 169.
12．Coffee, J. C., Convergence and its Critics. What are the Proconditions to the Separation of Ownershipand Control?, in :., MaCahery, J. A. /Moreland, P. /Raaijmakers. T. /Renneboog, L., ibid, S.88.　　13．Boehmer, E., a. a. O., S. 270.
14．15．McLahery, J. A. /Morelanc, P. /Raaijmekers, T. /Reenebag, L., ibid, p. 26-27. こ

こで，マーケット企業統治システムとは，分散した株式所有，株式所有者間のポートフォリオ志向，経営判断の冠する経営者への幅広い代表委任によって特徴づけられ，所有と支配が分離していると考える。議決権ブロックシステムとは，少数の大投資家の手中にある株式の多数所有によって特徴づけられる。なお，株式分散化が進んでいるドイツ大企業24社の銀行の預託議決権について，1995年調査では，株主総会における預託議決権割合が平均で61％にのぼっていたし，同じ，1995年調査で，ドイツ大銀行の相互議決権持合のネットワークが形成されていた（Fey, G., Unternehmernskontorolle und Kapitalmarkt, Stuttgart 2000, S. 46, S. 53.）。

16. Hopt, K. J., Corporate Governance in Europa, in : Zeitschrift für Unternehmens-und Gesellschaftsrecht, Nr. 6/2000, S. 806.
17. Athüpp, S. /Leendertse, J. /Müller, V., Neuer Scub, in : Wirtschaftswoche vom 2. 5. 2002,（Nr. 19), S. 48.
18. Adams, M., Corporate Geovernance, in : Zeitschrift für Betriebswirtschaft-Ergänzungsheft 4/1997, S. 27-28.　19. Nasauer, F., a. a. O., S. 194.　20. Ebenda, S.198ff.

第2節　ドイツの企業統治の規定要因の変化

1　資本調達システムにおける機関投資家化と規制緩和

　ドイツの企業統治論がまず挙げるのは，資本調達システムの発展に変化が見られた点である。すなわち，資本市場のグローバリゼーション・国際的な資本市場においてドイツの機関投資家の比重が次第に高まってきたということである[1]。第2-2表は，1985年から1996年の間のドイツとアメリカの機関投資家の増加傾向を示したものである。この表から，1990年以降，ドイツの機関投資家がアメリカほどでないにしても増加していることが分かる。さらに，ドイツの各上場会社における機関投資家の比重が高まっていることを自己資本に占める機関投資家の比率かも明らかである[2]。

　資本市場のグローバリゼーションと機関投資家の増大を支えたのが1980年代以降にはじまったアングロサクソン諸国（アメリカ）の「資本市場規制の緩和と自由化[3]（Deregulierung und Liberalisierung)」であり，この波がドイツにも押し寄せた。ドイツでは，「資本調達領域の規制緩和[4]（Deregulierung des Finanzbereichs)」が進められたが，1980年代には銀行セクターの規制緩和が重

第2-2表　1985年—1996年のドイツとアメリカの機関投資家の増加状況

	1985	1987	1990	1993	1996
投資会社					
ドイツ	—	42	336	455	420
アメリカ	—	770	1,609	2,705	3,539
年金基金					
ドイツ	72	—	52	47	65
アメリカ	1,606	—	2,492	3,449	4,752
保険会社					
ドイツ	155	—	401	452	692
アメリカ	1,485	—	1,900	2,422	3,052

出典）　Nassauer, F. a. a. O., S. 195.

要視されず，証券市場の規制緩和が行われ，1990年代以降に「資本調達センターとしてのドイツの地位の強化[5]（Stärkung des Finanzplatzes Deutschland）」が図られ，ドイツ株式市場の自由化，ヨーロッパ連合域内の規制の調和化，国際基準に適応した規制と機関の発展による新しい資本市場組織の設立に向けた取組みがなされた。これは，ドイツの「資本市場と株式発行における国際競争力の強化[6]」を目指したものであり，1990年からはじまった資本市場活性化法（Finanzmarktförderungsgesetz）の四次にわたる立法措置により，ドイツの資本市場の発展を阻害してきた規制が緩和され，証券取引の自由化が実施された[7]。

そして，この規制緩和とならんでもう1つの促進要因として，情報コミュニケーション技術（Informations -und Komnunikationstechnologie）の著しい発展であったが，この情報コミュニケーション技術の発展のもとで，デリバティブ取引等の金融商品取引の発展が可能となり，また，資本市場への投資家のアクセスも飛躍的に容易になった結果，「資本市場のグローバリゼーションにもとづく資本配分[8]」が実現した。また，グローバルな資本市場での証券取引の自由化のなかで，アメリカを発祥の地とした新しい証券化の発達が見られた。

ドイツの企業統治論は，1990年代中葉以降に，このようなアメリカで起きた

新しいグローバル資本市場の影響がドイツの大企業の資本調達にも及び，銀行借入から証券金融に比重を移すといった「銀行システムの信用供与からの大企業の離脱[9]（Entkopplung der Großunternehmen von der Kreditvergabe des Banksystems）」が起きたと指摘している。すなわち，このことが証券投資のために銀行預金の高額引出しを行う「銀行離れ[10]（Disintermediation）」を引き起こし，投資基金，年金基金等のノンバンクへの資金移動があり，ユニバーサルバンクとしてオフバランス取引が増え，収益構造が経常的な金利マージンから次第に一回限りの手数料マージンに変化する傾向が見られ，1990年代中葉以降，クレジットバンク（Kreditbank）からインベストメントバンク（Investmentbank）への発展が見られるようになった[11]。

〈注〉
1. Bank für Internationalen Zahlungsausgleich, 68. Jahresberichte, 1998, Basel, S. 96-99.
2. Günther, T., Trends und Entwicklungsperspektiven im wertorientierten Controlling, in：Coenenberg, A. G. ／Pohl, K., Internationale Rechnungslegung, Stuttgart 2001, S.185.
3. Nassauer, F., Corporate Governance und die Internationalisierung von Unternehmungen, Frankfurt a. M. 2000. S. 195.
4. 5. 6. Jütten, H., Finanzplatz Deutschland und attraktivere, in：Die Bank, Nr. 1/1994, S. 34.. Bundesministrium der Finanz, Finanzplatz Deutschland, Bonn 1997, S. 5.
7. Nassauer, F., a. a. O., S. 197.　　8. Ebenda, S. 201.
9. Deutsche Bundesbank, Langerfristige Entwicklung der Finanzierungsstrukturen westdeutscher Unternehmen, in：Monatsbericht, Nr. 10/1992, S. 31.
10. Domanski, D., Disintermeditations Tendenzen im deutschen Finanzsystem und ihre Auswirkungen auf dei Rolle der Kreditinstitute, in：Gahlen, B. ／Hesse, H. ／Ramser, H. J., Finanzmärkte, Tübingen 1997, S. 271.　　11. Nassauer, F., a. a. O., S. 205.

2　企業の資本調達行動に見られた市場からの調達

ドイツの企業統治論がつぎに挙げるのは，ドイツ経済の国際化傾向が企業の資本調達行動における市場からの調達という変化を促したということである。すなわち，ドイツ大企業は，企業活動の国際化に伴い，海外取引や海外子会社の買収等が起き，その支払い手段として相手国の通貨の資本需要が増えたこと

から，海外の資本市場での社債発行等，さらに，海外の証券取引所に株式の上場を通じた資本調達が必要となったが，その一方で，ドイツの大企業の前に「資本市場の規制のセグメンテーション[1]」が立ち塞がっていた。外国資本の調達の制限，特定の有価証券への投資の禁止，国内企業への外国人の投資の上限，外国への資本の移転の制限，懲罰的な課税等といった規制があり，また，市場情報の不足が投資家に対する個々の資本市場の間の障壁となっていた[2]。しかし，ドイツでも，近年の規制緩和を受けて，これまで大きな障壁となっていた資本市場の規制のセグメンテーションが除去されることとなり，EU域内における資本取引の自由化が急速に進み，また，情報コミュニケーションの発達がこれをいっそう加速させた[3]。

とくに，ドイツの企業統治論が注目するのは，ドイツ大企業の海外の証券取引所への株式上場が同時に外国株主層の拡大となり，Daimler-Benz社がニューヨーク証券取引所上場によりグローバルプレイヤーと呼ばれるといった「イメージ・マーケティング効果[4]」を高め，国際的な知名度を上げた点である。ドイツ大企業にとってアメリカの資本市場は，その規模と流動性の大きさの点で非常に魅力に富んだ市場であり，アメリカで上場されていなければ，ドイツ大企業の株式をアメリカの機関投資家が取得することができない。このため，ドイツ大企業にとって，株式のニューヨーク証券取引所上場がどうしても必要であった。1990年代中葉以降，Daimler-Benz社やDeutsche Telekom（ドイツテレコム）社をはじめとするドイツ大企業が相次いでADR（米国財務省証券）プログラムのレベルⅢを適用してニューヨーク証券取引所で資本調達を実施していることにそのことは現れていた。Daimler-Benz社の場合，1994年に新株発行の60%をニューヨーク証券取引所で行ったが，Deutsche Telekom社も同様にニューヨーク証券取引所で資本調達を図った[5]。

このように，ドイツの企業統治論では，ドイツ大企業の資本調達行動に変化が見られ，その結果，長期の銀行借入額が減少し，市場からの資本調達が増えたと指摘している。1991年から1996年の間に新規の資本調達に占める銀行借入の割合が32.8%から19.3%に下がっており，逆に，株式からの資本調達が2.8%か

ら6.5%に上昇した[6]。これを反映して,ドイツの上場会社の数も1990年の545社から1999年の1,043社に増え,GDPに占めるマーケットキャピタリゼーション（市場からの資本調達）のウエイトが大きく伸びた[7]。しかも,大企業の場合,市場や銀行からだけでなく,機関投資家から直接に大規模な資本需要を賄っている[8]。

だが,このことをもって,ドイツ企業統治論がドイツで完全な銀行離れが起きていると考えているわけではなく,むしろ,銀行の役割がドイツ大企業の資本調達行動の多様化のなかで一定の見直しを迫られたと見ていると捉える方がよい。

〈注〉
1．2．Nassauer, F., Corporate Governance und die Internationalisierung von Unternehmungen, Frankfurt a. M. 2000. S. 204.　3．Ebenda, S. 206.
4．Lüdenbach, N., Internaitonal Accounting Standards, Der Ratgeber zur erfolgreichen Umstellung, von HGB auf IAS, Freiburg/Berling/München 2001, S. 21.
5．Thiel, S. /Tschesche, F., Zur Bilanzierungspraxis der DAX-Unternehmen im Geschäftsjahr 1996, In : Der Betrieb, Heft 50/1997, S. 2498. Liener, G., Konzernrechnungslegung im Umfeld von HGB und SEC, in : Küting, K. /Weber, C.P., Das Rechnungswesen im Konzern, Stuttgart1995, S. 207.　6．Nassauer, F., a. a. O., S. 207.
7．Coffee, J.C., Convergence and its Critics, in : MaCahery, J. A. /Moreland, P. /Raaijmaker, T. /Renneboog, L., Corporate Governance Regimes, Oxford 2002, p. 89-90.
8．Paul, S. Bankenintermediation und Verbriefung : Neue Chancen für Kreditinstitute durch Asset Backed Securities?, Wiesbaden 1994, S. 103.

3　株式所有に見られる資本提供者の構成の発展

ドイツの企業統治論がさらに挙げるのは,ドイツ大企業の資本調達行動の変化から,ドイツ株式会社と呼ばれた株式の所有構造にも大きな変化が見えるということである。具体的な特徴点として,資本市場における「機関投資家化[1]（Institutionalisierung）」,「機関投資家による支配[2]（Kontrolle durch Institutuonelle Investor）」が国際化と一体化して進展してきた。

1980年代以降の株式所有割合を見ると，家計と公的機関が低下し，投資会社と保険会社の比重が高まった。外国投資家の株式所有も1980年代は大きな変化がなかったが，1995年の8.6%から1997年の12.2%へ上昇し，とくに大企業への集中度が高くなっている[2]。ドイツのDAX上場会社の自己資本がアメリカの機関投資家の所有下にあり，たとえば，Metro（メトロ）社の60%，Mannesmann（マンネスマン）社の60%，Daimler-Chrysler（ダイムラークライスラー）社の50%，Hoechst（ヘキスト）社の48%，Deutsche Telekom社の45%，VEBA（ヴェーバ）社の45%といった高い割合での株式所有が行われている[3]。この結果，外国人取締役がドイツ企業に多くなっているが，その一方で，監査役会に関しては，外国人投資家による持株比率が高くなっているにもかかわらず，ドイツ人監査役が支配しており，ドイツ企業が監査役に外国人を選任することに関して消極的であるとの批判がつよまった。これは，従業員の共同決定というドイツの社会的市場経済の特性によるものであるが，事業の国際化に伴って，外国人従業員が増えてくると，従業員の国際的代表を監査役に選任するといった新たな問題も生じてくるし，また，国際的な機関投資家からのプレッシャーも強くなるから，「企業組織の国際化[4]」のなかで執行と統治の関係を考え直すことがことがドイツ企業にもとめられる[5]。

　ドイツの企業統治論は，アメリカを中心とした投資基準，年金基金の発言力が大きくなることでドイツ大企業における企業統治に対しても国際化への対応が求められたとし，そのことをドイツの社会的市場経済の枠組み条件のなかでいかに適応させていくかを議論している。

〈注〉
1．Nassauer, F., Corporate Governance und die Internationalisierung von Unternehmungen, Frankfurt a. M. 2000. S. 209.
2．Benar, C., Die Entwicklung der Corporate Governance in Deutschland im internationalen Vergleich, Baden-Baden 2001, S. 168.　　3．4．Ebenda, S. 209-210.
5．Ebenda, S. 219

4　企業統治の国際的調和化とドイツの企業統治の立法措置

　ドイツの企業統治論は，以上のように，ドイツ企業の資本調達行動の国際化という規定要因を指摘するとともに，そのことがとくに EU 域内での企業統治に関する国際的調和化のなかで議論されるなかで，1998年の企業領域統制透明化法の成立を見たこと，そして，その後の企業統治自主規制，2002年の透明化開示法の成立に繋がったことを企業統治におけるドイツの道として描き出している。

　EU 指令のなかで，企業統治に関係する指令として，①資本会社の法的関係及び機関の代表権限の開示に関する第１号指令 (1968年)，②株式会社の設立及び会社資本の調達，維持，変更に関する第２号指令 (1977年)，③財務諸表の分類及び評価方法と監査と公示に関する第４号指令 (1978年)，④株式会社の構造，会社機関の権限，義務と共同決定に関する第５号指令 (1983年/1991年)，⑤連結財務諸表に関する第７号指令 (1983年)，⑥国境を越えた株式会社の結合に関する第10号指令 (1984年)，⑦会社の有価証券の引き受けに関する第13号指令 (1990年) が出されたが，これらの EU 指令は，加盟国の会社法の統一化 (Vereinheitlichung) ではなく，共同市場域内の企業の協業 (Unternehmenskooperation) の規制緩和を行うべく域内の株主及びその他利害関係者を等価的に保護するために各国の法規定の調整を行うことを目指した[1]。ここに，EU における企業統治の法的な調和化[2]も含めた議論が始まった。

　だが，これらの EU 指令に関しては，①それぞれの特殊性を例外規定できるように各国の選択権を認めたため，会社法を調和化するというメリットが失われていること，②EU 委員会の意思決定プロセスに時間がかかり，加盟各国の受け入れが迅速に進まず，弾力的な対応に欠けていること，③EU 共同市場に限定していることが財と金融の市場のグローバリゼーションに対応しておらず，また，ヨーロッパの大企業が必要としているのは，アメリカの市場であることなどから，グローバルに事業している機関投資家が期待しているのは，法規定の世界的な調和化であるといった批判が出ていた[3]。

　このため，EU 域内の企業組織の幅広い調和化が難しいと判断した EU 委員

会は，間接的な統制メカニズムを強化する方向を考え，「資本市場を通じた統制[4] (Kontrolle durch den Kapitalmarkt)」のアメリカの連邦証券規則をEU委員会の資本市場法規制の範例として取り上げた[5]。

一方で，ドイツの企業統治の改革論議がはじまったのは1990年代に入ってからである。そこでは，監査役会の機能性，経済監査士の役割，大会社への銀行の影響力（①銀行による株式所有，②銀行による預託議決権行使，③監査役会への銀行からの代表派遣を通じた銀行の影響）[6]といった問題が取り上げられ，監査役会による監視の改善，株主権の拡大等々の議論が第2-3表のような内容についてなされてきた[7]。

1990年代に起きた議論から，1994年に連邦政府内に企業領域・銀行の統制及び透明化に関するワーキンググループが立ち上げられ，1996年に企業領域統制透明化法の参事官草案が公表され，1998年に法律として成立した。

第2-3表　1990年代に議論された企業組織改革の概要

監査役会
・監査役員のプロシェショナ化
・監査役の人員数の削減及び定例会議の開催日数の増加
・監査役員の重複就任の制限
・監査委員会の設置義務
・情報開示の規則及び情報委員会の導入
・監査役会の責任義務の拡大
株主総会及び議決権行使
・株主権の拡大による株主総会の活性化
・議決権の制限と多数議決権の廃止
・相互持合による議決権行使の禁止
・預託議決権に代わる独立した第三者への議決権委譲または議決権代理人のための市場の導入
・ポートフォリオを行う企業の統制に関する投資会社の独立性の強化
決算監査
・監査役会による決算監査人の任命
・監査役会に対する決算監査人の報告義務を含めた決算監査人と監査役会の協力関係
・経済監査士の任期の義務づけ

出典）　Nassauer, F., a. a .O., S. 215. から作成。

この企業領域統制透明化法のもとで，①株式の相互持合いによる議決権行使の禁止，②株式相互持合いの上限を25％から3％へ引き下げ，③持株比率の上限を5％とし，投資会社への出資の禁止，銀行の預託議決件の廃止による銀行・保険の影響力の低下，④代替として経済監査士，監査法人を独立した株主代表として議決権の委任をする可能性，⑤兼職する監査役数員の上限を半減化，⑥役員の持株比率10％以上または額面50,000DM以上の公示，出資企業と被出資企業の間の取引関係の公示といったことがもとめられた[8]。

1998年に成立した企業領域統制透明化法について，ドイツ大企業がこの企業組織の改革に対しどう評価したかというと，ドイツ企業116社の4分の3が監査役会改革の提案を規制緩和の方向と見て，賛成すると回答していた[9]。

だが，企業領域統制透明化法のコンセプト全体を批判する声もあった。すなわち，ドイツ大企業の国際競争力を改善するという目標を持った将来への改革ではなく，①株主の統制権の強化という目標について，株式の相互持合いや環状ネットワーク的な結合，銀行による株式所有と預託議決権の維持の制限が中途半端であったこと，②上場企業の人的結合や持株構成に関する追加的報告は改善されたが，連結財務諸表に関する規定でなく，単独財務諸表の規定によっていたこと，③株式の相互持合いと環状ネットワーク的な結合について現行法に比して制限的ではなかったこと，④金融以外の企業に対する銀行の資本参加の可能性，銀行と投資会社との間の結びつきは制限されていないこと，⑤預託議決権の行使は，預託銀行が当該企業への持株5％以上を有し，さらに議決権を占有している場合に（株式法第135条1項3文），預託顧客側の個別的な指示を将来定だめることによってしか制限できないことが指摘されている[10]。

具体的に，Deutsche Bank社によるDaimler-Benz社の持株比率の引下げ，資本市場の圧力による銀行の影響可能性の低下，ハウスバンクの役割の低下が株主価値重視への転換として捉えられるが，その一方で，ドイツの制度的な枠組み条件を見る限り，銀行の潜在的な影響力を幅広く制限することが必要であるとは考えられていない[11]。また，資本市場のグローバリゼーションのもとで国際的投資家からドイツの共同決定に対する圧力がますます大きくなっている

が，監査役会への従業員の代表の参加が民主化をもたらすという妥協を形成している[12]。

以上のように，ドイツの企業統治論は，1990年代のヨーロッパ企業統治調和化，1998年の企業領域透明化開示法の成立にいたる過程で，ドイツの制度的枠組みである社会的市場経済を踏襲しつつ，資本市場指向の企業統治改革を進めてきた。そして，このドイツの企業統治改革は，企業領域透明化開示法以降も続き，①2000年6月の連邦政府の首相によるイニシアティブ，②2000年に出された民間の企業統治に関する自主規制（フランクフルトイニシアティブ，DVFAバランストスコアカード，ベルリンイニシアティブ，シュマーレンバッハ協会提案），③2001年7月の連邦政府専門家委員会の企業統治勧告，④2002年7月19日の透明化開示法の成立，⑤2002年2月26日の連邦政府専門家委員会のドイツ企業統治行動規範が公表された。これらのドイツ企業統治改革の動きは，「ドイツの企業法に対する包括的な近代化[13]」，「企業成果の長期的な安定のために上場公開会社における執行と監視の機関の協力の改善[14]」，「ドイツ企業の国内及び海外の投資家に対する情報提供[15]」を図るものであり，とくに，2002年のドイツ企業統治行動規範は，ドイツの上場会社に対する新しい規制手段ではあったが，株主利益，企業執行の透明性，監査役会の独立性，決算監査人の独立性においてまだ不十分であった[16]と指摘されている。そして，この企業統治改革において提起されていたのが会計改革への勧告であった。2001年7月の連邦政府専門家委員会の「企業統治勧告[17]」では，連結財務諸表への国際的比較可能性，免責連結財務諸表，中間報告書，セグメント報告書，オプションプラン計算書，リスク監視システム，正規の会計のモニタリングが重要であるとされていたことからも分かるように，企業統治改革が資本市場指向の会計と一体化して展開された。

そして，このドイツの企業統治改革の動きを受けて，2000年11月15日現在でDAX100社の企業統治に関するアンケート調査を実施した結果によれば，これに関し，多くが関心があると回答したが，実施していると回答した企業は少数であるなかで，ドイツ銀行が2001年度の決算でDAX30社のなかで最初の企業

として企業統治行動規範を公表し[18]，これを皮切りに，その後多くのドイツ上場会社から企業統治宣言が公表されている。

〈注〉
1．Nassauer, F., Corporate Governance und die Internationalisierung von Unternehmungen, Frankfurt a. M. 2000. S. 212.
2．Hopt, K. J., Corporate Governance in Europa, in : Zeitschrift für Untenehemens-und Gesellschaftsrecht, Nr.6/2000, S. 809.　　3．Nassauer, F., a. a. O., S. 212.
4．5．Ebenda, S. 214-215.
6．Benar, C., Die Entwicklung der Corporate Governance in Deutschland, im internationalen Vergleich, Baden-Baden 2001, s. 170.
7．Hopt, K. J., Kontrolle und Transparenz im Unternehmensbereiche, in : Assmann, H. -D. /Brinkmann, T. /Gonnalakis, G. /Kohl, H. /Walz, R., Wirtschafts-und Mediznrecht in der offenen Demokratie, Festschrift für Friedrich Kübler zum 65. Geburstag, Heidelberg1997, S. 435.
8．Baum, T., Der Aufsichtrat-Auffgabe und Reformfragen, in : Zeitschrift für Wirtschaftsrecht, Heft 1/1995, S. 18.企業領域統制透明化法の重要な論点は企業統治と透明化の強化に関連して，決算監査と監査役会のあり方にあった（Böcking, H-J. /Orth, C., Mehr Kontrolle und Transparenz im Unternehmensbereich durch eine Verbesserung der Qualität der Abschlußprüfung?, in : Betriebswirtscaftliche Forschung und Praxis, Heft 4/1999, S. 418-436..)。しかし，本書ではこの点については考察を割愛している。
9．Nassauer, F., a. a. O., S. 248.
10．Hopt, K. J., a. a. O., S. 437. Böcking, H. J. /Orth, C., Offene Fragen und Systemwidriegkeiten bei den neuen Rechnungslegungs-und Prüfungsvorschriften des KonTraG und des KapAEG-Folgen eines kapitalmarkt in duzierten Reformzwangs und die Rolle des DRSC, in : Der Betrieb, Heft 38/1998, S. 1874.　　11．12．Nassauer, F., a. a. O., S. 251.
13．14．15．Hucke, A. /Ammann, H., Der Entwurf des Transpzrenz-und Publizitätsgesetzes -ein weiterer Schritt zur Modernisierung des Unternehmensrecht, in : Deutsche Steuerrecht, Nr.16/2002, S. 689.
16．Ulmer, P., Der Deutsche Corporate Governance Kodex, in : Zeitschrift für das gesamte Handels-und Wirtschaftsrecht, Heft 166/2002, S. 154
17．Baum, T., Bericht der Regierungskommisson, Corporate Governance, Köln 2001, S. 266-277.
18．Deutsche Bank, Geschäftsbericht für das Geschäftsjahr 2001, S. 49-50.

5 株主価値指向への転換と社会的市場経済の視点

　ドイツの企業統治論は，企業統治行動規範を実践するなかで，アメリカナイズの株主価値重視の「グローバルな投資家資本主義[1]」がドイツに求められているとする一方，そのことが社会的市場経済の制度的枠組み条件のもとで「労働者の共同決定[2]」を優先させながら推進されるべきであると主張している。

　ドイツで行われた経営者とアナリストに対する監査法人（C&L Deutsche Revision AG）の1997年の意識調査[3]では，株主価値経営を重視するとする回答が大企業で圧倒的に多く，数多くの国際的に事業展開している大企業はグローバルな資本市場のプレッシャーを受けて株主価値重視の執行を行っている[4]。この限りで，ドイツ大企業の企業目標が株主価値に転換していく方向にあると考えられる。

　この点で，ドイツの企業統治論は，株主価値重視の「資本市場による統治[5]」の視点がこれまで欠けていたと考える。ドイツ大企業に対し，グローバルな競争がドイツの企業統治を批判的に再検討することを求めており，国際的な資本調達競争のなかで低い資本コストでより大きな資本を調達するために株主価値重視が要請される。この結果，これまでドイツ経済の強さの源泉とされてきた株式の相互持合いによる強固な企業結合，高い銀行依存，低い透明性といった企業統治のドイツシステムそのものが外国投資家の目にドイツへの投資が魅力のないものと映ってしまい，このため，アメリカの資本市場に上場することを契機に企業統治の国際基準を受け入れる傾向が見られるようになった[6]。

　しかし，ドイツの企業統治論が同時に注視する点は，この傾向にもかかわらず，「アメリカの株主価値重視というコンセプトのドイツへの移転可能性[7] (Übertragbarkeit des aus den USA stammenden Shareholder-Value-Konzepts aus die deutschen Verhältnisse)」に関する検討がなお必要であり，また，株主価値の最大化ということがどの程度にドイツの企業統治の原則とその枠組み条件と合致しているかを吟味していく必要があると考えている[8]。

　すなわち，具体的に，①コンセンサスという考え方にもとづく社会政策上の価値体系，②従業員の共同決定権，③銀行の大きな影響力，④少数株主の利益

に対する監査役会の機能の不足，⑤企業統治の市場の低機能，⑥収益適合情報の株主への遮断，⑦役員報酬制度としてのストックオプションの未発達，といった点が株主価値重視のドイツへの移転可能性を困難にしている[9]。

ドイツの企業統治論は，債権者保護や従業員の共同決定権を柱とした社会的市場経済が株主価値重視と相容れない点があることから，株主価値重視を第一義的に考えるとした場合に，企業側と労働組合側との間のコンセンサスが失われ，企業内での分配闘争が起こる危険があると考える[10]。そして，このような懸念が的外れでないことを1996年にDaimler-Benz社の経営トップも経験していた。株主価値重視への指向が他の利害関係者の犠牲を招き，失業，労働生産性の低下，サービス提供の低下，企業内におけるコンフリクトの激化が起きており，結果として，ドイツ経済にとって弊害を与えているとの批判が出されていた[11]。

この批判に対し，ドイツの企業統治論は，株主価値重視のコンセプトがドイツ経済の利益追求を損なうものではなく，むしろ株主価値重視のモチベーションこそが経済全体の可能なかぎりの大きな利益を生み出していることを認めたうえで，ドイツ大企業が株主価値重視のコンセプトに立って効率的に長期的な利益のために行動し，そのような企業では，株主価値を目標とするだけでなく，労働生産性の向上，雇用の増大といった行動を同時に採っていると論究している[12]。そして，この社会的市場経済のもとでの株主価値重視というドイツ的視点から，株主価値重視のコンセプトが株式市場の機能と関連していくなかで，ドイツ大企業が国際的な会計慣行に適応し，IR活動を積極的に進め，連結財務諸表をIAS/US-GAAP基準に準拠して作成・開示していくことがドイツの道として考えられるとしているのである[13]。

このようなドイツ企業統治論のスタンスは，1997年の監査法人（C&L Deutche Revision AG）が行った意識調査[14]でも分かる。その調査によれば，銀行・保険を除く上場企業66社で，経営者は，株主価値重視のコンセプトを支持し，ドイツの資本市場への銀行の特別な役割，労働組合の大きな地位と従業員の共同決定権といったものが株主価値の最大化の目標を妨げると考えていな

い。しかし同時に，この調査に答えた大多数の経営者がドイツの資本市場は効率的であり，株価が企業政策を正しく反映しているとしながらも，株主価値重視が唯一の方向であるとしたのはわずか6％であり，58％の経営者が株主の利害を優先的に考えているとし，36％の経営者はその他の利害関係者の利害も同様に考慮すると答えている。この調査結果から，ドイツの経営者が将来的にも「株主価値の絶対的な支配[15]」というものには懐疑的で，株主価値を重視しつつ，多様な利害関係者の利害を考慮していくこと考えていることが分かる。

以上，ドイツの企業統治論で展開されているドイツの道は，社会的市場経済のもとで株主価値重視への国際的調和化を図ろうとする視点に立つものである。そして，このドイツの企業統治論のもとで，「投資家の意思決定有用性のためだけでなく，すべてのステータスホルダーの情報ニーズに応える[16]」会計国際化の議論が1990年代後半以降に急速に進展してきた。

〈注〉
1．2．Nassauer, F., Corporate Governance und die Internationalisierung von Unternehmungen, Frankfurt a. M. 2000. S. 220.
3．C&L Deutsche Revision AG, Kapitalmarktorientierung deutscher Unternehmungen, Ergebnisse einer Empirischen Untersuchung, Frankfurt a. M. 1998, S. 8–10.
4．Hommelhoff, P., Corporate Governance: Vertragen sich die deutsche Unternehmensverffassung und das Shareholder Value-Prinzip?, in : Albach, H./Brockhoff, K., Betriebswirtschaftliche und Rechtsentwicklung, in : Zeitschrift für Betriebswirtschaft-Erganzungsheft 4/1997, S. 19.　5．Nassauer, F., a. a. O., S. 256.
6．Ebenda, S. 243.
7．8．von Werder, A., Shareholder Value-Ansatz als einzige Richtschnur des Vorstandshandelns, in : Zeitschrift für Unternehmens-und Gesellschaftsrecht, Nr. 1/1998, S. 81–83.　9．Nassauer, F., a. a. O., S. 244.
10．Dugey, G. /Hommel, U., Der Shareholder Value-Ansatz : US-amerikanischer Kulturimport oder diktat des globale Marktes?, in : Engelhard, J., Interkulturelles Management : Theoretische Fundierung und funktionsspezifische Konzept, Wiesbaden 1997, S. 187.
11．Rother, H. /Zdral, W., Einige haben Probleme "Daimler-Benz-Vorstandsvorsitzender Jürgen Schrempp über die Entwicklung des Konzern und das Ziel der Globalisierung", in : Wirtschaftswoche vom 21. 11. 1996, S. 94.

12. Nassauer, F., a. a. O., S. 245. von Werder, A., a. a. O., S. 89.　13. Nassauer, F., a. a. O., S. 246.
14. C&L Deutsche Revision AG, a. a. O.., S. 8–10, S. 43–46.
15. Nassauer, F., a. a. O., S. 248.
16. Baker, C. R. /Wallage, P., The Future of Financial Reporting in Europe : Its Role in Corporate Governance, in : The International Jouranl of Accounting, 2/2002, p. 184.

第3節　市場による統制とドイツ会計の適応

1　資本市場のグローバル化に伴うドイツ会計の国際的調和化

　ドイツの企業統治論は，以上のように，企業統治の規定要因に現れた変化が社会的市場経済というドイツ的な制約条件のもとで株主価値重視に向かう方向にあると捉え，この方向のなかで，それまで「所有と経営の透明化と完全開示がドイツの現実でなかった[1]」状況をいかに脱却し，大企業の決算情報開示の国際的調和化を進めていくか，「ドイツの企業統治の文脈のなかでのIAS基準適応[2]」がテーマであるとしている。社会的市場経済の枠組みのなかでの株主価値重視の企業統治にドイツの道を見出し，そのなかで，「資本市場による統制の鼓舞[3]（Belegung der Kontrolle durch den Kapitalmarkt)」に適応して，国際化対応として会計改革のドイツの道を描き出そうとしている。

　このように，ドイツ会計改革論は，株主価値重視の資本市場のグローバリゼーションが連結財務諸表の国際的比較可能性への要請をつよめ，ドイツの会計国際化を促したと考える。その論旨はつぎのように要約することができる。

―各国の連結財務諸表の比較可能性が限定的でしかなく，異なった連結財務諸表が作成・開示されることで，グローバルな資本市場のなかで外国人投資家の投資意思決定を妨げている。外個人投資家がドイツの投資家と同じ投資意思決定をするためには，ドイツの連結財務諸表そのものから生じる計上・評価の相違の影響を明確にすることが必要である[4]。

―国際的に事業展開するドイツ大企業がグローバルスタンダードと異なった連結財務諸表を作成・開示していたのでは，国際的な資本市場からの資本

調達が困難になり，資本配分（Kapitalallokation）という市場の機能を制限することになる[5]。

——ドイツの大企業が外国の資本市場で債券発行・株式上場をする場合，アメリカのニューヨーク証券取引所のケースを考えれば，ドイツ大企業は，US-GAAP 基準に全面的に従った連結財務諸表の作成・開示を行うか，または，当期純利益と自己資本の調整表を追加に開示することがもとめられる。ドイツの連結財務諸表ではファンダメンタルな分析ができず，ドイツ大企業にとっても国際的な資本市場で資本調達を図ることが不利となると捉えられる[6]。

そのうえで，ドイツ会計改革論は，このような要請を生み出している原因が何かということに論究を進め，ドイツが債権者保護・慎重主義を優先し，秘密準備金の可能性を認め，期間に適正な利益情報を株主と投資家に提供していない，また，ドイツの附属説明書における情報の拡大についても，それが国際基準に合致したものではなく，さらに，商法会計と税務会計の密接な結びつきが情報提供機能そのものを阻害していることを挙げている[7]。

この点は，機関投資家，企業，投資銀行，証券取引監視機構に対する調査や上場企業66社の調査によっても，国ごとに異なる会計基準では，連結財務諸表の比較可能性が損なわれ，国際的な資本市場で不利益を蒙ることになるとの回答が多く，回答者の大多数は，ドイツ商法基準が US-GAAP 基準よりも低い情報価値を投資家に提供していると認識していた。また，ドイツの多くの学者も，ドイツが国際的にかけ離れているため，企業会計法の改正が必要だと考えていた[8]。

この点に限れば，ドイツ会計改革論は，株主価値重視・IAS/IFR 基準または US-GAAP 基準から触発された連結財務諸表の国際的比較可能性に重点をおく議論を展開させている。

「国際的な資本市場では，アングロアメリカの US-GAAP 基準が支配的であり，信頼される会計がもとめられている。アメリカの資本市場への上場は，アメリカの US-GAAP 基準に従っている場合にのみ可能であり，

国際的な機関投資家，アナリストがもとめる連結財務諸表が国際的に比較可能なものでなければならない。このことから，資本市場のグローバリゼーションとドイツ会計の国際的調和化がパラレルに進展してきたと考えることができる[9]」。

しかし同時に，留意しておかなければならない点は，連結財務諸表の国際的調和化に関する議論に，US-GAAP基準重視とIAS基準重視の二つの方向が見られることである。前者は，アメリカの資本市場が世界最大の市場であり，アメリカの投資会社が世界の金融取引を支配しているということから，US-GAAP基準が世界標準であるとする方向である。だが，ドイツは，US-GAAP基準の受け入れに対する抵抗感がつよく，US-GAAP基準の受け入れによって，ドイツの会計規範の形成に影響を与えてはならないという非難がある。後者は，国際的な会計基準の形成をもとめ，IAS基準にシフトするという方向である。しかし，IAS基準に法的な拘束力がなく，また，IASC（国際会計基準委員会）とIOSCO（証券取引監督者国際機構）との合意のコアスタンダードに拘束力が伴っていなかった[10]。

この二つの方向のなかで，IAS基準の意義ををを重視したのがEU委員会であった。EU委員会は，1995年に会計の国際的調和化に関する新しい戦略を明らかにし，さらに，2002年7月19日のIAS/IFRS基準適用のEU命令を出し，2003年6月18日のEU会計法現代化指令を提案した。この結果，2005年1月1日以降，IAS/IFRS基準強制適用が打ち出された。ドイツ会計改革論もまた，このEU委員会のIAS/IFRS基準重視の方向を支持している。

だが，ドイツ会計改革論においても，アングロアメリカのもとに支配されることが理論的な観点から明白であると言えないとする反対論がある。ドイツの観点から考えれば，商法の慎重主義によった評価の方が企業の実体の維持に貢献しており，US-GAAP基準による連結財務諸表が企業の実体を危うくすることもある。とくに，企業が配当の極大化への投資家の圧力を受けるということについても，そのような配当極大化のテーゼがアメリカの調査でも確認できていないこと，US-GAAP基準もまた余地と操作から解放されてはいない。さら

に，ドイツの決算利益がアメリカの決算利益より言明能力が低いということもできない。むしろ，商法会計と税務会計が密接に結びつき，数多くの計上・評価の選択権が認められ，取得原価主義を厳格に維持しているドイツの方が最善の予測を可能にしており，この意味で，ドイツの方がアングロアメリカによりもより優れている[11]。

確かに，この点の指摘にも一理あって，IAS/US-GAAP基準が「錯綜した複合的な会計であり，暴威を振るう規準[12]」であるとする懸念がつよく，上述の反対論もあるが，しかし，その影響力が大きいため，IAS/US-GAAP基準という「料理本のメンタリティ[13]（Kuchbuchmentalität）」への意識の転換がドイツにとって余儀なくされている。

〈注〉
1. Adams, M., Cross Holdings in Germany, in : Journal of Intstutinal and Theoretical Economics, 1/1999, S. 86.
2. Naumann, K-P. /Teilmann, S., Die Anwendung der IAS im Kontext der deutschen Corporate Governance, in : Die Wirtschaftsprüfung, Nr. 24/2001, S. 1445.
3. Nassauer, F., Corporate Governance und die Internationalisierung von Unternehmungen, Frankfurt a. M. 2000. S. 256.
4. Förschle, F. /Glaum,. M. /Mandler, U., Gesetz zur Kontrolle und Transpzrenz im Unternehmensbereich : Umfrage unter Führungskraften Börsennotierte Unternehmungen, in : Der Betrieb, Heft 18/1998, S. 2282. Pape, J. /Heintages, S., Verhältnis vom US-GAAP und IAS zur Rechnungslegung nach deutschen Handelsrecht, in : von Rosen, R. /Seifert, W. G., Zugang zum US-Kapitalmarkt für deutsche Aktiengesellschaften, Frankfurt a. M. 1998, S. 202.
5．6．Liener, G., Accounting Standards Required of Global Corpotations by the International Capital Markets, in : Zeitschrift für Betriebswirtschaf, Nr. 7/1995, S. 743.
7. Busse von Colbe, W., Das Rechnungswesen im Dienste einer kapitalmarktorientierten Unternehmensführung, in : Die Wirtschaftsprüfung, Nr. 21/1995, S719.
8．9．Nassauer, F., a. a. O., S. 226-227.
10. Ebenda, S. 227-229. Weber-Grellet, H., Maßgeblichkeitsgrungsatz in Gefahr?, in : Der Betrieb, Heft 8/1997, S. 390. van Hulle, .K., Die Zukunft der europäischen Rechnungslegung im Rahmen einer sich ändernden internationalen Rechnungslegung, in : Die Wirtschaftsprüfung, Nr. 4-5/1998, S. 153.
11. Nassauer, F., a. a. O., S. 227.

12. 13. Windmöller, R., Internationalisierung der Rechnungslegung was bleibt Wahrheit?, in : Zeitschrift für das gesamte Kreditwesen, 1/2002, S. 36.

2　ドイツの連結財務諸表の会計国際化の行動

　1990年代に始まったドイツ会計改革論は，上場会社の連結財務諸表の会計国際化行動のなかで，IAS/US-GAAP基準に適応させた決算実務を展開したことに具体的なすがたを見出すことができる。その際，ドイツの上場会社が採った会計行動の様式として，①調整表方式（ドイツ基準（商法）による連結財務諸表にもとで，連結自己資本と連結当期損益についてIAS/US-GAAP基準によった調整表の作成・開示を行う），②デュアル方式（ドイツ基準（商法）及びIAS/US-GAAP基準を充たす連結財務諸表の作成・開示を行い，ドイツ基準（商法）が認める計上・評価の選択権を行使して，追加的に国際基準がもとめる報告を任意に開示することができる），③パラレル方式（ドイツ基準（商法）とIAS/US-GAAP基準にもとづく二つの別々の連結財務諸表を作成・公開する）という三つの方式があった[1]。

　だが，ドイツ上場会社の連結財務諸表国際化への三つの行動様式に対し，つぎのような欠陥があることが指摘されていた[2]。

　—調整表が認められたのは，ニューヨーク証券取引所に上場する大会社であって，IAS適用の会社にこの調整表が認められなかった。
　—ドイツ基準（商法）とUS-GAAP基準とのデュアル方式の連結財務諸表の作成は排除されるが，ドイツ基準（商法）とIAS基準のデュアル方式は1990年代中葉まで可能であった。しかし，選択権の制限やUS-GAAP基準へのIAS基準のシフトがあって，このことが難しくなった。
　—二つの別々の異なった連結財務諸表の作成・開示は大きなコストがかかり，異なった連結損益の表示が投資家等の情報の受け手に混乱を与えることとなった。

　ドイツ商法基準の連結財務諸表の作成・開示とともに，US-GAAP基準によるパラレルな連結財務諸表またはUS-GAAP基準への移行の調整表の作成・

開示がニューヨーク証券取引所上場の条件となっていため，ドイツ大企業が長年にわたってニューヨーク証券取引所上場を断念し，上場条件の低いナスダックに上場をしてきた[3]。

1993年になって，米国 SEC の厳しい条件を充たしたドイツ最初の企業が Daimler-Benz 社で，その後，ドイツ大企業が US-GAAP 基準で連結財務諸表を作成・開示する実務は，IAS 基準の適用会社とともに増えたが，この時代，ドイツの商法基準に準拠した連結財務諸表を作成・開示する上場会社が圧倒的に多かった。具体的には，1996年度のDAX30社の実務状況に関する調査では，大多数の会社がドイツ商法基準の連結財務諸表を作成・開示する実務であったが，上記の三つの方式で連結財務諸表を作成・開示したのは，第2-4表の7社に過ぎなかった[4]。

第2-4表　1996年度のDAX30社中の連結財務諸表の国際化対応

パラレル方式の採用—Deutsche Bank は商法基準と IAS 基準のパラレル，Daimler-Benz 社は商法基準と US-GAAP 基準のパラレル
デュアル方式の採用—Bayer 社，Hoechst 社，Schering（シェーリング）社は商法基準の選択権を行使して IAS 基準を適用
調整表方式の採用—　Deutsche Telekom 社，VEBA 社は商法基準と US-GAAP 基準の調整表

出典）　Nassauer, F., a. a. O., S. 231.

さらに，1997年の66社を対象とした監査法人（C&L Deutsche Revision AG）の調査[5]によっても同様に，ドイツ商法基準から国際基準への移行について，IAS/US-GAAP 基準の全面適用を行ったと回答したのは16%に過ぎず，IAS 基準適用を計画していると答えたのは18%，そして，US-GAAP 基準適用を計画している答えたのは9%であった。この調査時点で，2003年までに IAS 適用に転換させると回答したのは上場会社の70%にのぼった。この調査結果から分かることは，IAS 基準適用による国際化対応に明白な傾向が見られたことである。

このことから，ドイツ会計改革論は，大企業の連結財務諸表の実務のなか

で,「会計領域におけるパラダイム転換[6] (Paradigmenwechsel im Bereich der Rechnungslegung)」が,つまり,相対的に開示度が低い企業会計法による会計から離脱して,非常に幅広く開示度が高く,意思決定に指向した資本市場法による会計へのパラダイム転換が起きたと考える[6]。国際基準による会計は,株主価値を指向する企業観にもとづき連結財務諸表が担い,単独財務諸表は,法律上の作成義務を有するが,実際に開示が行われることは少なく,さらに,デュアル方式で連結決算財務報告を作成している会社では単独財務諸表から離脱をしている実務も見られた[7]。

〈注〉
1. Nassauer, F., Corporate Governance und die Internationalisierung von Unternehmungen, Frankfurt a. M. 2000. S. 230.　2．3．Ebenda, S. 230-231.
4. Förschle, G. /Glaum, M. /Mandler, U., Internaritonale Rechnungslegung und Kapitalaufnahmeerleichterungsgesetz-Meinungswandels bei Führungskräften deutscher Unternehmungen, in : Der Betrieb, Heft 46/1998, S. 2281-2288.
5. Nassauer, F., a. a. O., S. 232.
6. Pellens, B. /Fülbier, R. U., Anforderungen an die Rechnungslegung und Publizität internationaler Unternehmen, in : Krystek, U. /Zur, E., Internationalisierung, Berlin 1997, S. 439.
7. Pape, J. /Heintages, S., Verhältnis von US-GAAP und IAS zur Rechnungslegung nach deutschem Hadelsrecht, in : von Rosen, R. /Seifert, W. G., Zugang zum US-Kapitalmarkt für deusche Aktiengesellschaften, Frankfurt a. M. 1998, S. 210.

3　ドイツ会計(連結財務諸表)の IAS/US-GAAP 基準への2つの制度対応
〈資本調達容易化法にもとづく商法典第292a条の免責条項〉

このドイツ会計改革論のなかで,立法機関もまた,ドイツの連結財務諸表が会計政策上の大きな余地にもとづいているため,国際的な信頼が低下しており,パラレル方式が国際的競争のなかでドイツ大企業に不利益を与えてきたことを認めていた[1]。このため,立法機関は,1998年の資本調達容易化法によって,連結財務諸表の規制の緩和をもとめたドイツ大企業の要請に応え,連結財務報諸表及び連結状況報告書を国際的に認められた会計基準 (IAS/US-GAAP

基準)で作成・開示したものについて，上場親会社に対して一定の条件を充たす場合は，ドイツ商法基準に準拠した連結財務諸表の作成の義務を免責するとした商法典第292a条が新たに設けられた。この商法典第292a条の立法措置が2004年までの適用を認める時限的な免責条項であった点で，「実用的な妥協による解決[2]」ではあったが，ドイツ会計改革論の新しい分岐点となった。

　商法典第292a条が免責条項の適用を受けることのできる重要な前提条件とは以下の場合である。

　①連結財務諸表及び連結状況報告書がEC第7号会計指令と完全に一致している（商法典第292a条2項2号）。
　②免責条項を適用して作成した連結財務諸表の言明能力が商法典にもとづき作成した連結財務諸表と等価値である（商法典第292a条2項3号）。
　③連結財務諸表に関する附属説明書の説明が適用した会計原則とドイツ法から離脱した計上・評価・連結方法の説明と一致している（商法典第292a条2項4号）。

　資本調達容易化法の立法趣旨から，国際的に認められたルールによる連結財務諸表の作成・開示が投資者の意思決定の判断のためにますます重要であることが読み取れる。商法典第292a条の免責条項にもとづき，ドイツ上場会社がIAS/US-GAAP基準で連結財務諸表を作成・開示することができ，それまでの調整表方式，デュアル方式，パラレル方式のかたちで作成・開示する必要がないとした規制緩和であったが，ドイツの上場会社がこの免責条項に対し，どのような態度を示したかを1997年に実施した監査法人（C&L Deutsche Revision AG）の調査結果[3]が注目される。すなわち，この調査結果から見ると，97%の企業が支持を表明し，反対がわずか3％であった。

　だが，商法典第292a条の免責条項に対する批判がなかったわけではない。1つは，免責条項が上場親企業にだけ適用されるとした点である。非上場の企業には引き続きドイツ商法基準の連結財務諸表の作成・開示が義務づけられた。このため，非上場の企業は外国の投資家に向けた規制の緩和の恩恵を受けることができず，資本調達をめぐる国際競争において引き続き不利益を蒙った

ままであるといった批判であった[4]。この点は，その後の2002年の資本会社指令法で改正があり，対象企業の拡大が認められた。

　さらに，商法典第292a条の免責条項は，IAS/US-GAAP基準が部分的にEU会計指令と合致していないために意味を失っているとの批判があった。IAS/US-GAAP基準とEU会計指令との合致を認めた無限定の監査も実際に少なかった。この点についても，EU会計指令は，IAS基準の無限定の適用と対立するものでない。EU会計指令とIAS基準との合致の確認は，同時に，これがアメリカで認められるUS-GAAP基準とも原則として合致していることが許されるという仮定を許容している。法律は，もっぱら連結財務諸表及び連結状況報告書がEU会計指令と合致していることをもとめているが，このことは，完全な一致でなければならないということではないといった反論があった[5]。

　そのうえ，立法機関が根本的な改革を行っていないという批判もあった。上場したドイツの親企業は，2004年までの移行期間中に連結財務諸表をドイツ商法基準で作成・開示するのか，国際的に承認された基準で作成・開示するのかについて，選択適用が認められているが，立法機関がこれを最高度の弾力性と考えていたのに対し，批判者は，この免責条項が連結財務諸表の国際的比較可能性を改善するものではあるが，ドイツの法領域の枠内で異なった国内基準で連結財務諸表を作成・開示することになるとした[6]。

　このような批判点を含めて,ドイツ会計改革論のなかでいま議論されている,改革の方向がある。それは，アングロアメリカの規範に依存した方向で改革を進め，配当と課税の属性を単独財務諸表に保持する統一財務諸表を構想し，その一方で，投資意思決定に有用な情報提供の属性をIAS/IFRS基準準拠の連結財務諸表に求める連結・単独の財務諸表の役割を分離独立させようというものである。つまり，単独財務諸表を商法基準で，連結財務諸表を国際基準でというダブルスタンダードの考え方が採用されている。しかし，このドイツ会計改革論は，長期的な展望から見れば，単独財務諸表が国際基準の影響を受けることが考えられるから，最終的には，商法確定決算基準が放棄されることが懸念

され，単独財務諸表・連結財務諸表とともに情報提供機能を果たし，アメリカのようになるのではないかとの危機感が示されている[7]。このため，IAS/IFRS基準準拠の連結・単独財務諸表に関して賛否の議論が激しく提起されている。

〈企業領域統制透明化法にもとづく商法典第342条の私的会計委員会〉

ドイツ会計改革論のもう1つの方向として，商法典第292a条の免責条項に対する懸念にかかわって，改革方向を主体的に検討する私的会計委員会構想が企業領域統制透明化法にもとづき具体措置された。

企業領域統制透明化法は，①セグメント報告とキャッシュ・フロー計算書を連結附属説明書の作成を義務づけ（商法典第297条1項），②私法により組織された会計基準設定機関の創設（商法典第342条）を新たに規定した。このうちの後者に関して，商法典第342条を根拠法として，会計基準設定機関の創設に関し，私的会計委員会と公的会計審議会の2つの選択肢を認めた。そして，この選択肢にもとづき私的会計委員会方式を採用して，ドイツ版FASBと呼ばれるドイツ会計基準委員会が設立された。

ドイツ会計基準委員会は，商法典第342条に根拠規定をおく，連邦法務省との間で協約を結んで組織された財団法人として1998年に設立された。その任務については，商法典第342条において，①連結財務諸表に関する諸原則の適用に関する開発を行い，基準を勧告する，②連邦法務省の立法行為に対し助言を与える，③国際的な会計基準設定機構においてドイツを代表する，と明記されている。

ドイツ会計基準委員会の設置は，国際的な会計基準設定主体論の影響を受けて，連結財務諸表の原則の開発を委員会に委譲するという方向に踏み出したドイツ会計改革論の1つの結実であった。しかし同時に，そのような改革方向がこれまで立法機関が独占してきた立法権限を制約することになる一方で，「市場による解決[8]（Marktslösung）」を全面導入したものでもなかったため，立法主義の堅持とプライベートセクター方式の採用というハイブリッド方式の妥協的な解決を図った点にドイツ的な特徴が見出された。ドイツ会計基準委員会の

勧告書であるドイツ会計基準を連邦法務省が公告（Bekanntmachung）し，それが連邦法務省の立法行為に結びつけられるというものであった。

　この点がドイツ会計改革論における新しい検討課題となっている。ドイツ会計基準を検討し，そのうえで認可するかどうかに関し手続きを立法機関が留保したため，ドイツ会計基準委員会が「放送局[9]（Rundfunkrat）」になってしまう懸念があるとか，会計原則のいっそうの発展に関する余地が生じるのは法の欠缺の充填や公式のフォーミュレートの解釈があるときであるとか，企業会計法の前進のためのイニシアティブがこれまで以上に決算作成者，決算監査人，決算利用者の側にあるとしても，会計人（Rechnungsleger）の私的な自己管理（Private Selbstverwaltung）が立法に対し，どの程度優先するかしばらくは分からない[10]といった議論が起きている。

　その結果，ドイツ会計基準委員会が勧告し，連邦法務省が公告（Bekanntmachung）したドイツ会計基準が国際的な比較可能性をもとめる投資家の圧力によって，IAS/US-GAAP基準に適応しているが，そのことが立法行為によったこれまでのドイツ的な解決からの離脱であるかどうかは議論の余地を残している。この限りで，ドイツは，FASBへの権限委譲を認めるアメリカと違って，プライベートセクター方式の会計基準設定を採用しつつ，立法からの権限の委譲がない。

〈注〉
1．Gelhausen, W. /Mujkanovic, R., Der Entwurf eines Kapitalaufnahmeerleichterungsgesetzes, in : Die Aktiengesellschaft, Heft 8/1997, S. 339.
2．BT-Drucksaache, 13/9909, S, 10.
3．C&L Deutsche Revision AG, Kapitalmarktorientierung deutscher Unternehmungen. Ergebnisse einer empirischen Untersuchung, Frankfurt a. M. 1998, S27-48.
4．Pellens, B. /Bonse, A. /Gassen, J., Perspektiven der deutschen Konzernrechnungslegung-Auswirkungen des Kapitalaufnahmeerleichterungsgesetzes und des Gesetzes zur Kontrolle und Transparenz im Unternehmensbereich, in : Der Betrieb, Heft16/1998, S. 786.
5．Weber-Grellet, H., Maßgeblichkeitgrundsatz in Gefahr?, in : Der Betrieb, Heft 58/1997, S. 389. van Hulle, K., Die Zukunft der europäischen Rechungslegung im

Rahmen einer sich ändererden internaitonalen Rechnugslegung, in : Die Wirtschaftsprüfung, Nr.5/1998, S. 133-147.
6. Busse von Colbe, W. Das Rechnungswesen im Dienst einer Kapitalorientierten Unternehmensführung, in : Die Wirtschaftsprüfung, Nr. 21/1996. S. 720.
7. Weber-Grellet, H., Maßgeblichkeitsdrundsatz, in : Betriebs-Berater, Heft 55/1999. S. 390. Pellens, B. /Bonse, A. /Gassen, J., Perspektiven der deutchen Konzernrechnugslegung, in : Der Betrieb, Heft 51/1998 S. 720.
8. 9. 10. Nassauer, F., Corporate Governance und die Internatinalierung von Unternehmeungen, Frankfurt a. M. 2000, S.254-258.

4 国際化のなかの企業統治と会計改革のドイツの道

　ドイツは，1990年代に，「財の市場で受けている国際的な競争[1]」，「国際的投資家の利益をつよく考慮することを必要とする外国及び国際的資本市場の増大する利用[2]」，「年金制度の熟考を強要するために失業率と関係した人口構成の発展[3]」，「経営破綻のケースに関連した経営者の監視のための監査役会の能力に対する疑義[4]」といった大きな力が働くなかで，企業統治への市場の鼓舞の影響を受けながらも，しかし，短絡的に傾斜していく道を採らず，また，OECD企業統治原則[5]（①株主権，②株主の平等的な取り扱い，③ステークホルダーの役割，④開示と透明化，⑤監査役会の義務）との調和化を考慮に入れながら，その一方で，ドイツの社会的市場経済といかに折り合い，この市場の鼓舞と融合していくべきか，そのドイツの道を探り，いまなおその模索の途上である。

　ドイツの企業統治改革論は，国際的な競争のなかで，グローバル化を指向した企業が国際的な資本市場で資本を調達することが必至であることを受け入れたうえで，大銀行・保険と産業の間の密接なハウスバンキング関係，議決権ブロックの支配，社会的市場経済にもとづく共同決定といった企業統治を堅持して行こうとしている。確かに，株主価値重視の企業統治が国際的な指向を行う上場会社にあって最高の企業目標であり，そのために，資本市場を通じた企業統治を重視するが，しかし，そのことが銀行依存からの離脱・ハウスバンキングのもとでの銀行と産業との長期的な関係・共同決定の労使関係を弱めることになれば，個々の株主が広範な株式分散を通じて銀行と同じように債務者の恒

第2章　企業統治と会計改革のドイツの道　55

常的な監視への動機を持ち得ないというマイナス作用が働くことになり、また、機関投資家による私的な投資についても、これら投資家がつよく業績志向を指示することから、伝統的な銀行関係と比較検討されるべきであるし、さらに、不況時に企業がハウスバンクの支持をうけたいのが通常であり、匿名の投資家に期待をかけることはないといった点がある[6]。

　このような視点に立てば、「ドイツ産業の競争のメリットとされてきた安定した関係にもとづく企業統治の長期的指向の実現[7]」といったものが放棄されているわけでもなく、「ビッグファイブの大銀行とビッグスリーの保険会社の直接の株式所有と議決権支配[8]」が基本的に維持されている。むしろ、企業統治のドイツの道を考えた場合、ドイツの企業統治のなかで株主価値重視が謳われる企業というのは国際的に事業展開している上場会社に限定され、しかも、これら上場会社にあっても、社会的市場経済の枠組みのなかで企業統治がなされることを考えれば、アメリカの企業統治に転換したと認められないといった立論がなされることも頷ける[9]。ドイツでは、企業統治の市場の鼓舞が限定的にしか期待されない[10]。連邦財務省のフォーラムでも、企業統治がユニバーサルバンク、銀行と企業の株式所有、共同決定、労働組合といった要素がドイツの経済秩序の支柱を維持する改革方向にあり、ドイツのステータスホルダーシステムを排除することにはならないという見解を示している。資本競争は、アメリカにおけるように集中の方向にはなく、ドイツシステムの積極的な要素とその発展のチャンスは維持されている[11]、とドイツ企業統治改革論では考えられている。

　以上のように、ドイツ企業統治改革論は、社会的市場経済と資本市場の鼓舞の「複合システムとしての企業統治[12]」をドイツの道として捉え、この企業統治のドイツの道の枠組みのなかで、「国際基準への会計の適応[13]」として、①商法典第292a条のIAS/US-GAAP基準への開放条項、②商法典第342条にもとづくドイツ会計基準委員会設置、③2005年IAS/IFRS基準導入のEU命令の受け入れ、さらに、④IAS/IFRSS基準設定プロセスへのドイツの積極的な関与が企業統治改革と一体化した会計改革のなかにドイツの道を見出している。

したがって，会計改革のドイツの道とは，短絡的な IAS/IFRS 基準の受け入れ（Übernahme der IAS/IFRS）ではない。資本市場指向，投資家情報目的に限定した連結財務諸表（情報目的の単独財務諸表も含む）における IAS/IFRS 基準適用への開放を図る一方で，処分利益計算（配当・税）に係わる単独財務諸表の商法秩序を同時に堅持していこうとする「会計と法治国[14]（Rechnungslegung und Rechtsstaat)」の枠組みのなかに商法会計規範の混成システムのドイツの道を再構築しようとする方向にあると考えることができよう。その際，「会計と法治国」の枠組みのなかで，「国家が会計をどの領域で規制すべきなのか，商法基準，IAS/IFRS 基準，US-GAAP 基準のシステムの競争に関して市場による自主的な規制がどの領域で行うべきなのか[15]」ということも検討していくというのが会計改革のドイツの道の特徴となっている[16]。

〈注〉
1．2．3．4．5．Nassauer, F., Corporate Governance und die Internationalisierung von Unternehmungen, Frankfurt a. M. 2000, S. 258.　6．7．Ebenda, S. 259.
8．Boehmer, E., Who Controls German Corpotrate?, in : McCahery, J. A. /Moreland, P. /Kaaijmakers, T., /Renneboog, L., Corporate Governance Regiemes, Oxford 2002, p. 283.　9．Nassauer, F. a. a. O., S. 259.
10．Fey, G., Unternehmenskontrolle und Kapitalmarkt, Stuttgart 2000, S. 73.
11．Ebenda, S. 269.　12．Ebenda, S. 259-260.　13．Ebenda, S. 253.
14．Zeitler, F-C., Rechnungslegung und Rechtsstaat,-Übernahme der IAS oder Reform des HGB, in : Der Betrieb, Heft 29/2003, S. 1529-1534.
15．Watrin, C., Interrnationale Rechnungslegung und Rechnungstheorie, Wiesbaden 2001, S. 2.
16．この「ドイツの道」にかかわる最近の議論として，2005年・2007年以降にIAS/IFRS 基準の適用が資本市場志向の連結財務諸表以外の非資本市場指向の会社や情報目的の単独財務諸表にまで適用が広がっていくと予想されるが，この連単のIASB財務諸表の実務では，IAS/IFRS基準がEU域内で不統一であるし，選択権・裁量の余地が残されていることから考えれば，商法指向の傾向が残されているとのコメントもある（von Keitz, I., Praxis der IASB-Rechnungslegung : Derzeit（noch）uneintheitlich und HGB -orientiet, in : Der Betrieb, Heft 34/2003, S. 180.）。

第3章

国際化のなかの商法会計規範の混成システムの再編

はじめに

1960年代末以降、ECの域内における経済統合をめざすなかで、会計基準の国際的調和化を図る動きが加盟各国の会社法制の調和化の一環として進展した。しかし、ドイツの視点から見たとき、この30年間は、1985年適応問題から始まり、1998年適応問題を経て、今日の2005年適応問題にいたる長い会計国際化の適応戦略の道程であったといっても過言でない。すなわち、1985年適応問題として、1970年代後半以降になって、EC第4号、第7号、第8号会計指令が出され、これを受けるかたちで、ドイツにおいても、1985年商法改正がなされた。この1985年商法改正は、会計指令法((Bilanzrichtliniengesetz)とも呼ばれるものであったが、改正内容から判断すると、それは、EC会計指令を単に受け身的に変換したというものではなく、むしろ、EC域内の会計基準の国際的調和化の枠組みを越えて、ドイツ商法会計規範システムの現代的なリストラクチャリングを成し遂げた、すなわち、新しい「健全な会計世界[1]」を形成したと特徴づけることができる。

しかし、1985年商法改正以降も、いっそうの国際的調和化がドイツに新たな対応を迫ってきた。それは、1つには、EC域内での会計国際化の議論を契機としているが、それ以上に、ドイツ上場会社の国際資本市場における資本調達を契機として生じたIAS/US-GAAP基準への適応問題が動因となっている。具体的には、Daimler-Benz社やBayer社のような上場会社がIAS/US-GAAP基準に適応した「ドイツ会計実務における国際会計の到来[2]」が展開しはじめ

たことである。Daimler-Benz社は，1993年にUS-GAAP基準での連結財務諸表の作成，開示を実施し，Bayer社も，1994年からIAS基準での連結財務諸表の作成，開示を始めた。1990年代に入って顕著となったドイツ上場会社のIAS/US-GAAP基準適応という「ドイツ会計実務における国際会計の到来」が商法会計規範システムの新たな対応を要請するにいたったのである。これが1998年適応問題として，1998年の会計改革関連法を成立させ，商法典第292a条の免責条項と商法典第342条のドイツ会計基準委員会の設置が措置された。ドイツの論者のなかには，この1990年代に起きた変化を捉えて，「ドイツ会計の危機[3]」の時代に入ったと評するほどに深刻な事態と受け止めている。

そして，このドイツ会計の危機のなかで，IAS/IFRS基準適応へのドイツの2005年問題が浮上しており，ドイツ会計改革の道をめぐる新たな議論が起きている。

本章は，商法会計規範システムというドイツ的な枠組みが会計の国際的調和化のなかで，「ドイツ企業会計法のヨーロッパ化[4]（Europäisierung des deutschen Bilanzrechts）」としてどのような対応を迫られてきたか，また，その対応にどのような危機感を抱き，そのことにいかなるドイツ的な特徴が見られたか，このことについて考察をする。

〈注〉
1．Beisse, H., Die Krise des deutschen Bilanzrechts und die Zukunft des Maßgeblichkeitsgrungsatzes, In : Baetge , J., Deutsches Bilanzrecnt-In der Krise oder im Aufbruch?, Düsseldorf 2001, S. 1.
2．Pellens, B., Internationale Rechnungslegung, 4. Aufl., Stuttgart 2001, S. 6.
3．Beisse, H., a. a. O., S. 1.
4．Fresl, K. D., Die Europäisierung des deutschen Bilanzrechts, Stuttgart 2000.

第1節　ドイツ会計の変化を促した国際的調和化の波

近年，ドイツの議論のなかで，商法会計規範システムの個性について次のよ

うな指摘がなされている。大陸ヨーロッパのシステムとアングロアメリカのシステムとの間の相違が特別な対立として現れている。大陸ヨーロッパの領域に属している国々では，会計規範は立法権の行使による法的な方法によってのみ制定が可能であり，従って，このシステムでは，債権者の保護と資本の維持が支配的なものとして見なされている。これに対して，アングロアメリカの領域に属している国々では，年次決算書は会計職業団体が展開した諸原則にもとづき，第一義的に投資家および与信者のための意思決定の基礎として見なされている[1]。

このような特徴づけに従えば，ドイツは，大陸ヨーロッパのシステムに属し，成文法により商法会計規範が形成されている国として，アングロアメリカのシステムに傾斜した今日の国際的調和化（論）の対極に位置していると言えよう。より具体的には，ドイツは，「正規の簿記の諸原則（Grundsätze ordnungsmäßiger Buchführung）レジーム[2]」が商法確定決算基準（税務貸借対照表に対する商事貸借対照表の基準性原則/Maßgeblichkeitsprinzip der Handelsbilanz für die Steuerbilanz）と結び付いて債権者保護重視の商法会計規範システムを形成している国である[3]。このため，ここ30年の間に起きたドイツ会計の国際化への対応のなかで，正規の簿記の諸原則（GoB）レジームと商法確定決算基準（商事貸借対照表の基準性原則）の基本的枠組みを堅持しつつ，いかにアングロアメリカ会計への対応を図るかという新たな課題が提起されてきたのである[4]。しかし，「ドイツ企業会計法のヨーロッパ化[5]」のなかで，商法確定決算基準と慎重主義原則を変えていかなければならないのかといった課題がふたたび浮かび上がってきた。

歴史的経緯から見れば，この間，1998年適応問題にいたるまで，ドイツの商法会計規範システムに対して，3つの国際化の波（Internationalisierungswelle）が押し寄せてきた（第3-1図）。第1の波は，1965年株式法の後に始まったEC域内の会計基準の調和化の動きであった。この第1の波のなかで，ドイツは，実質的な対応として，単独財務諸表に関する会計規範として商法会計規範システムの伝統を堅持しつつ，連結財務諸表においてEC域内での国際対応を

第3-1図 国際的調和化・統一化の3つの波とドイツの対応プロセス

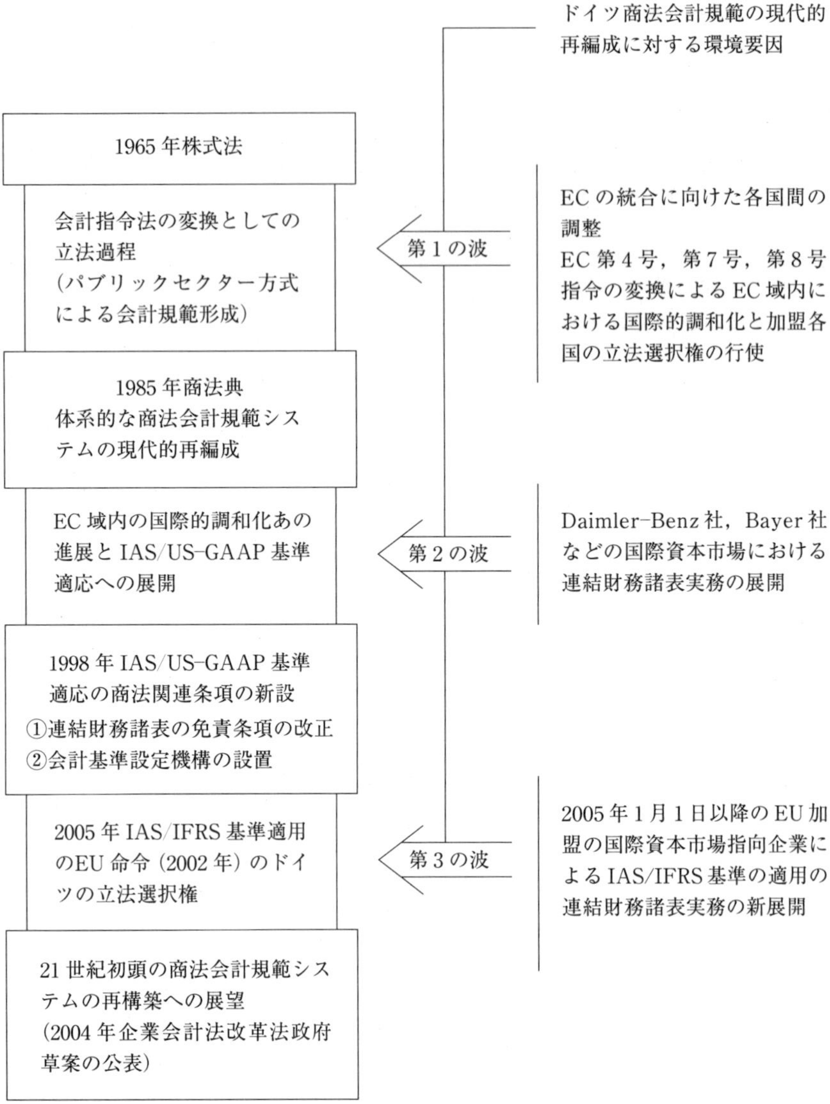

ドイツ商法会計規範の現代的再編成に対する環境要因

1965年株式法

会計指令法の変換としての立法過程
(パブリックセクター方式による会計規範形成)

←第1の波

ECの統合に向けた各国間の調整
EC第4号、第7号、第8号指令の変換によるEC域内における国際的調和化と加盟各国の立法選択権の行使

1985年商法典
体系的な商法会計規範システムの現代的再編成

EC域内の国際的調和化あのの進展とIAS/US-GAAP基準適応への展開

←第2の波

Daimler-Benz社、Bayer社などの国際資本市場における連結財務諸表実務の展開

1998年IAS/US-GAAP基準適応の商法関連条項の新設
①連結財務諸表の免責条項の改正
②会計基準設定機構の設置

2005年IAS/IFRS基準適用のEU命令(2002年)のドイツの立法選択権

←第3の波

2005年1月1日以降のEU加盟の国際資本市場指向企業によるIAS/IFRS基準の適用の連結財務諸表実務の新展開

21世紀初頭の商法会計規範システムの再構築への展望
(2004年企業会計法改革法政府草案の公表)

図るという商法基準の「混成システムの会計規制（Rechnungslegungsregulierung bei Vorliegen hybrider Kooperationsformen）[6]」の枠組みのなかで二元的な戦略を採ってきた。具体的には，単独財務諸表に関するEC第4号指令に対するドイツの対応にそのことが現れていた。ドイツとフランスの主導で進んだ初期の頃は，ドイツ株式法を機軸としたEC第4号指令案が策定されたが，1972年のイギリスの加盟によって，アングロアメリカとの相克がEC第4号会計指令案のなかに見られた。それは，投資家保護重視のアングロアメリカの思考と債権者保護重視のドイツの思考が対立するという構図であった。すでに，ドイツで多くの論者によって指摘が行われているように，真実かつ公正な概観がEC第4号会計指令に挿入されたことがその象徴として議論されてきた。ドイツは，立法選択権に基づく相互承認方式のもとで妥協的な解決を図って，EC第4号会計指令の真実かつ公正な概観条項を受けいれたため，ドイツ国内法への変換プロセスで激しい立法論議が繰り広げられた。その結果，商法典第264条2項として，「正規の簿記の諸原則を遵守して，実質的諸関係に合致した写像の伝達」という明文の規定が新設された。この第264条2項は，正規の簿記の諸原則が真実かつ公正な概観よりも優先するとの解釈による意味づけを与えられが，これは，真実かつ公正な概観を最優先の原則と考えるイギリスとの決定的な違いであった[7]。

　ドイツは，このような形での変換を行って，1965年株式法以来のドイツの原則が守られたと政府草案理由書において宣言した。この真実かつ公正な概観への対応によって，ドイツは，正規の簿記の諸原則（GoB）レジームの堅持を再確認する方向での立法的な解決を図ったのである[8]。

　しかし，このような解決方向に加えて，ドイツのEC域内での国際的調和化（論）への対応として特徴的なことは，連結財務諸表に関して，EC第7号会計指令をドイツ商法会計規範システムのなかに新たに変換させ，大幅にアングロアメリカ的基準への国際対応を図ったことである。このEC第7号会計指令の変換で採ったドイツの対応がその後のいっそうの国際的調和化へと新たな展開を見せることとなったのである。

ドイツでは，EC 第 4 号，第 7 号会計指令変換を同時に成し遂げることで，新しい商法会計規範システムが商法典第三篇の商業帳簿関する総則規定のなかに具体化され，そして，その内容上の特徴として，商法会計規範システムの体系的な再編成のかたちで，EC 域内における国際的調和化にも対応するという「国際会計への適応の戦略的思考[9] (Strategische Überlegungen zur Anpas-sung an internationale Rechnungslegung)」がなされた。

　1960年代末以降に見られたこの第 1 の調和化の波は，EC 加盟各国がそれぞれに「自国基準の支配[10]」を相互に承認するといったヨーロッパ的妥協にもとづき，ドイツが二元的な対応を行った点に大きな特徴があった。しかし，1990年代に入って，第 2 の国際的調和化の波がアングロアメリカのシステムへの傾斜をいっそう強く求める形でドイツに押し寄せてきた。それは，ドイツ商法会計規範システムの債権者保護を重視した伝統からの転換を迫り，正規の簿記の諸原則（GoB）レジームからの離脱や商法確定決算基準（商事貸借対照表の基準性原則）の見直し論をも含む，ドイツ商法会計規範システムの根幹を揺るがす問題を提起するものとなった。1985年の会計指令法・商法改正で確保したはずの「健全な会計世界[11]」に新たな危機をもたらした。ドイツは，アングロアメリカのシステムを支える IAS/US-GAAP 基準への適応に向けていっそうの国際的調和化を引き続きせまられており，それに対応すべく，単独財務諸表を機軸とした商法会計規範の伝統的システムを維持しつつ，連結財務諸表を通じての IAS/US-GAAP 基準への適応という新たな方向にむかい，1998年 3 月に資本調達容易化法と企業領域統制透明化法の成立のなかで，商法典第292a 条と第342条に IAS/US-GAAP 基準への適応条項が新たに設けられることとなった。これは，まさに「グローバル化とヨーロッパ統合の緊張関係のなかの会計[12]」の1998年適応問題の解であった。

　しかし，その後，1998年以降に IAS/IFRS 基準への収斂という第 3 の調和化から統一化への波がドイツに決定的な会計改革を迫ってきた。2005年以降の IAS/IFRS 基準適用に関する EU 命令（2002年）に対応させた商法改正の検討が目下，企業会計法改革法案（2003年の連邦法務省参事官草案から2004年の連邦

政府草案) に進展している。

〈注〉
1. Gräfer, H. /Demming, C., Internationale Rechnungslegung, Stuttgart 1994, S. 9.
2. Beisse, H., Zum neuen Bild des Bilanzrechtssystems, in : Ballwieser,, W. /Bröcking, H-J. /Drukarczk, J. /Schmidt, R. H., Bilanzrecht und Kapitalmarkt, Dsseldorf 1994, S. 31.
3. この点については，拙稿「市場重視型の会計規制へのドイツ会計の対応視点」『産業経理』（第58巻第4号，1999年1月，27-34頁。）で詳論している。
4. 議論としては，IAS 基準の単独財務諸表への適用問題に関連して，商法確定決算基準からの分離独立が提案されることもある（Kahle, H., Internationale Rechnungslegung und ihre Auswirkungen auf Handels-une Steuerbilanz, Wiesbaden 2002, S. 289.）。
5. Fresl, K. D., Die Europäisierung des deutschen Bilanzrechts, Stuttgart 2000.
6. Schmidt, M., Ökonomische Überlegungen zur Rechnungsregulierung, bei Vorliegen hybrider Kooperationformen, in : Die Betriebswirtschaft, Heft 63/2003, S. 1.
7. 8. これらの内容については，拙稿「貸借対照表指令法としての商法典第3篇の性質」『會計』（第141巻第5号，1992年5月，46-58頁。）で詳論している。
9. Dyckerhoff, C., Übergang zur Internationalen Rechnungslegung, in : Coenenberg, A. G. /Pohle, K., Internaitonale Rechnungslegung, Stuttgart 2001, S. 68.
10. 拙稿「EC 第4号会計指令とドイツにおける国際的調和化論」『大阪経大論集』（第45巻第1号，1994年6月，95-109頁。）
11. Beisse, H., Die Krise des deutchen Bilanzrechts und die Zukuft des Maßgeblichkeitsgrungsatzes，in : Baetge, J., Deutsches Bilanzrecht-In der Krise oder im Aufbruch?, Düsseldorf 2001, S, 1.
12. このテーマで1998年1月号で『経営経済研究・実務（Betriebswirtschaftliche Forschung und Praxis)』誌が特集を組んでいる。

第2節　ヨーロッパ会計調和化のなかのドイツ会計

1　EC会計指令変換と商法会計規範システムの再編成

1980年代に入ってはじまったドイツ国内法（商法典）への EC 会計指令の変換プロセスは，第1に，EC 域内での会計の比較可能性と等価値性の改善を図るという目標のもとに進展した。この目標は，EC 域内における会計基準の調和化論に対応したもので，単独財務諸表・連結財務諸表の作成・開示に関する

諸規定の改正に具体化され，たとえば，第3の決算書としての附属説明書の重視，損益計算書の売上原価法の許容，アングロアメリカの連結方式の採用などに現れていた。しかし，ドイツにとって，最も重要な事柄はなにかというと，それはEC会計指令の変換を千載一遇の好機と捉え，商法会計規範システムそのものを現代的に再編成するということであり，これが第2の目標であった。ドイツは，EC域内での相互承認主義のもとで，第1の目標に対応しつつ，第2の目標のもとに1861年ドイツ普通商法典以来の伝統であった債権者保護重視の会計規範を商法典第三編商業帳簿のなかに体系的に再編拡充するという立法的解決を図った。

この第2の目標から達成された商法会計規範システムのドイツ的特徴を挙げれば，次の4点が摘出できる。EC第4号会計指令の変換のプロセスもまた，この4点を機軸に展開された。すなわち，

①立法機関による会計規範の制定
②正規の簿記の諸原則（GoB）による会計規範の具体化と弾力的な規範形成
③商事貸借対照表の基準性原則に基づく商法と税法の会計規範の一体化
④債権者保護重視の配当抑制計算テストの堅持

という4つの特徴点である[1]。

ドイツ商法会計規範システムは，1861年ドイツ普通商法典以来，「立法機関である議会を通じて制定[2]」されてきたが，EC第4号指令に関しても，ドイツ連邦政府が提出した法案を議会で審議し，議会の法律委員会が作成した法案を議会で可決するというパブリックセクター方式によって商法改正がなされたのである。第3-2図は，このような立法機関による会計規範形成方式がドイツのEC会計指令変換プロセスにも見られたことを明らかにしたものである。

しかしながら，ドイツの商法会計規範システムが厳格なリーガルテストに基づくだけでは時代の変化に弾力的に対応することができず，ここに法の欠陥が生まれる恐れがある。このため，ドイツでは，1897年商法典の時代に，立法の叡知として商法会計規範のなかに正規の簿記の諸原則（GoB）という不確定法概念が挿入された。この正規の簿記の諸原則（GoB）は，概念内容が不確定な

第3章　国際化のなかの商法会計規範の混成システムの再編　65

白紙委任規定であって，もっぱら法解釈によって具体内容を充填するというものであり，商法会計規範が時代の変化に対応できるような仕組みが作り上げられた。そして，そのための解釈学として経営経済学というアカデミズムがサポート機能を果たしてきた[3]。

　ドイツでは，この正規の簿記の諸原則（GoB）の解釈による会計規範の具体化とそれに基づいた会計の弾力的な対応のもとで，債権者保護重視の配当抑制計算テストが支持されてきた。ドイツは，コーポレートガバンス（企業統治）構造から見れば，銀行の産業支配が強く，株主構成では銀行，事業法人の機関株主のウエイトが高く，また銀行への預託株式を考慮すれば，株主が債権者としての地位に置かれていると言ってよい。このため，アングロアメリカの投資家保護と異なって，債権者保護を重視するということがドイツ社会での合意を得ており，債権者保護重視の立場にたって，慎重主義，資本維持，秘密準備金，利益準備金組入に象徴される配当抑制計算テストが商法会計規範システムのなかに組み込まれており，それを支えるための装置として，正規の簿記の諸原則（GoB）レジームが確立されてきたのである。

　そして，この正規の簿記の諸原則（GoB）レジームのもとに商法確定決算基準（商事貸借対照表の基準性原則）が確立され，商法と税法の会計規範を一体化させる仕組みが出来上がっており，配当抑制計算テストが税務上の利益計算にも適用されることが1世紀以上にわたって堅持されてきたのである。この伝統的な個性が1985年商法典改正によって達成されたEC第4号指令の変換にあたっても踏襲されたことは，ドイツ政府が次のような5つのドイツ法への適応原則を政府草案理由書に記して，国民にアピールしていることからも明白である[4]。

　①会計の法形態および規模非依存性の維持とそれに関連した税務上の利益計算に対する商事貸借対照表の基準性の維持
　②重層的な規準設定の回避
　③中位経済の不相応な負担の回避
　④第4号会計指令の税務中立的な実施

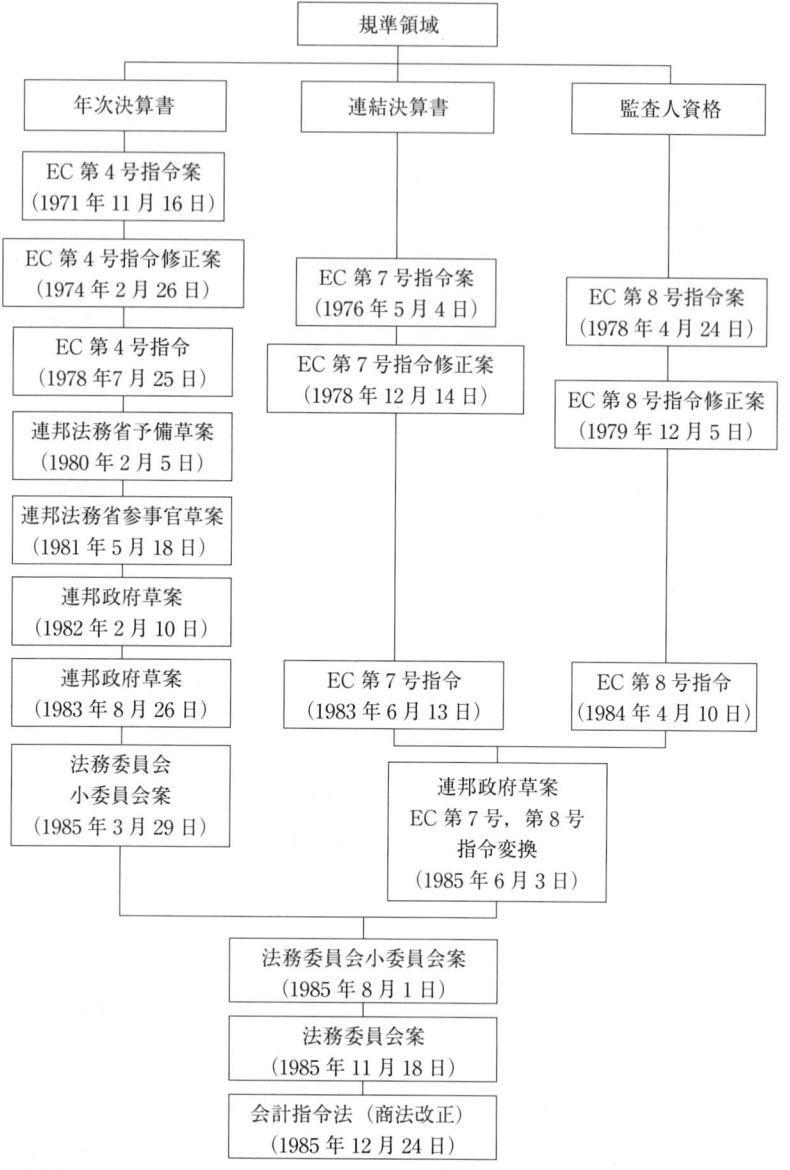

第3-2図　立法機関による商法会計規範の設定プロセス

```
                          規準領域
            ┌───────────────┼───────────────┐
         年次決算書         連結決算書        監査人資格

      EC 第4号指令案
      (1971年11月16日)

      EC 第4号指令修正案
      (1974年2月26日)        EC 第7号指令案              EC 第8号指令案
                            (1976年5月4日)             (1978年4月24日)
      EC 第4号指令
      (1978年7月25日)        EC 第7号指令修正案         EC 第8号指令修正案
                            (1978年12月14日)           (1979年12月5日)
      連邦法務省予備草案
      (1980年2月5日)

      連邦法務省参事官草案
      (1981年5月18日)

      連邦政府草案
      (1982年2月10日)

      連邦政府草案            EC 第7号指令              EC 第8号指令
      (1983年8月26日)        (1983年6月13日)           (1984年4月10日)

      法務委員会
      小委員会案               連邦政府草案
      (1985年3月29日)          EC 第7号，第8号
                              指令変換
                              (1985年6月3日)

                            法務委員会小委員会案
                            (1985年8月1日)

                            法務委員会案
                            (1985年11月18日)

                            会計指令法（商法改正）
                            (1985年12月24日)
```

出典）Gross, G./Schruff, L., Der Konzernabschluß nach neuem Recht, 2. Aufl., Düsseldorf 1987.

⑤会計の弾力性の維持

　この単独財務諸表に関する5つの適応原則は，相互に関連し合いながら，ドイツ商法会計規範システムが債権者保護を重視した配当抑制計算テストを堅持して，EC第4号会計指令の変換を図ったことを示している。すなわち，法形態および規模非依存的な正規の簿記の諸原則（GoB）に基づく商事貸借対照表の基準性原則が維持され，そのことによって，税務中立性が保たれ，しかも，正規の簿記の諸原則（GoB）の遵守を通じて会計の弾力性も維持され，正規の簿記の諸原則（GoB）を軸とした商法と税法の会計規範の一体化という形でドイツの商法会計規範システムの正当性が再確認された。

　だが，このような商法会計規範システムの伝統にもかかわらず，その一方において，ドイツ的個性の1つである商法確定決算基準（商事貸借対照表の基準性原則）そのものがアングロアメリカのシステムへの傾斜を強める国際的調和化（論）のなかでむしろ大きな1つの障壁となっているとの指摘も登場している。商法確定決算基準（商事貸借対照表の基準性原則）をめぐる現在の議論には肯定説と批判・否認説の両論がある。通説は，商法確定決算基準（商事貸借対照表の基準性原則）を逆基準性をも含めて肯定する見解を採っている。現行の税法もこの商法確定決算基準（商事貸借対照表の基準性原則）を認めるとともに，特に1990年所得税法改正では，むしろ逆基準性を一般化させ，商法確定決算基準（商事貸借対照表の基準性原則）のなかに逆基準性も含めるかたちで法典化が図られている。しかしながら，1971年ドイツ税制改革委員会答申以来，商法確定決算基準（商事貸借対照表の基準性原則）に対する批判論は根強く残っており，今なお，逆基準性が商法決算を乱すもので，真実かつ公正な概観の要請に叶っていないとする批判論がいっそうの国際的調和化のなかで再び起きている。そのため，商法確定決算基準（商事貸借対照表の基準性原則）を正規の簿記の諸原則（GoB）の基準性に限定して，逆基準性についてはこれを放棄または一部廃止するか，もしくは商法確定決算基準（商事貸借対照表の基準性原則）そのものを廃止したうえで，申告調整方式に改めるという案も出されている。これは，アングロアメリカ的な申告調整方式をめざす議論でもあるが，今のとこ

ろ通説を覆すには至っておらず,一部の学説上の議論にとどまっている。このため,現実の対応は,商法確定決算基準(商事貸借対照表の基準性原則)を堅持する途を辿っている[5]。なお,1999年/2000年/2002年の減税法によって,「統一貸借対照表からの離脱[6] (Abkehr von der Einheitsbilanz)」がなされているとの意見もある。

この結果,いっそうの国際的調和化という第2の波へのドイツの対応には,商法確定決算基準(商事貸借対照表の基準性原則)を前提とした単独財務諸表のレベルで商法会計規範の伝統的システムを堅持したうえで,連結財務諸表のレベルで国際対応を図るといったダブルスタンダードが見出される。

〈注〉
1. Biener, H./Berneke, W., Bilanzrichtlinen-Gesetz, Textausgabe des Bilanzricchtlinien-gesetzes vom 19. 12. 1985 (Bundesgesetzblatt I, S. 2355), Düssseldorf 1986.
2. Selchert, E. W./Erhadt, M., Internationale Rechnungslegung, München 1998, S. 18.
3. 拙稿「西ドイツ商法会計法における改正草案と経営経済学の役割」『新潟大学経済学年報』(第7号,1982年11月,45-83頁。),「現代貸借対照表方の形成システムと学説の法典化」『會計』(第135巻第4号,1989年4月,44-61頁。)で詳論している。
4. Biener, H./Bernekde, W., a. a. o., S. 20.
5. ドイツの商法確定決算基準(税務貸借対照表に対する商事貸借対照表の基準性原則)に関しては,拙著『会計規準の形成』(森山書店,1990年)及び拙稿「ドイツ商法会計法と商事貸借対照表の基準性原則」『新潟大学経済学年報』(第15号,1990年2月,251-264頁。),拙稿「1971年税制改革委員会答申における基準性原則の廃止・独立税務貸借対照表作成提案」『新潟大学経済論集』(第44号,1988年3月,89-101頁。)で詳論している。
6. Kölpin, S. G., Maßgeblichkeit der Handelsbilanz für die Steuerbilanz, Das Ende der Einheitsbilanz durch das StEntG 1999/2000/2001, in : Buchführung, Bilanz und Kostenrechnung, Nr. 1/2000, S. 7-16.

2　IAS/US-GAAP基準へのいっそうの国際的調和化の対応

ドイツは,国際的調和化の第2の波を受けて,国際的な会計規制のネットワーク[1]のなかで,新たな対応を求められている。ドイツの国際対応は,単独財務諸表でなく,連結財務諸表に国際財務諸表としての適正があるとする考え方

第3章 国際化のなかの商法会計規範の混成システムの再編

に立っている点が特徴的である。このような国際対応の原点は，EC第7号会計指令変換によって成立した会計指令法の規範のなかに見出すことができる。商法の連結財務諸表の会計規範には，ドイツの国際対応について，商法典第322条2項および第308条と第291条および第292条のなかで2つの仕掛けがなされていた。

具体的に言えば，前者は，1965年株式法の単独財務諸表の連結財務諸表に対する基準性（Maßgeblichkeit der Einzelabschluß für die Konzernabschluß）を放棄し，新たに親企業の統一的な会計方法による連結財務諸表の誘導という考え方への転換を見せたことである[2]。このような転換によって，単独財務諸表（第1の商法決算書／Handelsbilanz I）の基準性原則というドイツ的枠組みが緩められ，第2の商法決算書／Handelsbilanz II から連結財務諸表・世界財務諸表 が誘導されることになった。この限りで，単独財務諸表（第1の商法決算書）と連結財務諸表の分離がなされ，単独財務諸表（第1の商法決算書）が国内対応，連結財務諸表がヨーロッパ対応といった二元化が明確化された。この二元化のもとで，現実のドイツ企業の新しい国際対応が行われてきた。

後者は，このような連結財務諸表によるヨーロッパ対応のなかで，商法典第291条と第292条の免責条項による国際対応が措置されたことである。すなわち，第3-3図に示すように，ドイツ国内に住所を有する親会社が国内外の子会社を編入して，世界財務諸表を作成するという国際対応の途が開かれたことが商法典第290条の新しい特徴であったが，しかし同時に，ドイツ国内に住所を有する親会社が同時に外国の子会社である場合に，商法典第290条の連結財務諸表作成の義務を免責されるという特例が認められていた[3]。

この免責条項は，外国の親会社がヨーロッパ域内に住所を有しているか，ヨーロッパ域外に住所を有しているかによって取り扱いが異なっている点もあるが，ドイツの基準による連結財務諸表の作成義務を免れることを許容している。

ドイツ連邦法務省は，商法典第292条の法規命令への授権規定を適用して，1989年11月15日（1993年6月9日改正）に連結財務諸表免責命令を出している。

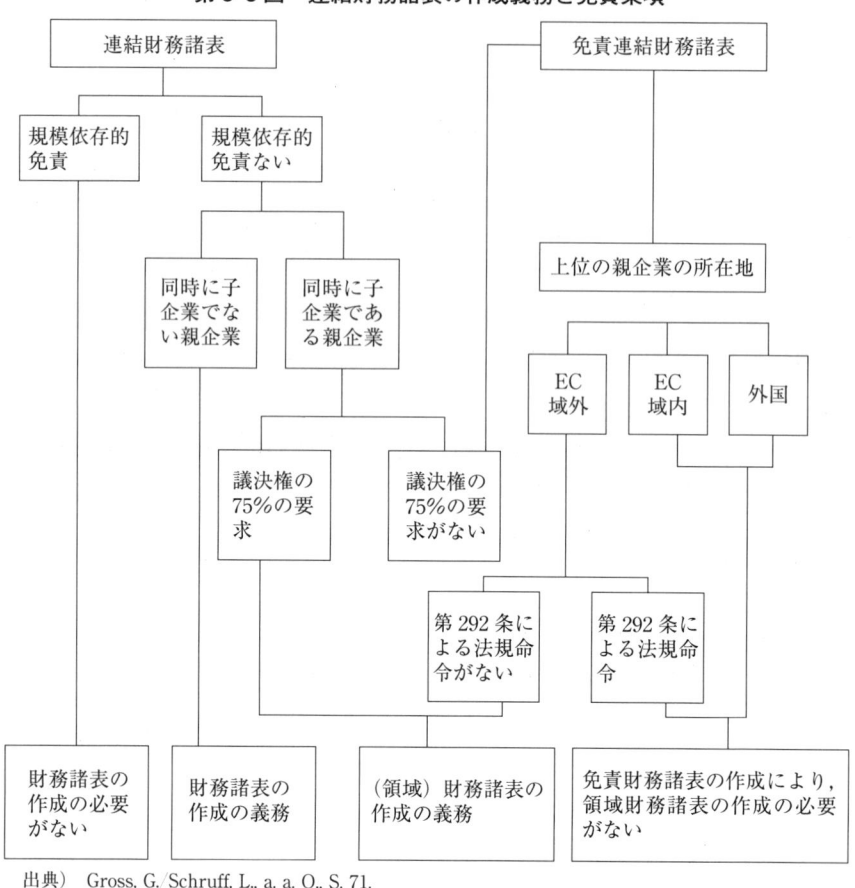

第3-3図 連結財務諸表の作成義務と免責条項

```
連結財務諸表
├── 規模依存的免責 → 財務諸表の作成の必要がない
└── 規模依存的免責ない
    ├── 同時に子企業でない親企業 → 財務諸表の作成の義務
    └── 同時に子企業である親企業
        ├── 議決権の75%の要求 → （領域）財務諸表の作成の義務
        └── 議決権の75%の要求がない
            ├── 第292条による法規命令がない → （領域）財務諸表の作成の義務
            └── 第292条による法規命令

免責連結財務諸表
└── 上位の親企業の所在地
    ├── EC域外
    ├── EC域内
    └── 外国
    → 免責財務諸表の作成により、領域財務諸表の作成の必要がない
```

出典) Gross, G./Schruff, L., a. a. O., S. 71.

　この連結財務諸表免責命令によって，第三国の親会社が免責連結財務諸表を作成することが認められており，たとえば，アメリカの親会社がそのドイツの部分コンツェルンに関して，US-GAAP基準による連結財務諸表を作成することが認められると措置された[4]。もっとも，この免責条項では，ドイツの親会社がIAS/US-GAAP基準で連結財務諸表を作成するというものではなかったため，ドイツ上場会社にとっての差別条項であるとの問題が現実化してきた。この結果，1996年になって新しい商法改正の動きが資本調達容易化法案の審議の

第3章 国際化のなかの商法会計規範の混成システムの再編

なかに見られ，免責条項の改正を行って，ドイツ上場会社のIAS/US-GAAP規準適応への途を開く立法的措置が採られたのである。

　国際的調和化の第2の波は，このような親会社の統一的な評価方法の規定の利用や免責条項の拡充を通じて，ドイツ上場会社がIAS/US-GAAP基準による連結財務諸表を作成できる途を開く方向を与えたが，現実のすがたとしては，第3-4図に見られる国際対応の方式のもとで上場会社のレベルでの多様な対応が行われていた[5]。

　ドイツ上場会社の国際対応は，外国での上場条件に適応して，ヨーロッパ域内の国の証券取引所に上場するケースでは，相互承認方式を採り，これに対し，ヨーロッパ域外の国の証券取引所に上場するケースでは，①完全な第2の決算書を作成する完全な開示，②特定の決算書項目の比較，③二国間の相互承認の3つの方式を採用している[6]。

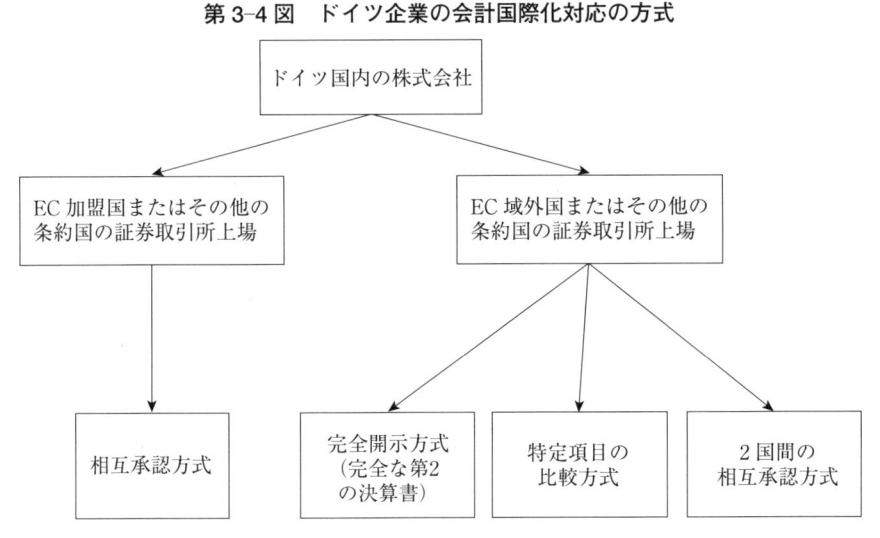

第3-4図　ドイツ企業の会計国際化対応の方式

```
              ドイツ国内の株式会社
             /                    \
   EC加盟国またはその他の      EC域外国またはその他の
   条約国の証券取引所上場      条約国の証券取引所上場
            |                /     |      \
      相互承認方式    完全開示方式  特定項目の  2国間の
                     (完全な第2   比較方式   相互承認方式
                      の決算書)
```

出典） Küting, K. Hagn, S., Die internationale Konzernabschluß als Eintrittskarte zum weltweiten Kapitalmarkte, in: Betriebs-Berater, Heft 13/1995,S.665.

〈注〉
1. Gräfer, H. /Demming, C., Harmonisierung und Standardsierung, in : Gräfer, H. /Demming, C., Internanationale Rechnungslegung, Stuttgart 1994, S. 8.
2. 拙稿「ドイツの新連結決算規準」『新潟大学経済論集』（第51号，1991年8月，73-93頁。）で詳論している。
3. 4. Gross, G. /Schruff, L. /v. Wysocki, K., Der Konzernabschluß nach neuem Recht, 2. Aufl., Düsseldorf 1987, S. 21.
5. 6. Küting, K. /Hayn, S., Die internationale Konzernabschhluß als Eintrittskarte zum weltweiten Kapitalmarkte, in : Betriebs-Berater , Heft 13/1995, S. 665.

3　いっそうの国際的調和化へのドイツのスタンス

このような国際的調和化の進展のなかで，ドイツは，国際対応にむけてどのようなスタンスを採ろうとしているのか。この点に関して，その方向性について，いくつかの提起が行われた。すなわち，この問題に言及したBaetge,J.（ベトゲ）の「ドイツの会計規定にまだチャンスがあるか[1]」に見られる見解，また，1993年度以降のDaimler-Benz社の決算実務に見られる新しい対応に関連して，同社の経理担当取締役のLiener,G.（リーナー）が提起した「世界的に承認された会計・開示の諸原則[2]（Worldwide Accepted Principles of Accouting and Disclosure／WAPAD）」論の提唱，さらには，Daimler-Benz社とBayer社の決算実務の新しい会計国際化の進展のなかで，商法会計規範システムとしてどのような適応をすべきかについて「新しい貸借対照表法システム[3]」の再構築を論じたBeisse, H.（バイゼ）の見解が注目される。

Baetge, J. によれば，1989年以降，IAS公開草案第32号「財務諸表の比較可能性」によって，これまでIAS基準が認めてきた選択権すら大幅に制限されるに及び，アングロアメリカへの傾斜がいっそう著しく，しかも，IAS基準がIOSCOの基準として採用されることで，IAS基準がドイツ上場会社にとっても決定的なインパクトを与える方向にある。Baetge, J. は，IAS基準のアングロアメリカの会計目的への方向がIAS公開草案第32号でいっそう強まり，とりわけ，慎重主義原則のドイツの解釈を改訂基準が適切な方法で考慮しておらず，事情によっては実体が危険にさらされる恐れがあるとともに，資金の調達

が不利になると指摘している[4]。

　Baetge, J. は，このような問題の指摘を行う一方，改めてその対応の仕方について，ドイツの独自の貸借対照表作成の諸原則を少しも取り戻すことなく国際的な展開に飲み込まれるはめにならないようにするためには，ドイツから見て成果の豊かな調和化の条件としては「資本維持目的および会計報告目的を考慮したドイツの貸借対照表作成方法のみが目標に最適なものである。国際会計基準委員会（IASC）のもとで浮上してきた二重基準を単一基準に取り替えるという傾向が一見すれば非常に説得力があるように思われるが，しかしながら，国際会計基準委員会（IASC）によって選択された単一基準がほぼアングロアメリカの貸借対照表作成実務を基礎にしているので，これは調和化の正しい方向とはなり得ない。会計報告責任とともに，資本維持の目的が同等のものとして，国際レベルで認められる場合にのみ，ドイツの会計規定にまだチャンスがある[5]」と主張している。だが，Baetge, J. によれば，現実に考えられているアングロアメリカの諸基準で作成する方法では，連結財務諸表が資本維持よりも会計報告責任が強調され，しかも，連結財務諸表を単独財務諸表に関係なく作成することになるため，単独財務諸表を連結財務諸表に転換することが外部の利用者に完全に不可能となってしまう。連結財務諸表も単独財務諸表と同じ位に資本維持と会計報告責任を達成すべきであり，このままでは調和化をますます閉ざしてしまうから，統一的な調和のとれた基準が成立するまでの暫定的な解決策として，ドイツの会計がアングロアメリカの領域で，またアングロアメリカの会計がドイツの領域で受け入れられる相互承認の原則がドイツの国際対応として要請されるとの提言がなされている。具体的には，ドイツのコンツェルンは，ドイツの商法基準とアメリカの基準の違いから生じる過大な利益（ドイツのGoBによる方が利益が低い）を区別して，個々の項目ごとに附属説明書に表示，報告することが認められるべきであると言うのである[6]。Baetge, J. は，これを指して，ガラス張りであるが，閉じられたポケットの原則と呼んでいる[7]。

　Liener, G. は，Daimler-Benz 社の1993年度の新しい決算実務の対応に先だっ

て，WAPAD論を提起したが，このWAPAD論というのは，国際的な企業のグローバルな会計は各国間に存在している社会，法，経済の相違を考慮したうえで実現可能なものでなければならず，また関係する機関の利害をも考慮することが求められるという考え方に立った世界的に承認された会計・開示の諸原則を主張したものである[8]。WAPAD論は，会計基準の統一的な調和や多重的な調和ではなく，親会社が所在する国の会計基準に基づき作成された連結財務諸表をベースに，これに追加的な情報を提供する形で調和化を図ろうというものであり，信頼性と理解可能性の2つの原則から成り，国際的な投資意思決定を行うために有用な会計情報を開示する世界的に承認された諸原則であるとされる[9]。この限りで，配当利益と課税所得を算定する単独財務諸表の伝統はドイツ商法会計規範システムのなかで堅持され，国際対応として連結財務諸表ベースの追加情報方式がWAPAD論として提唱された[10]。

　Liener, G.のWAPAD論はDaimler-Bernz社の決算実務を念頭において提唱されたものである。同社は，ドイツ商法に準拠した実務対応を行って，ヨーロッパ域内での調和化論に応えてきたが，1993年度からニューヨーク証券取引所上場に伴い，US-GAAP基準に適応させた決算実務を実施し，ドイツ商法基準とUS-GAAP基準の2つの適用に基づく期間成果と自己資本の調整表を附属説明書に追加情報として報告する新たな対応を行った。同社は，1995年度以降は，さらに進めてUS-GAAP基準による完全開示方式を採用する方針で決算実務を行っている。しかし，1998年以前においては，国内・国際の基準一元化によってIAS/US-GAAP基準に一本化した連結財務諸表を作成・開示するには至っていない。

　このようなドイツの会計国際化に対する現実的な対応として，ダブルスタンダード適用がドイツ的なスタンスとして特徴づけられるが，より重要な論点としては，そのようなダブルスタンダード状況を商法会計規範システムのなかでどのように捉え直すべきかということであった。Beisse, H.の新しい貸借対照表法システム論は，このことを論究して，1つの方向性を示唆したものとして注目される。Beisse, H.は，1985年会計指令法で「健全な会計世界[11]」が作り

第3章　国際化のなかの商法会計規範の混成システムの再編　75

だされたはずであったのに，今日のドイツの議論が「ドイツ企業会計法の危機[12]」のなかにあって，基準性原則の将来について，ドイツ税務貸借対照表法の精髄である商事貸借対照表の基準性原則の放棄が提起され，商法と税法の会計規範の一体化の連鎖外し（Entkoppelung）が提唱されているが，それはアングロアメリカ的な国際的調和化論であると捉えたうえで，正規の簿記の諸原則（GoB）レジームからの離脱論に外ならいとし，反論する立場から，3つのゾーンから成る新しい貸借対照表法システム論を主張する[13]。

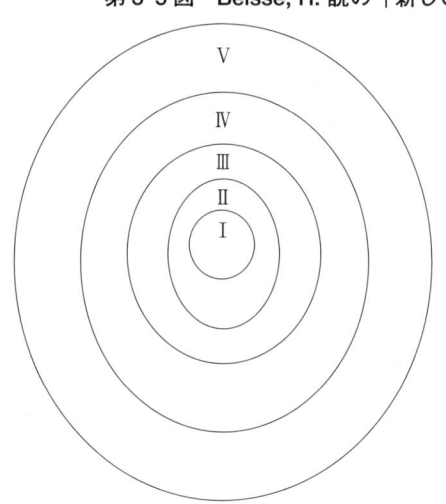

第3-5図　Beisse, H. 説の「新しい貸借対照表システム」

Ⅰ　GoB―強制規範
Ⅱ　GoB―選択権
Ⅲ　システム外の規範
Ⅳ　情報規範（単独財務諸表）
Ⅴ　情報規範（連結財務諸表）

出典）　Beisse, H., Zum neuen Bild des Bilanzrechtssystme, in：Ballwieser/Böcking/Drukarczyk/Schmitdt, Bilanzrercht und Kapitalmarkt, Düsseldorf 1994, S. 29.

Beisse, H.の新しい貸借対照表法システム論によれば，第1ゾーンが「正規の簿記の諸原則（GoB）―強制規範」，第2ゾーンが「正規の簿記の諸原則（GoB）―選択権」，第3ゾーンが「システム外の規範」，第4ゾーンが「情報規範―単独財務諸表」，第5ゾーンが「情報規範―連結財務諸表」というシステムから成っているものと分類される（第3-5図）。第1ゾーンから第4ゾーンが単独財務諸表に関するもので，第5ゾーンが連結財務諸表に関するものである。また，第1，第2，第3ゾーンが計算規範に属し，第4，第5ゾーンが

情報規範にかかわるものである[14]。

　第1，第2ゾーンは，正規の簿記の諸原則（GoB）システムを形成し，債権者保護を具体化させる諸原則を示すとともに，第1ゾーンが原則として商法確定決算基準（商事貸借対照表の基準性原則）を支える本来のシステムを表す強制的な正規の簿記の諸原則（GoB）の領域であるとしている。第3ゾーンでないすべての個別規範を表すシステム外の規範で，第一義的に債権者保護を義務づけられてない。EC会計指令を変換した部分のなかにこれに該当するものがある。さらに，第1，第2，第3ゾーンが計算規範であるのに対し，第4，第5ゾーンは単独財務諸表と連結財務諸表の情報規範が属しており，商法確定決算基準（商事貸借対照表の基準性原則）に対して意義がなく，債権者保護を侵害しない限り，真実かつ公正な概観にかかわっているものである[15]。

　Beisse, H.は，このような5つのゾーンを設けて，これが新しい貸借対照表法システムの枠組みであると捉えている。Beisse, H.の5つのゾーン設定は，アングロアメリカ的な国際的調和化論に対応させた防御線として立論されている。このドイツ商法会計規範システムの5つのゾーンのうち，第4，第5ゾーンに属する情報規範に関して，国際的調和化への対応が可能であり，第1と第2ゾーンの正規の簿記の諸原則（GoB）システムが会計規範の根幹を成していると考えられている。正規の簿記の諸原則（GoB）の内的なシステムにあって，債権者保護が最上位の原則と見なされ，個々の諸原則がこれを支えるものとされている。第1と第2ゾーンのもとで，正規の簿記の諸原則（GoB）の基準性が認められるとし，逆基準性については，それがドイツ税務貸借対照表法の精髄にあらず，制限ないしは廃止も可能であるとBeisse, H.は主張している[16]。

　以上のように，ドイツがこの新しい貸借対照表法システム論のもとで会計国際化に対応しようとしているというのがBeisse, H.の立論である。単独財務諸表に関して，商法会計規範のもとで，①立法方式による会計規範設定，②正規の簿記の諸原則（GoB）による会計規範の具体化と弾力的な対応，③商法確定決算基準（商事貸借対照表の基準性原則）の堅持，④債権者保護を重視した配当

抑制計算テストといった伝統的な個性を内的に堅持し，その一方で，連結財務諸表に関して，国際化対応を図るという二元論がドイツの特徴であり，国際的調和化の第2の波の時期にあって，このBeisse, H.の新しい貸借対照表法システム論は，まさしく商法会計規範システムの将来像を示したものと考えられる。この限りで，商法確定決算基準（商事貸借対照表の基準性原則）に象徴されるドイツの商法会計規範システムそのものがアングロアメリカ的な規範システムに短絡的に転換される方向にはないものと思われた。

〈注〉
1. Baetge, J., Harmonisierung der Rechnungslegung -haben die deutchen Rechnungslegungsvorschriten nach eine Chance?. in : Schmalenbach-Gesellschaft für Betriebswirtschaft, e. V., Internationalisierung der Wirtschaft, Stuttgart 1992, S. 109-123.
2. Liener, G., Internationale Unternehmen brauchen eine globalisierten Rechnungslegung, in : Zeitschrift für bettiebswirtscaftliche Forschung, Heft /1991, S. 269-292.
3. 4. 5. 6. 7. Beisse, H., Zum neuern Bild des Bilanzrechtssystems, in : Ballwieser, W. /Bröcking, H-J., /Drukartczk, J. /Schmidt, R. H., Bilanzrecht und Kapitalmarkt, Düsseldorf 1994, S. 5-31.
8. 9. 10. Liener, G., a. a. O., S. 269-292. 拙稿「ドイツにおける会計基準の国際的調和化論」『JICPAジャーナル』（第5巻第9号，1993年4月，63-68頁。）でも論じている。
11. 12. Beisse, H., Die Krise des deutchen Bilanzrechts und die Zukunft des Maßgeblichkeitsgrundsatzes, in : Baetge, J., Deutsches Bilanzrecht-In der Krise oder im Aufbruch?, Düsseldorf 1993, S. 1-23.
13. 14. 15. 16. Beisse, H., Zum Bild des Bilanzrechtssystems, in : Ballwieser, W. /Bröcking. /H-J, /Drukartczk, J. /Schmidt, R. H., a. a. O., S. 1-23.

第3節　商法会計規範システムのなかでの IAS/US—GAAP 基準への適応条項

1　商法会計規範システムのなかでのダブルスタンダード

　ドイツ上場会社の決算報告実務を取りまく規制状況は，1985年商法改正以降，1990年代に入って，会計国際化シフトをいっそう強める方向にある。この

会計国際化への傾斜の直接的な契機は，ドイツ上場会社のエクイティーファイナンスが国際資本市場での直接金融へと比重を移し始めたことによるものである[1]。この事態のもとで，ドイツ上場会社がドイツ商法基準による会計規制に従った単独・連結財務諸表の作成・開示を行うと同時に，国際資本市場での上場認可条件に合わせて，国際的な会計規範であるIAS/US-GAAP基準への適応した連結財務諸表の作成・開示を行う必要にドイツ上場会社が迫られた。ここにドイツの上場会社及び基準設定主体の立法機関は，1990年代半葉以降，ダブルスタンダードの適用問題を抱え込むことになるとともに，ダブルスタンダードにいかに適応した決算報告行動をとるべきかといった新しい課題に直面した[2]。

だが，このダブルスタンダード適用問題を考える際に忘れてならない点は，ドイツ上場会社が第一義的に受ける会計規制がドイツ国内基準である商法であるということである。この点を考えるために，ドイツ上場会社が置かれているダブルスタンダード状況を纏めたのが第3-6図である。ドイツの連結財務諸表の作成・開示は，商法規制を受けて実務展開しているが，これは，1970年代以降のヨーロッパ域内の会計基準の調和化動向に適応して，1985年商法改正のかたちでEG会計指令のドイツ国内法化が達成されたもので，この国際的調和化の第1段階では，ダブルスタンダード問題が起こらなかった。しかし，その後，Daimler-Benz社が1993年にニューヨーク証券取引所への上場を申請するに及んで，国際的調和化の新たな段階に入ったのである。すなわち，Daimler-Benz社は，ドイツ国内基準である商法規制の外に，アメリカ証券取引法の規制を受けることとなり，US-GAAP基準に基づいた連結財務諸表の報告を行う必要が生じ，このことを契機にして，にわかにダブルスタンダード問題がクローズアップされる事態となった。ドイツ商法基準とUS-GAAP基準の二重の規制を受けた連結財務諸表を作成・開示する新しい実務展開が現れた。この他，1994年以降になって，Bayer社，Schering社，Heidelberger-Zement（ハイデルベルガーセメント）社，Deutsche Bank社がIAS基準による連結財務諸表の作成・開示を実施するというもう1つの新たな実務展開を見せるように

なった。

このようなドイツの大手の上場会社の決算書報告実務の新しい展開に対し，ドイツの立法機関や学界でも，US-GAAP/IAS基準への適応に向けた将来可能性が検討され始めた。ドイツは，伝統的に商法会計規範システムを堅持している国であるが，このようなダブルスタンダードの適用という事態をどう受けとめ，会計規制としてどう対応すべきかをめぐって新たな議論が起きてきたのである。

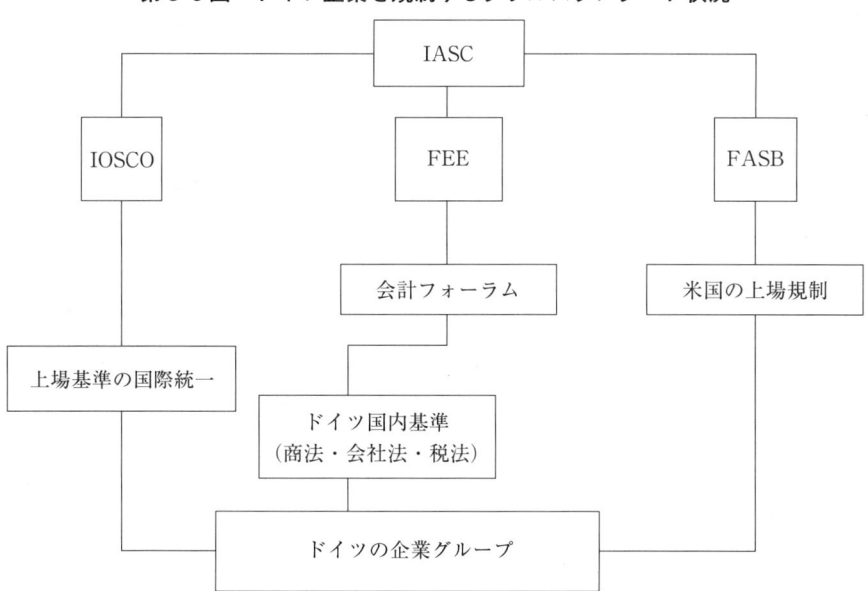

第3-6図　ドイツ企業を規制するダブルスタンダード状況

```
                    ┌─────────┐
          ┌─────────│  IASC   │─────────┐
          │         └─────────┘         │
          │              │              │
      ┌───────┐     ┌─────────┐     ┌───────┐
      │ IOSCO │     │   FEE   │     │ FASB  │
      └───────┘     └─────────┘     └───────┘
          │              │              │
          │         ┌─────────┐    ┌──────────┐
          │         │会計フォーラム│    │米国の上場規制│
          │         └─────────┘    └──────────┘
          │              │              │
    ┌──────────┐         │              │
    │上場基準の国際統一│    │              │
    └──────────┘         │              │
          │         ┌──────────────┐     │
          │         │ドイツ国内基準  │     │
          └─────────│(商法・会社法・税法)│─────┘
                    └──────────────┘
                          │
                    ┌──────────────┐
                    │ドイツの企業グループ│
                    └──────────────┘
```

出典）Gräfer, H./Demming, C., Harmonizierung und Standardsierung der Rechnnugsleung, in：Gräfer/Demming, Internaironale Rechnnugslegung, Stuttgart 1994, S. 8.

このダブルスタンダード状況に対しては，1990年代前半には先に挙げたドイツの学者のなかで，ドイツ会計にまだチャンスがあるかといった一種の危機意識すら見られたが，制度的な対応という観点から1つの新しい動きが見られるようになった。すなわち，それは，1996年に入って，資本調達容易化法の連邦

法務省担当官草案，そして，1997年に連邦政府草案が出されるなかで，連結財務諸表に関する免責条項の新設，そして，同じ年に政府より提案された企業領域統制透明化法案における会計基準設定機関の設置に関する構想に見ることができ，この法案が1998年3月に連邦議会で可決成立したことで，IAS/US-GAAP基準への適応条項が新たに商法典に挿入されることとなった[3]。

〈注〉
1．Hayn, S. /Waldersee, G. G., IAS/US-GAAP/HGB im Vergleich, 3. Aufl., Stuttgart 2002, S. 2-3.
2．Pellens, B., Interneitonale Rechnungslegung, 4. Auf., Stuttgart 2001, S. 566.
3．拙稿「ドイツ商法会計制度と IAS/US-GAAP 適応条項」『JICPA ジャーナル』（第10巻第6号，1998年6月，181-187頁。）で詳論している。

2　ドイツ上場会社の IAS/US-GAAP 基準への適応状況

　ドイツ上場会社のダブルスタンダード問題を考察する場合，その国際対応がもっぱら連結財務諸表の作成・開示を中心に行われていることに注視しておく必要がある。すなわち，投資家の意思決定に有用な情報の開示という観点から捉える限り，ドイツでも決算報告が単独財務諸表から連結財務諸表へと重点移行を強めていることは事実である。この点で，配当支払いや納税申告を目的とした処分利益計算機能を単独財務諸表，そして，意思決定有用性の情報機能を連結財務諸表が担うという役割分担の二極化がドイツでも進んでいると考えられる。この単独財務諸表・連結財務諸表の二極化をどう位置づけるかということがその相互連関も含めて重要なテーマであるが，ここでは，ドイツ上場会社が連結財務諸表の形で IAS/US-GAAP にどういう適応を行っているかに焦点を合わせて考察を行う。

　ドイツ上場会社が連結財務諸表の IAS/US-GAAP 基準への適応行動としてどのような実態にあるかを明らかにするため，ドイツの監査法人（C&L Deutsche Revision AG）が行った調査結果[1]に注目したい。この調査は，1995年度のドイツの上場会社100社の連結財務諸表を対象に行ったものである。その

第 3 章　国際化のなかの商法会計規範の混成システムの再編　　*81*

第 3-1 表　ドイツ上場会社 7 社の IAS/US＝GAAP 基準適用状況

	IAS 基準	US-GAAP 基準
Bayer	○	
Deutsche Telekom		○
Merk	○	
Heidelberger Zement	○	
Hoechst	○	
Schering	○	
VEBA		○

出典)　C&L Deutsche Revision AG, Konzernabschlüse 1995, Ergebnisse einer Untersuchung von 100 großen Konzerne, Düsseldorf 1987, S. 33.

調査結果として，第 3 - 1 表に示すように，商法基準適用と IAS/US-GAAP 基準適用を二重に行った上場会社が 7 社，商法基準適用を行い，US-GAAP 基準適用を調整表方式で対応した上場会社が 1 社であった。また，決算監査証明による国際的な会計基準への準拠状況については，1995年度には，IAS 基準遵守が 5 社，US-GAAP 基準遵守が 0 社，国際的な監査原則の遵守が 4 社で，計 9 社であった[2]。この調査結果から，資本市場の国際化の傾向に伴い，ドイツの上場会社もまた「外部会計をますます国際的な規範である IAS/US-GAAP 基準にもとづくようになっている[3]」とし，その適応形態に 2 つの方向が見られると分析している。

1 つの方向は，第 3 - 1 表に見るように，上場会社 7 社が商法基準と IAS/US-GAAP 基準を適用して，連結財務諸表を作成しているもので，Bayer 社，Deutsche Telekom 社，Merk（メルク）社，Heidelberger Zement 社，Hoechst 社，Schering 社，VEBA 社が作成している。これに対し，もうひとつの方向が Daimler-Benz 社に見る商法基準で連結財務諸表を作成し，US-GAAP 基準適応で調整表を追加的に報告するというものである。

表 3 - 2 は，Bayer 社，Deutsche Telekom 社，Schering 社，Daimler-Benz 社の事例を示したものであるが，各社の連結財務諸表の附属説明書の記述から明らかなように，すべてが商法の選択権行使の枠内という限定のもとで

第3-2表　商法・US-GAAP基準への適応事例

Bayer社—「決算報告はドイツ商法の諸原則並びに国際会計基準委員会の基準を遵守して行っている。前年度と同様に，国際会計基準の完全な適用がドイツ法で認められる選択権の講師1に従って保証されている」。

Deutsche Telekom社—「Deutsche Telekom社の会計の国際化のなかで，貸借対照表計上及び評価について決算日に有効なアメリカ合衆国の一般に認められた会計原則がドイツ商法による選択権の行使の枠組みのなかで作成される限り尊重されている」。

Schering社—「Schering社の連結財務諸表は商法典の諸規定に従って作成され，さらに，商法の貸借対照表計上及び評価規定に反していない限り決算日に有効な国際会計基準委員会の基準を遵守している。離脱は，とくに実現原則と慎重原則から生じるが，1995年度の連結財務諸表に何ら重要な影響は見られない」。

Daimler-Benz社—「アメリカ合衆国の会計規範であるUS-GAAPに従った追加的情報に関し，ニューヨーク証券取引所上場に伴い，アメリカ証券所監督当局である証券取引委員会にフォーム20-Fで年次報告を提出することを義務づけられており，さらに，アメリカ合衆国の会計規範によって計算された追加的な報告と価値が記載されている。とくに，年次損益と自己資本について著しい差異が存在している」。

出典）　C&L Deutsche Revision AG., a .a O., S. 33-36.

第3-7図　IAS/US-GAAP基準適応と連結財務諸表の報告行動の可能性

	IAS/US-GAAP基準に準拠した決算報告方式				等価性の完全な達成はないが，IAS/US-GAAP基準に幅広く適応した決算報告方式
2つの決算報告方式	1つの決算報告方式				質的な比較可能性を高めるために附属明細書と状況報告書を用いた二元的な商法決算報告方式
併用決算報告方式	商法規範に外国規範を付加した決算報告方式	商法規範を制限した決算報告方式	商法規範に代えて外国規範による決算報告方式		

特定の会社（規模，法形態，取引所上場等）または事実関係に限定

出典）　Buhleier, C./Helmschrott, H., Auf dem Weg zu den Weltstandards bei der Konzernrechnunglegung?, Zur Anwendbarkeit der IAS und US-GAAP, in : Betriebs-Berater, Heft 15/1997, S. 777.

IAS/US-GAAP 基準が遵守されるという特徴が見られる。ドイツの場合，1998年以前にあって，商法規制から離れて，IAS/US-GAAP 基準への適応が行われることはできなかったということである。

以上のドイツのコンツェルンの事例から，ダブルスタンダード適用が商法規制の枠内でのIAS/US-GAAP 基準適応であることが分かる。この事例を踏まえて，一般的にドイツにおけるダブルスタンダード適用の形成可能性を纏めて見ると，第3-7図のように特徴づけることができる。図3-7によれば，①2決算方式，②1決算方式，③1決算・追加報告方式の3つが考えられる[3]。前二者が連結財務諸表の作成・開示をIAS/US-GAAP 基準で行い，後者については，等価性の完全な達成がないが，IAS/US-GAAP 基準に幅広く適応した決算書報告を行うものであり，このうち，前者について，2決算方式と1決算方式があり，2決算方式として，商法規制の決算書に併用して，もう1つの決算書を報告する方式，商法規制の決算書に調整計算を追加報告する方式，商法規制に準拠した1決算方式として，商法に外国基準を付加して適用する方式，商法を制限的に適用する方式，商法を外国基準に取り替え適用する方式の3つがある[4]。

〈注〉
1．2．3．C&L Deutsche Revision AG., Konzernabschluß 95, Ergebnisse einre Untersuchung von 100 großen Konzerne, Düsseldolf 1997, S. 33.
4．Buhleier, C., /Helmschrott, H., Auf dem Weg zu den Wertstandards bei der Konzernre-chnungslegung?. Zur Anwendbarkeit der IAS und us-GAAP, in : Betriebs-Berater, Heft 15/1997, S. 777.

3 IAS/US-GAAP 基準への適応のための2つの商法条項の新設

1998年以前の法状況のもとでは，ドイツ上場会社の連結財務諸表の作成・開示に見られるIAS/US-GAAP 基準への適応のための行動は，現行の商法規制の枠組みのなかで，商法選択権の行使として具体適用される外はなかった。この限りで，商法解釈によるIAS/US-GAAP 基準適応というかたちで実務レベ

ルの対応が行われていた。しかし，この現実の実務レベルでの適応に対し，連邦法務省と連邦政府が出したシグナルは，商法改正によってIAS/US-GAAP基準への適応条項を新たに設けるということであった。具体的には，商法改正作業によるIAS/US-GAAP基準への適応について，資本市場活性化と企業統治の改革を一体化させた会計改革関連法（資本調達容易化法と企業領域統制透明化法）が成立した。

　前者の資本調達容易化法によるIAS/US-GAAP基準への適応条項に関して，1996年6月7日の連邦法務省参事官草案と1997年3月6日の連邦政府草案における免責条項問題が重要である。この2つの草案の提案内容には決定的な違いがあったが，IAS/US-GAAP基準への適応条項を新たに商法典に設けるという趣旨については，共通的な認識に立っていた。連邦政府草案理由書には，大要次のような理由づけがなされている。

　政府草案の目標とするところは，外国資本市場で資本調達目的のために国際的な会計原則または外国の法によって連結財務諸表の作成を行わねばならないドイツの上場会社の負担を軽減することであり，新しい規準によって，これらの企業は，将来，ドイツの連結財務諸表の会計規定による連結財務諸表の作成を別途に行う必要がなくなる。1つの上場会社にあって，異なった連結財務諸表から異なった損益が計算されるという望ましくない撹乱を避けることにある。この目的のために，政府草案が具体的に提案している解決策は，商法典第292a条を新たに設け，国際的な会計原則に従い作成した連結財務諸表作成を免責として認めるというものである[1]。

　連邦政府草案は，国際資本市場でのドイツ上場会社のエクイティーファイナンスのために必要とされるIAS/US-GAAP基準適応の連結財務諸表を商法典第292a条の新設によって制度的に対応したものであると改正の趣旨を明らかにしているが，その際，政府草案理由書が強調しているのは，国際的な会計規範の受け入れがドイツの連結財務諸表計算規定の全面的な修正でなく，免責条項の部分修正というかたちでのIAS/US-GAAP基準適応であるということであった。

第3章　国際化のなかの商法会計規範の混成システムの再編　　85

　この政府草案に比べて，1996年6月7日に連邦法務省が示した参事官草案は，その内容が決定的に違うことを提案していた．すなわち，参事官草案では，免責条項によるIAS/US-GAAP基準適応に関して，それが連結財務諸表にとどまらず，商法典第264条3項を新設し，単独財務諸表にまでIAS/US-GAAP基準適応を拡大適用できる旨が提案されていた．参事官草案がIAS/US-GAAP基準適応を資本会社の単独財務諸表にかかわる一般条項にまで拡げることを提案していたのに対し，政府草案では，IAS/US-GAAP基準適応を連結財務諸表に限定して免責する条項の挿入を提案した．この参事官草案と政府草案の違いは，国際化対応のドイツの道をめぐる焦点の1つであり，今日なお議論がある．

　この参事官草案の商法典第264条3項，第297条4項の条文は，1997年政府草案では削除されている．政府草案は，IAS/US-GAAP基準適応を連結財務諸表の免責条項の1つとして挿入し，商法典第三篇の単独財務諸表・連結財務諸表の体系的な会計規範システムを堅持する方向を示した．この点で，参事官草案の商法典第292条5項の新設，政府草案の商法典第292a条の新設がIAS/US-GAAP基準への適応の国際化対応の開放条項として注目される[2]．

　このように，資本調達容易化法の政府草案は，商法典第292a条の新設を提案することで，免責の連結財務諸表を国内の親会社に拡大適用することを認める新しいIAS/US-GAAP基準適応条項を挿入したのである．

　資本調達容易化法の政府草案の商法典第292a条は，現行の免責条項第292条を改正し，国内の親会社には認めていなかった免責の連結財務諸表の作成を可能とする商法上の規制緩和を措置し，IAS/US-GAAP基準への適応が商法会計規範システムの枠組みのなかで具体実施できる法的根拠を設けたのである．だが，ここで留意すべき点は，政府草案が改正を提案している商法典第292a条の新設が「ドイツ会計法システムからの離脱ではない．基礎に置かれた外国の諸原則が商法典システムに違反している場合には，連結財務諸表は無効である．改正は，ヨーロッパ連合の会計法政策のための水門を意味するものであるが，ドイツ会計法システムからの離反ではない[3]」ということである．

この指摘に見られるように，IAS/US-GAAP基準への適応条項は，ドイツ会計法システム，商法典システムの枠組みのなかで設けられたものであって，そこからの離脱ではないことを銘記しておく必要がある。この場合，ドイツ会計法システム，商法典システムというのは，商法典第三篇に体系化されている会計法の重層的な法構成を指しているものである[4]。

第3-8図　ドイツ商法会計規範システムの重層的な構造

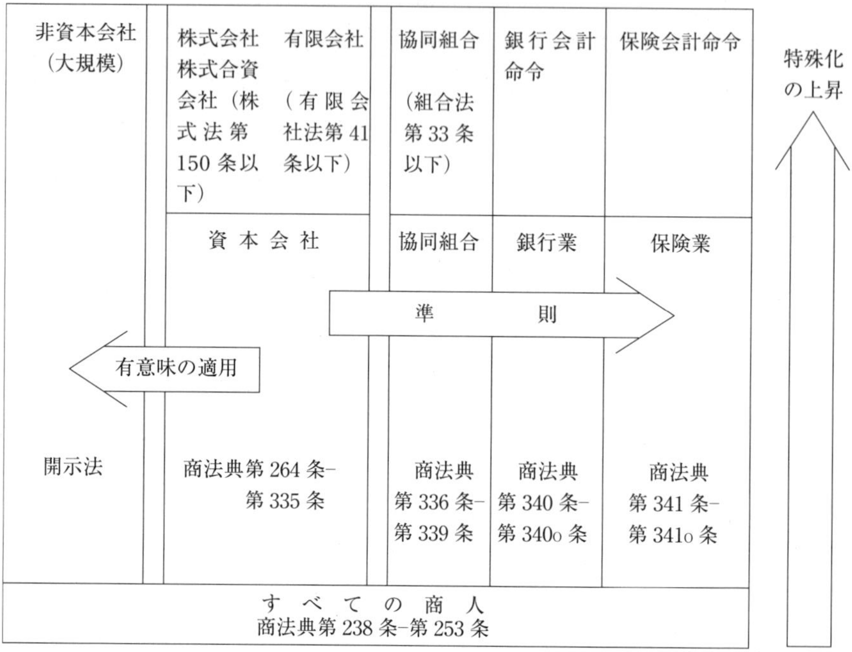

非資本会社 (大規模)	株式会社 株式合資 会社（株 式法第 150条以 下）	有限会社 （有限会 社法第41 条以下）	協同組合 （組合法 第33条 以下）	銀行会計 命令	保険会計命令	特殊化の上昇
	資本会社		協同組合	銀行業	保険業	
			← 準　　則 →			
← 有意味の適用						
開示法	商法典第264条- 第335条		商法典 第336条- 第339条	商法典 第340条- 第340o条	商法典 第341条- 第341o条	
すべての商人 商法典第238条-第253条						

出典）Förschle, G./Reimer, B/Scheffels, R., Der handelsrechtliche Jahresabschluß, Bonn 1997, S. 4.

　第3-8図は，ドイツ会計規範の三層構造を示しているが，それによれば，商法典第242条から第263条は，すべての商人に関する規定であり，資本会社にも適用される一般規定である。そのうえで，商法典第264条から第335条が資本会社に関する補完規定として適用されるとともに，株式会社および株式合資会社に関しては，株式法第150条以下の規定が適用され，有限責任会社には有限

責任会社法第41条以下の規定が適用される。このような法形態関連の補完規定に対し，登録組合，銀行，保険に関する補完規定が第336条から第339条（登録組合），第340条から第340o条（銀行），第341条から第341o条（保険）として設けられ，登録組合には登録組合法第33条以下の規定，銀行には銀行会計命令，保険には保険会計命令が適用される。そして，登録組合，銀行，保険のそれぞれの法形態に応じて，すべての商人に関する一般規定もしくは資本会社に関する補完規定が適用される。また，非資本会社で大会社は開示法の適用を受けるとともに，すべての商人に関する一般規定および資本会社に関する補完規定が適用される。このような一般規定と補完規定が重層化して適用される仕組みになっており，商法典第三篇が全体として1つの会計規範システムの体系を成している。

資本調達容易化法の成立による商法典第292a条のIAS/US-GAAP基準への適応条項の新設は，この意味で，商法典第三篇の会計規範システムの法体系のなかに組み込まれた1つの免責条項に過ぎない。換言すれば，第3-9図のよ

第3-9図　商法典第三篇の会計規範の体系におけるIAS/US-GAAP基準への適応条項の組み込み

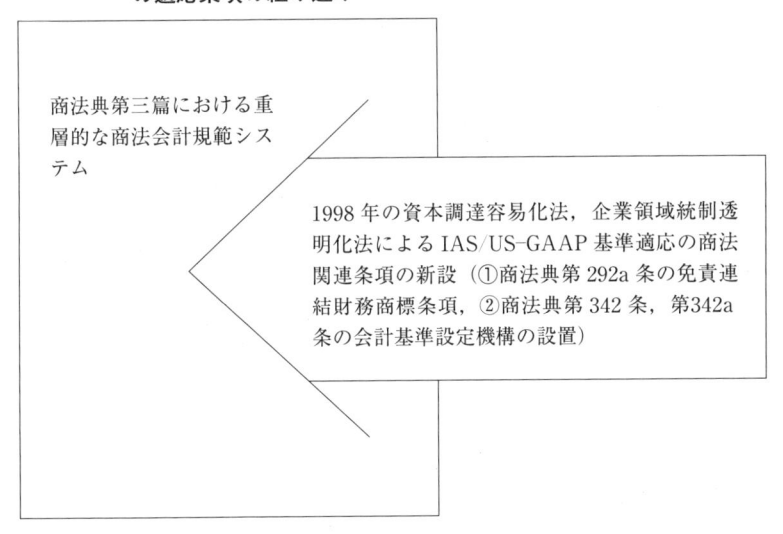

商法典第三篇における重層的な商法会計規範システム

1998年の資本調達容易化法，企業領域統制透明化法によるIAS/US-GAAP基準適応の商法関連条項の新設（①商法典第292a条の免責連結財務商標条項，②商法典第342条，第342a条の会計基準設定機構の設置）

うに，商法典第三篇の会計規範システムのなかに免責条項を挿入するという法形式のもとにIAS/US-GAAP基準による連結財務諸表の作成を受け入れる途を制度化するという対応措置を採ったのである。

だが，1998年会計改革関連法は，この商法会計規範システムのなかにおけるIAS/US-GAAP基準適応のための連結財務諸表の作成に関する免責条項の新設にとどまらず，連結財務諸表のIAS/US-GAAP基準の内容そのものにも適応するための新しい会計基準設定主体の設置構想[5]が企業領域統制透明化法によって立法措置され，商法典第342条および第342a条の新設条項をもって具体化されたことも看過してはならない。

1998年3月5日に資本調達容易化法と同時に，連邦議会で可決成立したもう一つの法律として企業領域統制透明化法がある。この企業領域統制透明化法により商法典第342条および第342a条が新設され，この新設条項によって，ドイツ史上はじめて会計基準設定主体の設置構想が実現した。この会計基準設定主

第3-10図　企業領域統制透明化法による2つの会計基準設定主体構想

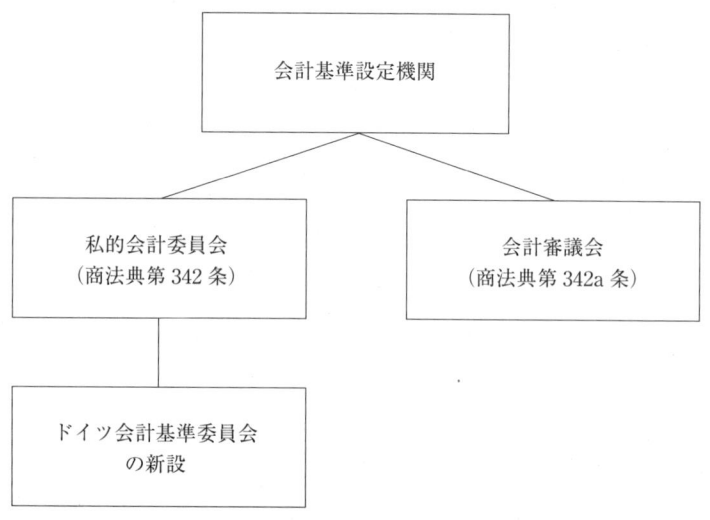

```
                会計基準設定機関
                /            \
      私的会計委員会         会計審議会
      (商法典第342条)       (商法典第342a条)
           |
      ドイツ会計基準委員会
         の新設
```

体として，第3-10図のように，私的会計委員会（商法典第342条），会計審議会（商法典第342a条）の2つが選択的に設置できるするとされたが，具体的に，設置された機関が商法典第342条に基づくドイツ会計基準委員会であった（第3-10図）。そして，この商法典第342条に基づくドイツ会計基準委員会の設置により，連結財務諸表に限定してはいるが，IAS/US-GAAP基準のGoB（正規の簿記の諸原則）化（グローバルスタンダードのドイツ国内基準化）への将来展望の方向づけがなされた[6]。

1996年に連邦法務省から発表された資本調達容易化法参事官草案において，「ドイツで承認された会計基準設定主体の設置[7]」が構想されたが，この資本調達容易化法参事官草案をめぐる議論のなかで，参事官草案そのものに対し各界から反対意見が出されたため，1997年3月6日に出し直しされた政府草案では，この設置構想がいったん削除されたかたちになった。これは，資本調達容易化法参事官草案が商法典第264条3項および第297条4項の新設を提案し，連結財務諸表の免責条項によるIAS/US-GAAP基準適応だけでなく，これを越えてさらに単独財務諸表の領域にまで拡大適用の途を開こうとしたことへの反対がつよく出されたからで，その結果，政府草案は，商法典第264条3項，第297条4項の提案を削除し，連結財務諸表の免責条項のみを提案した。しかし，会計基準設定主体の設置構想そのものについては，その後の政権内部の協議を経て，1998年3月5日に成立した企業領域統制透明化法において，「ドイツで承認された会計基準設定主体の設置」が陽の目を見たのである。

この企業領域統制透明化法の成立によって，商法典第三篇の第4章に続けて，第5章が新たに設けられ，具体的には，商法典第342条と第342a条が挿入され，私的会計委員会方式と公的会計審議会方式のいずれかを選択適用することができるようになったのである。第342条の私的会計委員会方式が従来から議論されてきたドイツ版FASB構想を継承した組織であるのに対し，第342a条の公的会計審議会方式は，我が国の企業会計審議会に類した組織である。1998年4月に発足したドイツ会計基準委員会は，この第342条の私的会計委員会方式に基づいたものである。

第342条の私的会計委員会とは，連邦法務省から私法により組織した機関として創設を認められたものであり，この委員会に与えられた任務は，
　①連結財務諸表に関する諸原則の適用のために行なう勧告を開発する，
　②会計規定に関する立法行為に際し，連邦法務省に助言を与える，
　③国際的な基準設定機関においてドイツを代表する，
といった3つの点である[8]。そして，この委員会は，専門的に利害関係を有する公衆を含めるという手続きのなかで，会計人（Rechnungsleger）により独立的かつ排他的に開発され，決定されることを保証しているような機関として設置が認められ，企業または会計人の組織がこの委員の構成員である場合は，構成員の権限は会計人によってのみ行使されることが許される。この会計委員会の勧告が連邦法務省から公告（Bekanntmachung）される限りにおいて，連結財務諸表に関する正規の簿記の諸原則（GoK）が遵守されていると推定される[9]。

　ドイツ会計基準委員会が目標とするところは，国際的な先例にならって独立的に認められた専門家からなる機関として，第342条1項に掲記された3つの任務を遂行することであった。

　しかしながら，このような経過のもとで設置されたドイツ会計基準委員会の性格と任務に関しては，いくつかの問題点が指摘されている[10]。すなわち，ドイツ会計基準委員会が国際的な基準設定に適応して活動をはじめるにともなって，税制改革というもう1つの解決を迫られ，もしそうなれば不幸がもたらされる恐れがあるのではないか。また，ドイツ会計基準委員会が資本市場指向の会計を発展させ，資本市場目的に有効な国際基準に近づけるという意義をもつとしても，その反面において，商法確定決算基準（商事貸借対照表の基準性原則）が存在しており，資本市場を指向しない会社の利害も考慮する必要があるではないか。このため，資本市場指向の国際基準への接近については，連結財務諸表に留め置き，単独財務諸表に及ぶことのないように留意すべきである。さらに，会計規範の設定を誰が行なうのかについても，ドイツ会計基準委員会が会計規範の設定主体となったのかどうか，ドイツの立法権限という憲法原則

としても重要であるし，そのことへの懸念がある。そのうえ，内在的な問題として，ドイツ会計基準委員会の委員が会計人から選任されるとあるが，この会計人の独立性がいかに確保されるかといったこともある[11]。

このような問題点の指摘のなかでも，とくに，このドイツ会計基準委員会を通じて行なわれる IAS/US-GAAP 基準の GoB 化の勧告に対して，ドイツの立法権限の後退を懸念する声が強いことが重要な論点である。この点は，立法当局者によっても否定され，ドイツの立法権限になんら変化がないことが強調されている。アングロアメリカの市場による解決よりも，むしろ協調による解決がドイツに馴染んでおり，この意味で，ドイツ会計基準委員会も協調による解決のなかの1つとして捉えるべきではないかという意見が出されているのもこのためである[12]。たしかに，ドイツ会計基準委員会は，1980年代に提起されたドイツ版 FASB 構想のなかから生まれたものではあるが，助成の原則（国家が個人または団体に対する助成的機能だけを表わす）には立たないという点で，アメリカの FASB とは似て非なる性格をもつものである。ドイツ会計基準委員会は，パブリックセクター方式による商法会計規範システム形成という伝統を堅持しつつ，連結財務諸表に限定して IAS/US-GAAP 基準の GoB 化を勧告するサブセクターとして連邦法務省から認められた私法上の組織として発足したハイブリッド方式である点が特徴的である。このドイツ会計基準委員会が連結財務諸表に限定した IAS/US-GAAP 基準の GoB 化を図るべく勧告を出し，連邦法務省による公告（Bekanntmachung）を経てドイツ会計基準として公表されている。

〈注〉
1. Gesetzentwurf der Bundesregierung, Entwurf eines Gesetzes zur Verbesserung der Wettbewerbesfähigkeit deutscher Konzerne an internationalen Kapitalgesellschaften und zur erleichterten Aufnahme von Gesellschafterdarlehen (Kapitalaufnahmeerleichterungsgesetz), BT-Drucksache, 13/7141 vom 6. 3. 1997.
2. 拙稿「ドイツ商法会計制度と IAS/US-GAAP 適応条項」『JICPA ジャーナル』（第10巻第6号，1998年6月，181-187頁。）で詳論している。Pellens,, B., Internationale Rechnungslegung, 4. Aufl., Stuttgart 2001, 564.

3. Strobel, W., Neuerungen des Handelsbilanzrechts in Richtung auf internationale Normen, in : Betriebs-Brater, Heft31. 1996, S. 1607.
4. Föschle, G./Reimer, B./Scheffels., R., Der handelsrechtlichen Jahreabschluß, Bonn 1997, S. 4.
5. この会計基準設定主体構想は，すでに1960年代から議論が提起され，1985年会計指令法の立法過程でも提案されていた。この点については，拙稿「西ドイツにおける会計規準形成―現代のGoB論と法的規準の設定」『第9回日本公認会計士協会研究大会研究発表論文集』（昭和62年8月，53-59頁。）で詳論している。
6. 拙稿「ドイツ会計基準委員会の現代的意義」『會計』（第157巻第2号，2000年6月，65-78頁。）で詳論している。
7. Bundesministrium der Justiz, Refererntenentwurf eines Gesetzes zur Verbesserung der Wettbewerbsfähigkeit deutscher Konzerne an intrenationalen Kapitalmarkt und zur erleichterden Aufnahme von Gesellschafterdalehen (Kapitalaufnahmeerleichterungsgesetz) mit Beründung, vom 7., Juni 1996, S.22.
8. 9. DRSC Webeside, Presseerklärung aus Anlaßder Einsetzung des Standardsierungsrates durch den Verwaltungsrat vom 15. Mai 1998. Pellens B.,Internationale Rechnungslegung, 4. Aufl., Stuttgart 2001, S. 572-673.
10. 拙稿「ドイツ会計基準委員会の役割をどう見るか」『産業経理』（第61巻第3号，2002年3月，4-12頁。）で詳論している。
11. 12. Zitzelberger, S., Überlegungen zur Einrichtung eines nationalen Rechnungslegungsgremiums in Deutschland, in : Die Wirtschaftsprüfung, 7/1998, S. 246-259. Moxter, A., Deutsches Rechnungslegungs-Standards Committee, in : Der Betrieb, Heft 29/1998, S. 1425-1428.

第4節　2005年に向けたIAS/IFRS基準適応のドイツの道

　以上，1985年会計指令法のもとでの30年間にわたるドイツ商法会計規範システムの再編成と会計国際化へのいっそうの対応のプロセスを概観的に考察してきた。この考察から明らかになったことは，1985年会計指令法の「健全な会計世界[1]」の危機状況が会計国際化の進展によりもたらされたとともに，商法会計規範システムがIAS/US-GAAP基準に全面転換するという方向にないということである。ドイツの社会的市場経済を信認する重要な社会的装置として商法会計規範システムの果たす役割・機能に基本的な変質はなく，むしろ，会計国際化へのドイツの対応として，アングロアメリカとの対抗軸のなかで

IAS/US-GAAP 基準への適応条項を商法会計規範システムのなかに取り込み，全体として，正規の簿記の諸原則（GoB）レジームと商法確定決算基準（商事貸借対照表の基準性原則）を堅持していく方向で解決を図ろうとしているすがたが見られる。1998年4月に設立されたドイツ会計基準委員会が IAS/US-GAAP 基準の GoB 化を図る会計基準設定主体として実際にどのように機能するかがドイツの立法権限とのかかわりで議論のあるところであるが，この新しい状況が2005年に向けて商法会計規範システムをどのように改正していくか，ドイツの道の第3幕に現在さしかかっている。

1998年会計改革関連法（資本調達容易化法と企業領域統制透明化法）以降，ドイツ上場企業 DAX30社・DAX100社の商法基準適用会社数が連結財務諸表に関して年々減少していく状況にあり，さらに，ニューヨーク証券取引所上場会社数が2000年に13社に増え，2001年に SMAX の上場会社も IAS 基準適用を行いはじめ，ドイツ株式取引所の新しい取引区分への切り替え後もこの傾向がいっそう強くなっている[2]。

この IAS/US-GAAP 基準適応シフトの実務傾向をさらに裏付けたのが，ドイツ上場会社（回答数205社）に対し，1999年9月に実施されたアンケート調査の結果である（第3-3表）。

第3-3表 上場会社205社の国際化対応の意識調査の結果（％）

商法典第292a条の無期限の適用	37.3
商法典第292a条適用を国際的システムに限定	13.9
フレームワーク的解決（商法典をベースにし，DRSC が具体的な基準を策定する）	24.1
ベンチマーク的解決（国際基準が優先的方法で商法典は代表的に許容される）	18.4
その他	0.6
回答なし	5.7

出典　Wagenhofer, A., International Accounting Standards, Frankfurt a. M./Wien 2002, S. 485.

この上場会社の意識調査の結果からは，商法典第292a条の免責条項と商法典第342条のドイツ会計基準委員会という新しい現実のなかで，ドイツ上場会社の37.3％が商法典第292a条の存続を望み，さらに，フレームワーク的解決を

将来像として24.1%が支持していることが分かる。フレームワーク的解決とは，商法典は概念フレームワークだけを明定し，会計処理方法・表示方法の具体内容をドイツ会計基準委員会に権限委譲するという考え方である。

この調査結果は，1998年以降のドイツ上場会社が国際化対応として描いた将来像という点で注目される。

1999年以降の現実の進展は，商法典第292a条の継続適用の方向ではなく，EU域内における連結財務諸表のIAS/IFRS基準の強制的適用という新たな事態とそれに対するドイツの対応というかたちで議論されている。

2002年にEU理事会・議会は，2005年からのIAS/IFRS基準適用を求めるEU命令を出した。その内容は，法形態，資本市場指向・非資本市場指向，連結財務諸表・単独財務諸表という組み合わせで，IAS/IFRS基準が強制適用なのか，選択的適用なのかが違っており，その具体的適用条件を示したのが第3-11図であった。第3-11図を見て分かるように，IAS/IFRS基準が強制適用されるのは，資本会社・人的会社・個人企業の資本市場指向の連結財務諸表に関してであって，それ以外の非資本市場の連結財務諸表，すべての単独財務諸表については，IAS/IFRS基準の適用は任意で，商法基準の適用も選択することが加盟国選択権の枠組みのなかで可能であるということである。

第3-11図　2002年EU命令によるIAS/IFRS基準適応の差別化

法形態	資本会社		人的会社及び個人企業	
	資本市場指向	非資本市場指向	資本市場指向	非資本市場指向
連結財務諸表	IAS/IFRS	HGB及び/又はIAS/IFRS	IAS/IFRS	HGB及び/又はIAS/IFRS
単独財務諸表	HGB及び/又はIAS/IFRS	HGB及び/又はIAS/IFRS	HGB及び/又はIAS/IFRS	HGB及び/又はIAS/IFRS
	加盟国選択権			

出典）http://www.jur.ruhr-uni-bochum.de/

このため，2005年のIAS/IFRS基準への適応に対し，会計改革のドイツの道をどう決めるかはドイツ自身の意思決定にかかっている。この点，いまのとこ

ろ，ドイツ会計における財務諸表の属性の1つである意思決定有用性の情報機能に限定して，単独財務諸表・連結財務諸表のIAS/IFRS基準適応化を図り，単独財務諸表の属性である処分利益計算機能に関し現行の商法基準を維持する方向にある。しかし，単独財務諸表の処分利益計算機能に対しても影響が及ぶ事態になれば，「ヨーロッパ企業会計法の変革[3]（Europäisches Bilanzrecht im Umbruch）」のなかでEU会計戦略にもとづくIAS・IFRS基準適用のEU命令と会計指令の改正にともない，商法確定決算基準（商事貸借対照表の基準性原則）の廃止・税務会計の独立という制度設計が第3-4表のように新たに必要となることも考えられる。

第3-4表 税務上の利益計算の4つの基本モデル

単独財務諸表	商法基準		IAS強制
	IAS禁止	IAS選択権	
基準性の維持	現行モデル	商法の資本維持の財務諸表の基準性モデル	IASの基準性モデル
基準性の廃止	基準性の廃止・分離独立モデル		

出典　Herzig, N./Bär, M., Die Zukunft der steuerlichen Gewinnermittlung im Licht des europäischen Bilanzrecht, in：Der Betrieb, Heft 1/2003, S. 2.

また，2003年2月25日のプレスリリース発表の連邦政府の株主保護・企業保全の政策強化のための「10ポイントプログラム[4]」のなかの第4プログラムの「会計ルールの進展と国際的な会計原則への適用」では，IAS/IFRS基準適用のEU命令に対する対応として注目される点は，

①資本市場指向の企業に対して2005年1月1日以降，IAS/IFRS基準適用を義務づけ，企業選択権として，非資本市場指向の企業の連結財務諸表及び情報目的の資本市場指向企業及びその他の企業の単独財務諸表についてIAS/IFRS基準の任意適用を認める，

②連結財務諸表のEU命令の移行措置を利用し，規制市場で債務証書の取引認可を得ている企業及びアメリカで上場し，US-GAAP基準に準拠の連結

財務諸表を作成・開示している企業について，2007年まで適用を延期する，

③大規模な非資本市場指向の企業の連結財務諸表のIAS/IFRS基準の強制適用の検討を行う，

④債権者保護，配当可能利益の測定，課税の目的での商法基準への準拠の単独財務諸表の保持を図るとともに，その際，商法確定決算基準のための税務上の利益算定に対する影響を考慮に入れる，

⑤商法会計法は，EU会計基準及び国際的な会計原則の適用に際して連結・単独の財務諸表について，多くの選択権を廃止して，欠陥の是正を図るかたちでの進展がなければならない，

といったことであった。

この点で，2003年7月に示されたシュマーレンバッハ経営協会外部会計作業部会提案の統一財務諸表構想が興味深い。この統一財務諸表構想は，情報目的のIFRS基準に準拠した連結・単独財務諸表と別に，配当・課税の目的のための商法基準準拠の統一財務諸表を制度設計すべきという提言がなされた。

その後，連邦法務省から2003年12月に企業会計法改革法参事官草案が，そして，連邦政府から2004年4月に企業会計法改革法政府草案が公表された。この政府草案は，先の連邦政府の「10ポイントプログラム」を踏襲し，連結財務諸表・単独財務諸表に関し，IAS/IFRS基準適用への収斂に向けた商法改正を提案する会計改革のドイツの道を指し示した。しかし，「10ポイントプログラム」と違って，処分利益計算目的（配当・法人税）の単独財務諸表について，別建て方式の制度設計ではなく，商法会計規範システムのなかに組み込む方向を構想している点が特徴的である[5]。最終決定がなされていない現段階では，商法会計規範の混成システムが具体的にどのようなすがたに落ち着くのか不明であるが，引き続き，2005年以降を考察していきたい。

〈注〉

1．Beisse, H., Die Krise des deutschen Bilanzrechts und die Zukunft des Maßgeblich-

keitsgrundsatzes, in : Baetge,J., Deutsches Bilanzrecht-In der Krise oder im Aufbruch?, Düsseldorf 2001, S. 1.
2．Spanheimer, J., Internationale Rechnungslegung, Düsseldorf 2002, S. 216.
3．Herzig, N. /Bär,M., Die Zukunft der steuerlichen Gewinnermittlung im Licht des europäischen Bilanzrecht, in : Der Betrieb, Heft 1/2003, S. 2.
4．Ernst, C., BB-Gestzgebungsreport : Auswirkungen des 10-Pointe-Programms "Unternehmensintegrität und Amlegerschutz" auf das Bilanzrecht, in : Betriebs-Berater, Heft 28/29/2003, S. 1487-1491.
5．Bundesministrium der Justiz, Referentenentwurf Dezember 2003. Bundesregierung, Entwurf Gesetz zur Einührung internantionaler Rechnungslegungsstandards und zur Sicherung der Qualität der Abschlussprüfung (Bilanzrechtsrereformgesetz-BilReG) vom April 2004.

第4章

適用会計基準の国際化への開放条項

―商法典第292a条の免責条項と
商法典第342条のドイツ会計基準委員会―

は じ め に

　ドイツ会計の復権に向けた戦略的な模索,「変革のなかの商法会計法[1]」の再構築,これが1998年に成立した会計改革関連法（資本調達容易化法と企業領域統制透明化法）にもとづく会計の国際化対応の商法上の開放条項（Öffnungsklausel）を意義づけている。すなわち,ドイツ会計の国際化対応に向けた商法の開放条項は,①商法典第292a条の免責条項と②商法典第342条を根拠規定としたドイツ会計基準委員会の創設のかたちで具体措置された。前者の商法典第292a条の免責条項は,それまで商法基準という縛りのなかで国際対応の連結財務諸表の作成を余儀なくされていたドイツ上場会社に対し,IAS/US-GAAP基準の連結財務諸表作成を許容する道を選択適用できるとした時限措置ではあるが,画期的な国際化対応であった[2]。後者のドイツ会計基準委員会は,商法典第342条を根拠規定として設置されたもので,商法典第342条1項において,①連結会計に関する諸原則の適用のための勧告の開発,②会計の諸規定の立法行為にあたっての連邦法務省への助言,③国際的な会計基準設定機関においてドイツを代表するといった3つの任務が明記されていた。

　ドイツ会計基準委員会が行う勧告の開発は,独立した会計人（Rechnungsleger）から成る委員会が公開草案を提示した後,その公開草案を専門的に関心のある公衆の参加するデュープロセスに付し,ドイツ会計基準（Deutsches Rechnungslegungs Standard/DRS）が連邦法務省から公告（Bekanntmachung）されるというかたちで設定される仕組みになっている[3]。

しかしながら，このドイツ会計基準委員会による基準形成プロセスは，アメリカのFASB（財務会計基準審議会）のデュープロセスによる基準設定に擬してはいるが，ドイツがプライベートセクターによる会計基準設定方式を採用したと単純に見ることは出来ない。むしろ，ドイツの場合は，会計基準の設定に関する最終的な決定権限が立法府にあり，ドイツ会計基準委員会のドイツ会計基準が連邦法務省に対する勧告であり，GoB（正規の簿記の諸原則）レジームを変更するものではなく，さらにはドイツ会計基準が連邦議会（立法府）において法律として制定されなければならないとものであるとされた[4]。この意味で，ドイツは，ハイブリッド方式[5]による会計基準設定の国であると特徴づけることが出来る。

本章は，商法典第292a条の免責条項と商法典第342条にもとづき設置されたドイツ会計基準委員会の開放条項の意義について論究する。

〈注〉
1．2．Küting, K. /von Gannier, S., Das Handelsbilanzrecht im Umbruch, in : Buchführung, Bilanz und Kostenrechnung, Nr. 6/2001, S. 281.
3．4．Havermann, H., Standardsierung der deutschen und internationalen Rechnungs-legung, in : Coenenberg, A. G. /Pohl, K., Internationale Rechnungslegung, Stuttgart 2001, S. 149-154. この時点で，ドイツ会計基準委員会の責任者であったHavermann. H. 自身は，DRS（ドイツ会計基準）が単独財務諸表のGoBにとって代わるものであるとの認識はなく，連結財務諸表のGoKを想定していた。しかし，2002年のドイツ会計基準委員会から出された「概念フレームワーク公開草案」では，GoBに代わるGoR（正規の会計の諸原則）が提案されている。
5．Zafar Iqbal, M., International Accounting, A global perspetive, 2nd ed. South Western 2002, p. 197. McLeny, S., Accounting Regulation in Europa, London 1999, p. 374.

第1節　商法典第292a条の免責条項による国際化への開放

ドイツの会計ビッグバンに決定的な影響を与えた2つの会計改革関連法として，資本調達容易化法と企業領域統制透明化法の二つの法律が1998年に成立した[1]。このうち，資本調達容易化法によって商法典第292a条が新設されたが，

第4-1表　商法典第292a条の免責条項の概要

資本調達容易化法にもとづく商法典第292a条に関連する改正点
①グループ子会社に関する緩和（商法典第264条3項）
　　商法典第290条により連結財務諸表の作成を義務づけられる親会社の子会社である資本会社は，資本会社の単独財務諸表，状況報告書（第264条-第289条）監査（第316条-第324条），公示（第325条-第329条）の諸規定を適用除外
②EU／EWR連結財務諸表の免責作用に関する緩和（商法典第291条）
　　親会社が同時にEU加盟国か，EWR条約国に本拠をおく親会社の子会社である場合に商法典第291条は，ドイツ法で作成する義務がある連結財務諸表に代えてEU／EWRの連結財務諸表に免責効果を認める前提条件を定めていたが，資本調達容易化法により，この前提条件を緩和した。商法典第291条2項1文2号によれば，免責連結財務諸表は，EC第7号会計指令及びEC第8号会計指令に一致した法律によってのみ作成・監査されなければならない。従前の旧商法典第291条2項2号では，免責連結財務諸表を作成する親会社の所在する国の法がEC会計指令に一致していなければならないというものであった。
③商法基準に準拠した連結財務諸表の作成義務からの免責（商法典第292a条）
　　資本調達容易化法にもとづく商法典の改正の核心は，商法典第292a条を新設したことである。外国の資本市場で資本調達を行うドイツ上場会社は，旧法では，商法基準の連結財務諸表の作成に加えて，IAS/US-GAAP基準に準拠したもう1つの連結財務諸表・調整表を作成しなければならなかった。商法典第292a条は，一定の前提条件を充たせば商法基準の連結財務諸表の作成義務を免除するとした。その免責の前提条件とは以下の内容であった。
　　　・親会社が上場会社である。
　　　・商法典第295条，第296条にかかわらず，親会社及びその子会社は免責の国際連結財務諸表に編入されなければならない。
　　　・連結財務諸表の作成は，国際的に認められた会計諸原則に準拠しなければならない。
　　　・連結財務諸表は，EC会計指令に一致していなければならない。
　　　・連結財務諸表及び連結状況報告書と商法典の財務諸表及び状況報告書が問う価値の言明能力を有していなければならない。
　　　・特定の報告は，附属説明書または連結財務諸表の説明に含まれていなければならない。
　　　・連結財務諸表の監査への特定の要請
　　　・ドイツ語とユーロによる財務諸表の公示

これは，ドイツの国内基準である商法典にIAS/US-GAAP基準を直接的に受け入れるのでなく，IAS/US-GAAP基準を選択適用することを許容する免責条項を新たに設けるという方式を採ったところに大きな特徴があった。このため，商法典第292a条は，ドイツの会計国際化への「国際的な諸原則への連結財務諸表の開放条項[2]（Öffnungsklausel der Konzernrechungslegung internationalen Grundsatzen)」であった。第4-1表は，商法典第292a条の免責条項の概要を示したものである。

この商法典第292a条の開放条項の新設に関しては，それまで，ドイツ企業の国内基準である商法典の強制適用を受け，資本調達の面で不利益を蒙ってきたが，IAS/US-GAAP基準を選択適用する途が開かれ，国際資本市場での資本調達が容易になったとの理由づけがなされている。ドイツ企業の国際的競争力の強化の観点から，商法典第292a条の開放条項が新設されたということである。

しかし，この開放条項には，IAS/US-GAAPの基準の選択権の容認がある一方で，その選択的適用に「最高度の弾力性[3]」が認められること自体から，連結決算財務諸表の比較可能性が阻害されるのではないかといった批判的な指摘があった[4]。このためか，商法典第292a条によるドイツ会計の国際化への開放が2004年12月31日までの時限的な立法として措置された「暫定的な解決[5]（Übergangslösung）」であった。このことから，資本調達容易化法にもとづく商法典第292a条の免責条項による国際化への開放が「立法者の実用主義的な解決策[6]」，「妥協的な解決策[7]」，「立法機関の準備不足[8]」にもとづきとられた経過的な解決策であった等々と評されている。

しかし，その一方で，商法典第292a条の免責条項の意義は，IAS／US-GAAP基準への「最適な適応戦略の選択[9]（Auswahl der optimalen Anpassungsstrategie)」を可能にしたことであり，第4-1図に示すように，IAS/US-GAAP基準への連結財務諸表の適応ステップをドイツが進んでいると捉えることが重要である。

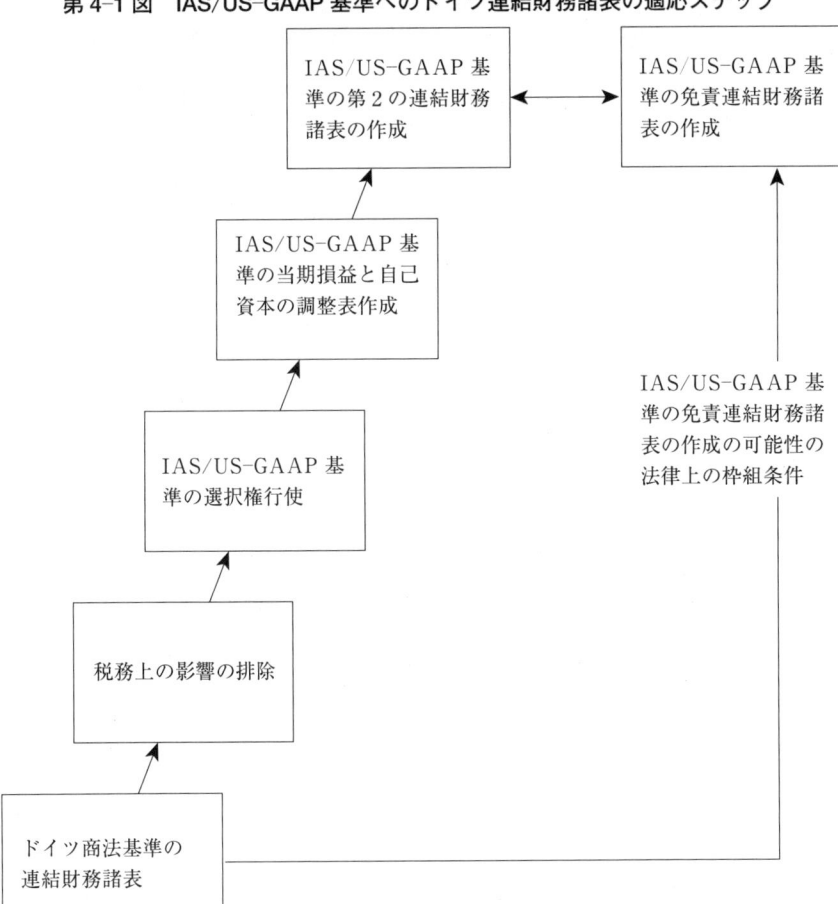

第4章　適用会計基準の国際化への開放条項　103

第4-1図　IAS/US-GAAP基準へのドイツ連結財務諸表の適応ステップ

```
                    ┌─────────────┐          ┌─────────────┐
                    │IAS/US-GAAP基 │          │IAS/US-GAAP基 │
                    │準の第2の連結財務│◄────────►│準の免責連結財務│
                    │諸表の作成     │          │諸表の作成     │
                    └──────▲──────┘          └──────▲──────┘
                           │                        │
                    ┌──────┴──────┐                 │
                    │IAS/US-GAAP基 │                 │
                    │準の当期損益と自己│                │
                    │資本の調整表作成│                 │
                    └──────▲──────┘                 │
                           │                 ┌─────────────┐
                           │                 │IAS/US-GAAP基 │
                           │                 │準の免責連結財務│
                    ┌──────┴──────┐         │諸表の作成の可能性の│
                    │IAS/US-GAAP基 │         │法律上の枠組条件│
                    │準の選択権行使 │         └─────────────┘
                    └──────▲──────┘
                           │
                    ┌──────┴──────┐
                    │税務上の影響の排除│
                    └──────▲──────┘
                           │
                    ┌──────┴──────┐
                    │ドイツ商法基準の│
                    │連結財務諸表   │────────────────────┘
                    └─────────────┘
```

出典　Keun, F./Zillich, K., Internationalisierung der Rechnungslegung, IAS und US-GAAP im Wettbewerb, Wiesbaden, 2000, S. 78.

〈注〉
1．Gesetz zur Verbesserung der Wettbewebsfähigkeit deutscher Konzern an internationalen Kapitalgesellschaften und zur Erleichterung der Aufnahmes von Gesellschafterdalehen（Kapitalaufnahmeerleichterungsgesetz）am 20. April 1998. Gesetz zur-Kontrolle und Transparenz im Unternehmensbereich（KonTraG）am 27. April 1998.
2．Pellens, B., Internatioanale Rechnungslegung, 4. Aufl., Stuttgart 2001, S.564.

Havermann, H., Internationalisierung der deutschen Konzernrechnungslegung, in : Fischer, T. R./Hömberg., R., Jahresabschluß und Jaresabsclußprüfung, Festschrift zum Geburstag von Jörg Beatge, Düsseldorf 1997, S. 532. Küting. K. /von Garnier, S. Das Handelsbilanzrecht im Umbruch, in : Buchführung, Bilanz und Kostenrechnung, Nr. 6/2001, S281.
3．Deutscher Bundestag. BT-Drucksache 13/7141 vom 06. 03. 1997, S. 9.
4．Deutscher Bundestag, BT-Drucsache 13/9909 vom 12. 02. 1998, S. 10.
5．Pellens, B., a. a. O., S. 566.
6．7．8．Keun, F. /Zillich, K., Internationaliesung der Rchnungslegung, IAS und US -GAAP im Wettbewerb, Wiesbaden 2000, S. 60.　　9．Ebenda, S. 79.

第2節　ドイツ会計基準委員会と会計国際化への開放

1　商法典第342条によるドイツ会計基準委員会の創設

　ドイツの立法者は，商法典第292a条の免責条項が国際化対応として経過的な解決に過ぎないと考える一方において，2005年の商法改正に向けて，「連結会計法の新思考[1]」を構築する新しい会計基準設定機構の立ち上げが不可欠であるとの考えが出された。1998年の企業領域統制透明化法の成立は，そのための対応措置であった。この企業領域統制透明化法のなかで商法典第342条と第342a条が新設された。そして，具体的な内容として，商法典第342条の私的会計基準委員会（プライベートセクター）方式と商法典第342a条の公的会計基準審議会（パブリックセクター）方式のいずれかを選択することが措置された。この立法措置のもとで，現実に導入されたのが商法典第342条の私的会計基準委員会（プライベートセクター）方式であり，1998年に具体的にドイツ会計基準委員会が創設された。

　このドイツ会計基準委員会の創設のもとで，現在，第4-2表のようなドイツ会計基準が連邦法務省の公告（Bekanntmachung）を得て公表されている。

　ドイツ会計基準委員会の創設は，「ドイツ会計基準の設定権限を外国の基準設定機関に委譲してもよいのか[2]」といった危機感を背景とするとともに，1990年代はじめに起きた企業破綻事件を契機として，企業の財務内容について

第4章　適用会計基準の国際化への開放条項　　105

第4-2表　連邦法務省から公告されたドイツ会計基準の一覧

ドイツ会計基準第1号	商法典第292a条の免責連結財務諸表
ドイツ会計基準第1a号	商法典第292a条の免責連結財務諸表―暖簾,及びその他の無形固定資産財産価値
ドイツ会計基準第2号	キャッシュフロー計算書
ドイツ会計基準第3号	セグメント報告
ドイツ会計基準第4号	連結財務諸表におけるパーチェス法
ドイツ会計基準第5号	リスク報告
ドイツ会計基準第6号	中間財務報告
ドイツ会計基準第7号	連結自己資本及び連結損益
ドイツ会計基準第8号	連結財務諸表における関係会社持分の会計処理
ドイツ会計基準第9号	連結財務諸表における共同会社持分の会計処理
ドイツ会計基準第10号	連結財務諸表における潜在的租税
ドイツ会計基準第11号	関係当事者に関する報告
ドイツ会計基準第12号	無形固定資産財産価値
ドイツ会計基準第13号	会計処理の変更と継続性の原則

　透明性の高い情報開示をいかに行うべきかという議論をもう一つの背景として,「リスク管理システムや企業統制・監督・早期警戒システムの構築[3]」が投資家保護のために不可欠であるとする議論、さらには、EU域内におけるIAS/IFRS基準の強制適用をもとめた「2005年適応問題」への対応の必要のなかから具体化がなされたものである

　しかし、ドイツ会計基準委員会の立ち上げに関しては、そのこと自体がドイツ会計の国際化に向けた制度的装置として決定的に重要な出来事ではあったが、その創設をめぐっては、ドイツの国際化対応との関係で以下のような議論があったことも留意しておく必要がある。

　国際会計基準委員会（1998年当時）が各国内の基準設定主体との共同作業によって国際会計基準を形成することを要請していることから、ドイツもこれまで以上に国際的な基準設定の作業に参加していく必要があるが、このためにも、ドイツ会計基準委員会の役割は大きい。商法典第292a条の免責条項を設けた時限的な措置は当面の小さな解決に過ぎないが、ドイツ会計基準委員会の創設には、ドイツの連結会計法を国際基準に適応させ、一般に妥当な商法上の連結会計システムを構築するという大きな解決が期待されている[4]。だが、ド

イツ企業会計法が国際化への影響にもとづき開放される方向にあるとしても,そのことがアングロアメリカの会計基準を無条件に受け入れることであってはならず,ドイツの代表がドイツの国益を国際会計基準形成プロセスにおいて主張し,そのうえで,国際会計基準を国内基準に変換していくことを目標とすべきである[5]。

このようなドイツの議論は,ドイツがIAS基準適用の企業数で最大であるという事実を踏まえて考えると,IAS基準設定への参画にドイツの国益を主張する戦略的思考を採ることを求めたものとして注目してよい。この意味で,ドイツ会計基準委員会の創設が「ドイツ会計の復権を主張する最後のチャンス[6]」であるとさえ考えられたのである。

〈注〉
1. Keun, F. /Zilliche, K., Internationalisierung der Rechnungslegung, IAS und US-GAAP im Wettbewerbe, Wiesbaden 2000, S. 40.
2. Förschle, G. /Glaum, M. /Mandel. U., Internationale Rechnungslegung und Kapitalaufnahmereleichterungsgesetz–Meinungswandel bei Führungskräften deutscher Unternehmungen?, in : Der Betrieb, Heft 46/1998, s. 2287.
3. Keun, F. /Zilich, K., a. a. O., S. 40.
4. Pellens, B. /BonseA. /Gassen, J., Perspektiven der deutschen Konzernrechnungslegung, in : Der Betrieb, Heft16/1998, S. 739.
5. Schwarb, M., Der Standardsierungsvertrag für das DRSC —Eine Kritische Würdigung, in : Betriebs—Berater, Heft 14/1999, S. 732.
6. Havermann, H., Die letzte Chance der deutschen Rechnungslegung, in : KPMG Deutschland, Trends, Zeitschrift von KPMG Deutschland, Sommer 1998, S. 17.

2　会計の国際化対応に関する大企業の意識変化

1998年に成立した会計改革関連法の資本調達容易化法と企業領域統制透明化法がドイツの連結決算財務諸表の国際化への開放に向けて制度設計を行ったものとして注目されるが,その背景には,上場会社の会計行動における国際化への意識変化があった。

第4－3表は,上場会社の会計の国際化への行動に関する1997年の意識調

査[1]を行った結果を示したものである。それによれば,「ドイツ商法基準によった連結財務諸表を公表し,国際的に通用する決算書の一部か,または附属説明書報告を任意に追加的に公表している」と回答した割合は,「考慮中」が20％,「計画中」が11％,「実施済み」が40％であり,「ドイツ商法基準で連結財務諸表を作成・開示し,ドイツ商法基準に合致したIAS/US-GAAP基準を任意適用している」と回答した割合では,50％が否定の回答をしている。また,IAS基準か,US-GAAP基準か,適用内容を分けた場合の調査では,「IAS基準による連結財務諸表を単独またはデュアルに作成・開示しているか」について,「考慮中」が45％,「計画中」が24％,「実施済み」が13％と,82％が肯定的に回答している。これに対し,「US-GAAP基準による連結財務諸表を単独または調整表を付して作成・開示しているか」については,否定の回答が62％にのぼり,「考慮中」が26％,「計画中」が3％,「実施済み」が9％という回答であった。

第4-3表 国際的な会計基準へのドイツ企業の適応の状況（％）

	否定	考慮中	計画中	実施済み
調査事項①に対する回答	29	20	11	40
調査事項②に対する回答	50	29	6	15
調査事項③に対する回答	18	45	24	13
調査事項④に対する回答	62	26	30	9

調査項目の内容
①ドイツ商法基準で連結財務諸表を作成・開示し,国際的に適用する財務諸表の一部か,または附属説明書を任意に追加的に開示しているか。
②ドイツ商法基準で連結財務諸表を作成・開示し,ドイツ商法基準に合致したIAS/US-GAAP基準を任意適用しているか。
③IAS基準による連結財務諸表を単独またはデュアルに作成・開示しているか。
④US-GAAP基準で連結財務諸表を単独かまたは調整表を付して作成・開示しているか。

出典）Förschle, G./Glaum, M./Mandler, U., Internationale Rechnungslegung und Kapitalaufnahmeerleicherunngsgesetz, in : Der Betrieb, Heft 46/1998, S. 2284. から作成したものである。

このように，ドイツ上場会社の意識調査からは，1997年時点で，明白に国際化シフトを見て取ることができる。しかも，ドイツの大企業がこの国際化シフトをどう展望しているかを見てみると，第4-1図のように，IAS基準適用が69%であるのに対し，US-GAAP基準適用が13%，ドイツ商法基準適用が18%であった。US-GAAP基準適用よりもIAS基準適用の方が多いことが分かるとともに，ドイツ商法基準適用が18%に過ぎなかったことからを考え合わせると，ドイツ上場会社の意識は，IAS基準にもとづく国際化シフトを重視した「ドイツの企業会計法の開放の必要性と緊急性[2]（Notwendigkeit und Dringlichkeit einer Öffnnung des deutschen Bilanzrechts)」が調査の時点（1997年）で強かったことが窺える。

この調査の結果を見る限り，ドイツ商法基準を堅持すべきであるとの回答が1994年の24%から1997年の3%に激減し，連結財務諸表についてドイツ商法基準，IAS基準，US-GAAP基準の選択適用とすべきであるとしているのが1994年の46%から1997年の68%へと上昇している点が注目すべき意識の変化である。

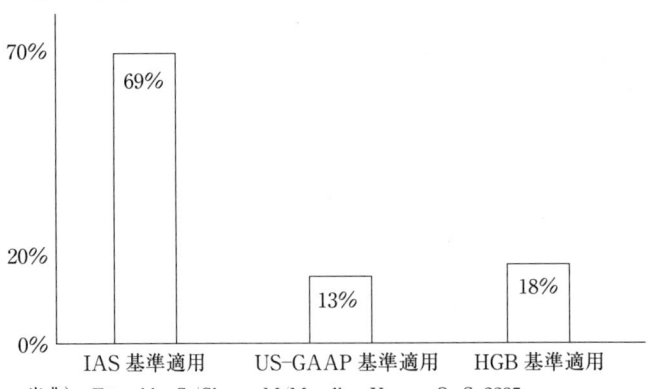

第4-1図　ドイツ上場会社の適用会計基準（1997年調査）

会計基準	適用率
IAS基準適用	69%
US-GAAP基準適用	13%
HGB基準適用	18%

出典）Förschle, G./Glaum. M/Mandler, U., a. a. O., S. 2285.

第4-2図 資本調達容易化法（草案）に対する批判

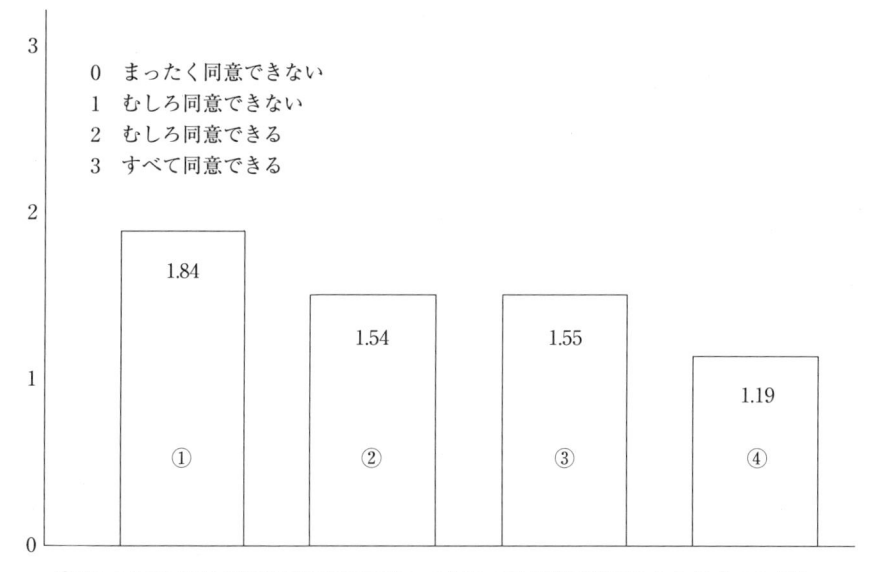

0 まったく同意できない
1 むしろ同意できない
2 むしろ同意できる
3 すべて同意できる

① 1.84
② 1.54
③ 1.55
④ 1.19

①US-GAAP基準の連結財務諸表に関して外国の基準設定機関によりドイツの立法者がその基準設定権限を喪失し、ドイツの機関がなんらの影響も行使できない。
②アングロサクソンの規範への連結財務諸表の開放が長期的には単独財務諸表にも及び、企業課税に対してもマイナスに作用する。
③商法基準の連結財務諸表の免責を望むのではなく、すべての企業に対して義務的な連結財務諸表規定の基本的な改正を期待する。
④IAS基準の連結財務諸表のために商法基準の免責を望んでいる。
出典）Föschle, G. /Glaum, M. /Mandler, U., a. a. O., S. 2286.

さらに、第4-2図によれば、資本調達容易化法（調査当時の1997年は草案段階であった）の免責条項（IAS/US-GAAP基準による連結財務諸表の作成を容認）に関する賛否の意識調査では、80％がこの時限的な特例措置に賛成する回答が示されていた[3]。このことから、資本調達容易化法（草案）にもとづく開放条項（商法典第292a条）による国際化への選択的な対応がドイツの上場会社によって支持されていたことが分かる。しかし、その一方で、「外国の基準設定機関への法設定権限の委譲[4]（Verlagerung des Rechtssetzungskompetenz auf einer ausländischen Standard Setter)」がなされることに大企業の懸念が見られ

たことも大きな特徴的であった。

〈注〉
1. Förschle, G. /Glaum, M. /Mandler, U., Internationale Rechnungslegung und Kapitalaufnahmeerleichterungsgesetz, in : Der Betrieb, Heft 6/1998, S. 2284ff.
2. Keun F. /Zillich, K., Internationalisierung der Rechnungslegung. IAS und US-GAAP im Wettbewerb Wiesbaden 2000, S. 46.
3. 4. Förschle, G. /Glaum, M. /Mandler, U., a. a. O., S. 2286.

第3節　ドイツ会計基準委員会の権限と役割

1　ドイツ会計基準委員会の基準設定約款

ドイツ会計基準委員会がドイツ会計の「歴史的モニュメント[1]」であったが, その一方で, 基準設定約款 (Standardsierungsvertrag) のなかに, ①委員会の人的構成, ②委員会の財政, ③国際機関でのドイツ代表といったドイツ会計基準委員会の主体性に係る3つの論点が内在していた。

第一に, 基準設定の約款でユーザーを含めた利害関係を配慮しているにもかかわらず, 委員構成が独立した会計人とされているだけで, ユーザーである証券アナリストや投資銀行の代表が入っていないし, また, 債権者, 株主の利害関係を代表する者も入っておらず, これでは一般的な承認性に欠けるのではないか[2]。一般的承認性というからには基準形成に関わるすべての利害関係者の代表が入るべきである[3]。これに対し, 審議が煩瑣となるので, むしろ, 基準設定プロセスへの利害関係者の意見がデュープロセスによって反映させることが保証されており, 利害関係者からの影響を受けることよりも名誉職として委員が独立性の高い役割を果たすことの方がもっとより重要である[4]。

第二に, 委員会の趣旨に賛同する個人及び団体の会費によるとされているが, この点については, 米国のように, 大手監査法人, 大企業から資金需要を賄うことになれば, これでは, 具体的な基準設定がこれら資金提供者からの影響を大きく受けることがなるのではないか[5]。その対応策として, 英国では,

第4章　適用会計基準の国際化への開放条項　　*111*

会計基準審議会（Accounting Standards Board/ASB）の財政は，政府，職業団体，証券取引所・銀行からのそれぞれ3分の1ずつの負担で賄われている。ドイツの場合も，会計基準設定者の立法府からの補助金の交付ということも考えられるが，この場合にも，立法府の影響がつよく受けることが考えられ，現行の会員・会費制になったというのである[6]。

第三に，国際機関でのドイツ代表について，ドイツの主張を行い，アングロアメリカの主張に沿った基準設定を受け入れるべきか否かはドイツ国内レベルでの政治化過程で決定されるべきであって，ドイツの主張が完全には実施できないケースでの可能な行動について，基準設定約款において解決提案に向けたなんらの改善が盛り込んでおく必要があるのでないかといった議論があった[7]。

以上の点は，ドイツの国際化への主体的な対応という意味で重要な論点である。これらの論点は，それ自体がプライベートセクターとしての主体性を明らかにしているものであるが，しかしながら，ドイツ会計基準委員会に基準設定権限が米国のように委譲されていることを意味するものでない。ドイツ会計基準委員会が連邦法務省の立法行為に対し勧告を行う機関に過ぎず，この意味で，ハイブリッド方式の基準設定システムの一翼を担っていると考えられるのである。

〈注〉
1．DRSC webside, Presseerklärung aus Anlaß der Einsetzung der Standardsierungsrates durch den Verwaltungsrat, vom 15. Mai 1998.
2．Pellens, B., Internationale Rechnungslegung, 4. Aufl., Stuttgart 2001, S541.
3．「一般的承認性」について，ドイツの場合には，GoB（正規の簿記の諸原則）としての承認性である（Schildbach, T., Rechnungslegung nach US-GAAP-Fortschritt für Deutschland, in : Ballwieser, W./Schildbach, T., Rechnungslegung und Steuern international, Zeitschrift für betriebswirtschaftliche Forschung, Sonnderheft 40/1998, S. 8.)。
4．Pellens, B. a. a. O., S. 541-547. Hayn, S. /Zündorf, H., Eine kritische Analyse der Anforderungen an das DRSC im internationale Vergleich, In : Küting, K. /Langenbucher, G., Internationale Rechnungslegung, Festschrift für Claus-Peter Weber zum 60. Geburstag, Stuttgart 1999, S. 486. Zitzelsberger, S., Überlegungen zur

Einrichtung eines internationalen Rechnungslegungsgremiums in Deutschland, in : Die Wirtschaftsprüfung, Nr. 7/1998, S. 253. Biener, H., Die Standardsierung als neue Möglichekeit zur Fortentwicklung der Rechnungslegung, in : Küting, K. /Lanenbucher, G., a. a, O., S. 455.
5．Pellens, B. /Bonse, A. /Gassen, J., Perspektiven des deutschen Konzernrechnungslgung, in : Der Betrieb, Heft 16/ 1998, S. 790.
6．Biener, H., Fachnormen statt Rechtsnormen-Ein Beitrag zur Deregulierung der Rechnungslegung, in : Ballwieser, W. /Moxter, A. /Nonnenmachter, K., Rechnungslegung-warum und wie, Festschrift für Hermann Clemm zur 70. Geburstag, München 1996, S. 74.
7．Schwab, M., Der Standardsierungsvertrag für das DRSC, in : Betriebs-Berater., Heft 14/1999, S. 786-788.

2　ドイツ会計基準委員会の権限と役割をめぐる議論

　ドイツ会計基準委員会は，その創設がプライベートセクターとしてドイツ会計の復権を主張する最後のチャンスであったが，その一方において，つぎのような内在的な論点が議論されている。

　第一は，ドイツにおいても，概念フレームワークの構築ができないかという論点である。ドイツ会計基準委員会は，連結会計に関する諸原則を開発し，それを連邦法務省に勧告する任務を与えられてはいるが，そのことを行うためには，ドイツ会計基準委員会の活動の指針として，US-GAAP基準やIAS基準のように，概念フレームワークをドイツ会計基準委員会がつくるという役割を入れる必要があるのではないかということである。しかし，ドイツ会計基準委員会が概念フレームワークをつくることには憲法上の疑義があってできない。とすれば，ドイツ会計基準委員会の協力を得て，法律に根拠をおいた概念フレームワークを設定する途が可能ではないか。概念フレームワークの開発ができなければ，ドイツ会計基準委員会の失墜に繋がりかねないというのである[1]。この概念フレームワークについては，2002年にドイツ会計基準委員会から「概念フレームワーク公開草案[2]」が公表された。

　第二は，「自己規制機能と立法者の法制定権限[3]」をどのように考えるべきかという論点である。ドイツ会計基準委員会はFASB（米国財務会計基準審議

会）や IASC/IASB（国際会計基準委員会/国際会計基準理事会）と同様に会計人により組織された自己規制機関（Selbstverwaltungsorgan）として設立され，ドイツ会計基準を形成する任務に携わっているが，そのことがドイツの場合にアングロアメリカ方式の基準設定と同じような自己形成を指向するものかどうかということである。ドイツの憲法秩序に照らして妥当なものなのか留意する必要があるのではないか。アングロアメリカはコモンローの国であるが，ドイツのようなローマ法体系に属している国にあって，アングロアメリカを範例とすることでよいのか。成文法の国では，会計基準は，私法により組織された機関から命令されるのではなく，むしろ立法府の法制定権限（Rechtset-zungsbefügnis beim Gesetzgeber）によらねばならないが，私法により組織された機関の勧告に一般的承認性を付与して拘束力をもたせることはドイツの法秩序に合致していない。そのため，商法典第342条2項が規定している正当性の推定（Richtigkeitsvermutung）そのものが問題視される。このため，商法典第342条2項の正当性の推定の効果を立法府がどう考えているかを明らかにしたうえで，アングロアメリカと違ったドイツの憲法秩序に適合した会計基準形成を図るべきであるというのである[4]。

　第三は，「ドイツ会計基準の開発と適用の勧告の性格[5]」というものをどう捉えるかという論点である。ドイツ会計基準の開発が連結財務諸表に関する原則に限定されている。しかし，この限定の仕方は，IASC/IASBの場での国際的な基準設定に合わせたものではあるが，ドイツ会計基準委員会の任務のあり方に関し，そのことが最も大きな争点となっている。ドイツ会計基準は上場している親会社に適用されるものであるが，その開発が単独財務諸表にまで拡大されることになれば，商法確定決算基準（商事貸借対照表の税務貸借対照表に対する基準性）にも大きな影響を与えるのではないか。そのうえ，連結財務諸表に関する原則は，正規の簿記の諸原則（GoB）の性格をもっていないため，商法典第292a条にもとづき目的適合的であるに過ぎないのではないか。つまり，商法典第342条2項によれば，ドイツ会計基準委員会の勧告の連邦法務省による公告が必要であり，この公告の後にはじめて連結財務諸表に関する正規の簿

記の諸原則（Gundsätze ordnungsmäßiger Konzernabschluß/GoK）の遵守が推定され得る。したがって，ドイツ会計基準の正当性の推定は，ドイツ会計基準委員会の勧告が連邦法務省から公告されることを必要としている。しかし，このことは，公告された勧告が商法典第292a条の枠組みのなかで行われている場合，法規命令（Rechtsverrodnung）の性格を有するということに過ぎず，ドイツの法秩序にもとづけば，ドイツ会計基準委員会の勧告が正当かつ適法的で，正規の連結決算の処理であるかどうかを決定する権限は裁判所にある。このため，連邦法務省がドイツ会計基準委員会の勧告を公告する機能を有するとしても，正当性の推定を解放することができない[6]。

　第四は，「ドイツ会計基準委員会の行動に制限[7]」を受けているという論点である。ドイツ会計基準委員会の行動は，商法典第292a条の枠組みに限定して認められているに過ぎない。つまり，ドイツ会計基準委員会の勧告は，国際的な会計基準を国内基準に変換させるだけのものであって，新展開を目指したものではなく，連結財務諸表の国内基準を国際基準に適応させるべく，IAS/US-GAAP基準に自動的に国内基準を合わせ変更することは難かしいということである。例えば，外貨換算会計やストックオプション会計など，いまだに規準化されていない取引事象に関する解釈がこれまでコメンタールや利害関係団体の意見書によってきたが，今後は，ドイツ会計基準委員会で審議されることになるが，そのことが正当性の推定と見なされるのかどうか。ドイツ経済監査士協会がドイツ会計基準委員会に対し，国際的に承認された会計規範を解釈し，特殊なドイツ法上及び経済上の条件に適応させるという権限を付与しようと考えているが，国際会計基準（IAS）第1号によれば，国際会計基準を国内解釈することは許容されない[8]。

　第五は，ドイツを代表するとされる「ドイツ会計基準委員会に権限が欠如[9]」しているという論点である。国際的な基準設定機関で代表するというドイツ会計基準委員会の任務があり，ドイツの国益を代表して，国際会計基準の形成の場に参画していくべきであるが，ただし，参画して開発した提案をドイツ会計基準委員会の勧告によってドイツの企業会計法に変換することを，ドイ

ツ会計基準委員会の任務として保証することはできないということである。ドイツ会計基準委員会の勧告は，連邦法務省の公告によっても憲法上の理由から法的拘束力を有する規範としての性格を持たないし，また，現存の正規の簿記の諸原則（GoB）との一致に関する決定を行うこともドイツ会計基準委員会には出来ない。ドイツ会計基準委員会の作用は，新しい規準についての議論に貢献するという任務（Diskussionsbeiträge）に限定されており，ドイツ会計基準委員会には権限のある地位が欠けているというのである[10]。

　第六は，ドイツ会計基準委員会の触媒機能（Katalysatorfunktion）という論点である。ドイツ会計基準委員会の任務が端役（Statistenrolle）となることを避けるためには任務を広義に捕捉できないかということである。ドイツの会計の一般及び包括的な改革というものが資本市場における投資家の保護を立つアングロアメリカを先例としているが，ドイツ会計基準委員会は，EC指令の枠組みのなかで活動すべきではないか。そのためには，ドイツ会計基準委員会のさらなる任務として，EC第4号及び第7号会計指令の変更，解釈または廃止のための提案を示すことにあるとすべきである。そして，他のEU諸国の各国の基準設定機関から成るヨーロッパ会計基準設定機関を設立することが考えられるべきではないか。このヨーロッパ会計基準設定機関によってEU指令が適応されるか，あるいはヨーロッパ会計原則を開発することができ，このなかで，ドイツ会計基準委員会が強い影響力を発揮して，ドイツの国益を代表することができるというのである[11]。

　第七は，「ドイツ会計基準が開放性と差別化[12]」の二面性を有しているという論点である。ドイツ会計基準委員会は，連結財務諸表に限定した任務を有しているため，連結財務諸表を単独財務諸表から切り離すには，商法典第298条の削除が可能であるかどうかを検討すべきではないか。そうすれば，ドイツ会計基準委員会は，商法確定決算基準や債権者保護原則の問題を考慮せずに，資本市場の利害を指向した連結財務諸表に関する権限を付与されており，商法確定決算基準に関しては立法者の権限領域のなかに存している。この結果，ドイツ会計基準委員会が完全に新しい企業会計法を形成する任務にもとづき，情報

提供機能を指向した法律上に根拠をおくフレームワークのなかで新しい会計原則を設けることができるとした場合,そのような会計原則の形成がすべての企業を適用の対象とすべきかどうかということが問題となる。とくに,中小会社では税務上の及び利益処分の意思決定に指向した財務諸表を作成するとしても,投資家指向の財務諸表は必要ではない。このように考えれば,情報提供機能を指向した新しい会計システムというものは,上場会社に限定して資本市場法(証券取引法)のなかで設定されるべきであり,上場会社では,商法確定決算基準に係わる単独財務諸表の商法規制と連結財務諸表に係わる資本市場法(証券取引法)規制との差別化を図り,非上場の会社に関しては,税務上と商法上の目的を達成する単一の財務諸表を堅持することが考えられる。この意味で,ドイツ会計基準委員会は,商法規制の枠組みでなく,資本市場法(証券取引法)のなかで国際化の対応を展開すべきであると考えられている[13]。

〈注〉
1. Pellens, B., Internationale Rechnungslegung, 4. Aufl., Stuttgart 2001, S. 573.
2. Deutscher Standardsierungsrat, Entwurf Grundsätze ordnungsmäßiger Rechnungslegung (Rahmen-Konzept), 10. Oktober 2002.
3. Biener, H.,Fachnormen statt Rechtsnormen-Ein Beitrag zur Deregulierung der Rechnungslegung, in : Ballwieser, W., Rechnungslegung, Festschrift zum 70. Geburstag von Hermann Clemm, München 1996, S. 53.
4. 5. Keun, F. /Zillich, K., Internationalisierng der Rechnungslegung, IAS und US-GAAP im Wettbewerb, Wiesbaden 2000, S. 57.
6. Ebenda , S.59. Budde W. D. /Steuber, E., Verfassungsrechtliche Voraussetzungen zur Transformation internationaler Rechnungslegungsgrundsätze, in : Deutsches Steuerrecht, Nr. 13/1998, S. 2.　　7. Keun, F. /Zilich, K., a. a. O S. 59.
8. Schildbach, T., Das　private Rechnungslegunggremiun gemäß §342 HGB und die Zukunft der Rechnungslegung in Deutschland, in : Der Betrieb, Heft13/1999, S. 646.
9. 10. Keun, F. /Zillich, K., a. a. O., S. 60.
11. 12. 13. Ebenda, S.61-62. なお,立法当局者であったBiener, H.によれば,ドイツ会計基準委員会が立法者から独立した機関として設置されたことの意味は,商法確定決算基準から離れて,会計基準形成を図ることができるようになった点にある(Biener, H., a. a. O., S. 74.)。

3 ドイツ会計基準委員会の役割と「2005年適応問題」

ドイツ会計基準委員会の法的な枠組み条件が1998年の企業領域統制透明化法によって形づくられ，その組織構成とデュープロセスは，IASCやFASBを模したものであったが，しかし，ドイツ会計基準委員会の任務・役割が限定的でもので，連結会計についての適用勧告（Anwendungsempfehlungen）については，US-GAAP基準のような拘束力を有した性格をもつものではなく，勧告が連邦法務省の公告によって「事実上の拘束の効果[1]」を獲得したに過ぎなかった。しかも，ドイツ会計基準委員会の任務・役割を考える場合に留意しておく必要があるのは，EU域内におけるIAS/IFRS基準の適用を2005年以降に行うとしたEU命令にドイツ企業会計法をいかに適応させていくかという「2005年適応問題」があるという点である。

ドイツ会計基準委員会の任務は，①ドイツの連結会計への国際基準の変換，②規準のない事象の解釈，③連邦法務省への助言機能に関するもので，2004年までに解決を図ろうとする立法府の期待を背景にしたものではある。しかし，連結財務諸表に限定されるものではなく，単独財務諸表の規定にまで及ぶのではないか，また，会計国際化が資本市場指向の上場会社だけでなく，非資本市場指向の中小会社にも対象が広がる「吸引作用[2]」があるのではないか，といった懸念がある。さらに，ドイツ会計基準委員会が連結財務諸表と単独財務諸表の完全な分離を図るかたちで企業会計法の改革案を提出することも可能であるとしても，ドイツの会社は，企業グループを形成していないが，上場会社であるということもあるため，商法確定決算基準の外にも資本市場指向の財務諸表を作成しなければならなくなることも考えられる。単独財務諸表と連結財務諸表の分離という解決が長期的に妥当であるかどうかについても検討の余地が残る。そのうえ，グループ企業にとって単独財務諸表と連結財務諸表の厳格な分離も難しいため，長期的な解決というものを考えれば，単独財務諸表と連結財務諸表の差別化に向かうものではないかもしれない。また，情報提供を目指した財務諸表の機能を前面に据える方向にあるのではないか。

企業会計法の方向がすべての企業にとって同じであるというものではない。

多くの中小会社の利害関係にも応えるためには，国際的な慣習にも合致した上場会社に対してだけ，情報提供の財務諸表を限定することも考えられる。この結果，単独財務諸表と連結財務諸表，単独財務諸表とと税務上の所得計算の間にある会計システムが崩壊することは避けがたいとを考えれば，会計システムの目的が違っていれば，すべてが同じ基準にもとづくことはできない[3]。

ドイツの「2005年適応問題」は，国内法の対応としたドイツ企業会計法の改革に繋がっていると考えられている。しかし同時に，ドイツ企業会計法の改革のもう一つの重要な論点として，ドイツの改革がEU指令の枠組みのなかで行われるべきであるということであり，具体的には，ドイツ会計基準委員会の代表機能（Vertretungsfunktion）として，つぎのような論点が提起されている。

ドイツ会計基準委員会は，EC第4号及び第7号指令の変更または解釈に関する提案を行うことができ，これに関連して，ドイツ会計基準委員会が強い影響力を発揮して，ドイツの国益をいっそう実現することができるヨーロッパ基準設定機関の立ち上げというものに大きなメリットがあるのではないか。さらに，IOSCO（国際証券取引監督者機構）が世界の主要な証券取引所における上場認可の基準としてIAS基準を採用しようと考えていることがドイツ代表としてのドイツ会計基準委員会にとっての課題となっているが，IAS基準の開発のプロセスへの可能な限りの影響を考慮に入れて，ヨーロッパ委員会もまたIAS基準の側に立つ必要があるのではないか。しかし，その一方で，IASCは，IOSCOの承認のための前提となるコアスタンダードを策定しているが，IOSCOが承認するかどうか，またその時期が何時かということは，IOSCOのなかで重要な立場を占めている米国のSECの判断にかかっている。つまり，IOSCOがIAS基準を承認したとしても，上場認可の基準としてIAS基準をコアスタンダードとしてIOSCOの加盟国が受け入れることが義務づけられているわけでもないから，米国の資本市場での上場認可の前提条件としてIAS基準の部分的な承認が行われるよう米国のSECに対し加盟国が圧力をかけたとしても，US-GAAP基準をベースとして連結財務諸表を作成することが要求されているため，ドイツ企業は，米国市場に上場する際には追加的な報告を必要

とされる。ドイツ会計基準委員会の影響力の可能性もまたこのことにかかっている。ドイツ会計基準委員会がどの程度に代表機能を果たし得るか現在のところ判断することが難しいが，ドイツを全体として代表する基準設定機関としてドイツ会計基準委員会が創設され，アングロアメリカのG4＋1に対抗できるヨーロッパの敵対者が立ち上がったが，しかし，ドイツ会計基準委員会の影響力がどこまで作用するかは，国際的な力関係の問題であり，このため，アメリカの資本市場が世界のなかで重要な地位を占めている限り，アングロアメリカの思考が支配的な力関係を有しており，IAS基準が世界基準となるためには，アメリカの思考へいっそう接近していくこたとが考えられる。この点，IAS基準の適用を支持するヨーロッパ委員会の意思決定が正しいかどうかが問われることになる。だが，IAS基準のUS-GAAP基準への接近が妥当でないことも考えられるのではないか[4]。

ドイツでは，このように，IAS基準とUS-GAAP基準の競争優位性をドイツの国益から捉えなおし，「ますます存在感のなくなっているドイツ会計の再生のチャンス[5]」と考えようとしているのである。2001年にIASCの機構改革を経てIASBが発足したが，その設立趣旨が調和化から統一化への世界会計基準の形成にあるとされ，このための基準開発・設定をめぐる国際競争が新たに展開されている。ドイツの「2005年適応問題」もこの国際競争を展望したものと捉えられるべきである。

〈注〉
1．2．3．Keun, F./Zillich, K. Internationalisierung der Rechnungslegung, IAS und US-GAAP im Wettbewerb, Wiesbaden 2000, S. 92.　　4．Ebenda. S. 92-93.
5．Ebenda. S. 93-95.

第5章

ドイツ商法会計規範の将来像

―適用会計基準の混成システムのパラダイム転換―

はじめに

　ドイツ会計の現在の焦点は，「資本市場のグローバル化を背景としたドイツとヨーロッパにおける会計国際化をめぐる議論[1]」を経て，2005年1月1日以降に EU 命令に適応して IAS/IFRS 基準の導入をいかに具体実施し，「IAS/IFRS 基準の適用によって国際的に比較可能かつ質の高い価値を有するドイツの財務諸表を実現する[2]」ということにある。すでに，ドイツの上場会社の会計国際化行動のなかで，1998年商法改正で新設された免責条項（商法典第292a条）を適用した IAS/US-GAAP 基準準拠の連結財務諸表の作成・開示の会計行動の展開が広がっている。

　　「急激な変革状況にあるドイツの大会社は，資本市場のグローバルな連携とアングロサクソン圏からの影響を強く受けて，商法基準の連結財務諸表から離脱し，資本市場指向の国際的に認められた原則に準拠した財務諸表を作成してきた[3]」。

　しかし，問題は，この事態を「ドイツ会計のパラダイム転換[4]」と受け止めて，2005年1月1日以降の「ドイツ会計の将来像[5]」をどのように描く方向に進んでいるのかという点にある。換言すれば，ドイツ会計の将来像の描き方において，「会計と法治国[6]〈Rechnungslegung und Rechtsstaat〉」のドイツの視点から見た「IAS 基準の受け入れなのか，商法典の改革なのか[7]」といった点がより本質的な論点となっている。

　ドイツ会計を考える際に重要な論点は，財務諸表の属性を意思決定有用性と処分利益利害調整という2つの視点から捉えなければならないということであ

る。いま，ドイツ会計にそのパラダイム転換を迫っているのは，前者の意思決定有用性の視点から，ドイツ会計に IAS/US-GAAP 基準への適応を迫っているとうことであり，この限りで，資本市場指向の財務諸表の情報属性に係わって IAS/US-GAAP 基準がグローバルスタンダードとなっているのである。

　本章は，ドイツ上場会社の会計行動が IAS/IFRS 基準と US-GAAP 基準による国際化シフトをつよめてきた事実を確かめるとともに，2005年1月1日以降，EU 域内で IAS/IFRS 基準の適用をもとめた EU 命令の国内化作業のなかで，ドイツ会計が商法基準と IAS/US-GAAP 基準の混成システムの現状に対して，どのような将来像を描こうとしているのか，このことの論点整理を行うものである。その際，意思決定有用性の視点を重視する方向性のなかで，処分利益利害調整の視点がどのように考えられているのか，この点についても考察していくことが重要である。

〈注〉
1. Gehrimger, A., Die Prüfungbefreiender Konzernabschlüsse, in : Die Wirtschaftsprüfung, Nr. 16/2003, S. 849.
2. Bruns, H-G. International vergleichbare und qualitative hochwetige deutsche Jahresabschlüsse durch Anwendung der IAS/IFRS, in : Zeitschrift für betriebswirtschaftliche Forschung, Heft 54/2002, S. 173.
3. Ernst, E., Internationale Harmonisierung der Rechnungslegung und Ihre Fortentwicklung-Anforderungen an börsennotierte Großkonzern in Deutschland, in : Zeitschrift für betriebswirtschaftliche Forschung, Heft 54/2002, S. 189.
4. Busse von Colbe, W., Die deutsche Rechnungslegung vor einem Paradigmawechsel, in : Zeitschrift für betriebswirtschaftliche Forschung, Heft 54/2002, S. 159-172.
5. Kahle, H., Zur Zukunft der Rechnungslegung in Deutischland : IAS im Einzel-und Konzernabschluß, in : Die Wirtschaftsprüfung, Heft 6/2003, S. 262.
6. 7. Zeitler, F-C., Rechnungslegung und Rechtsstaat-Übernahme der IAS oder Reform des HGB?. in : Der Betrieb, Heft 9/2003, S. 1129.

第1節　国際化対応のなかでの適用会計基準の特徴

1　IAS/IFRS 基準適用の最大のユーザー国としてのドイツ

　ドイツ上場会社の連結財務諸表の国際化対応における特徴点の1つは，会計国際化を「市場コミュニケーションの手段[1]（Instrument der Marktkommunikation）」として捉えた場合，ドイツが連結財務諸表の情報属性に関しIAS／IFRS 基準適用の最大のユーザー国であるという事実である。IASC/IASBのホームページ掲載のデータによって，G4（アメリカ，イギリス，カナダ，オーストラリア）とEU（ドイツ，フランス，イタリア，ベルギー，オランダ，ルクセンブルク，デンマーク）のIAS基準の適用件数を概観すると，第5-1表の通りである。カナダ以外のG4のIAS基準の適用が極めて少なく，2000年5月現在で54社（このうち，カナダが45社）であることに気付く。これに対し，EUのIAS基準適用は，2000年5月現在で240社にのぼっており，なかで

第5-1表　G4 と EU の IAS 基準の適用状況

国別	1997年10月	2000年5月
アメリカ	4	2
イギリス	3	1
カナダ	34	45
オーストラリア	4	6
G4　計	45	54
ドイツ	10	161
フランス	32	34
イタリア	11	19
ベルギー	3	5
オランダ	2	4
ルクセンブルグ	5	5
デンマーク	2	12
EU 7 カ国　計	65	240

出典）IASCのホームページの所載データから作成した。

も，ドイツは161社とIAS基準の最大のユーザー国であることが分かる。このデーターを見る限り，IAS基準適用をめぐって，G4よりもEUの方がIAS基準適用のユーザーとして関心が当然高いということが明らかとなっている。しかも，EUのなかでもドイツ（161社）の適用件数が群を抜いて多いことが特徴的である。また，IFRS基準完全適用の状況をG4とEUについて見てみても，2002年11月現在で，G4のアメリカ，イギリスの2カ国はゼロであり，カナダ1社，ニュージーランド1社であった。これに対し，EUのドイツ，フランス，イタリア，ベルギー，オランダ，デンマークの適用数が75社と多かった。なかでも，ドイツのIFRS基準の適用会社数は，66社と群を抜いている。このことから，ドイツがIAS/IFRS基準適用の最大のユーザー国であることが確認できる。

　しかも，IAS/IFRS基準を国内基準として適用することを許容している国とそのことを否認している国をIASC/IASBのホームページのデータから見てみると，第5-2表のように，アメリカ，カナダ，イギリス，オーストラリアのG4は，IAS/IFRS基準設定の主導権を有しているが，現在は自国の会計基準の方がIAS基準よりも優れているとの考えからか，IAS/IFRS基準を未承認としているのに対し，EUのドイツ，イタリア，デンマーク，オランダ，ベルギー，ルクセンブルクはIAS/IFRS基準の適用を認めている（イギリスとフランスは否認国であるが，2005年以降は，IAS/IFRS基準の強制適用となる）。

　以上から明らかなように，IAS/IFRS基準適用を上場会社に強制することがイギリス，フランスを含めたEUで2005年1月1日からいっせいに始まる一方において，G4は，IAS/IFRS基準設定における主導国であるにもかかわらず，IAS/IFRS基準未承認国であり，IAS/IFRS基準の適用会社数も少ない。このような状況のなかで，EU域内における2005年1月1日以降の強制適用への対応にドイツ企業会計法の現代化へのチャンスと捉える取組みがなされている。

　だが，ここで重要なのは，ドイツがIAS/IFRS基準適用の最大のユーザー国であるという現実をどう見るかといったことである。IAS/IFRS基準適用いう現実は，ドイツの上場会社の連結財務諸表の意思決定有用性と比較可能性の情

第5-2表 G4とEUのIFRS基準の完全適用の状況

国別	2001年2月	2002年2月	2002年11月
アメリカ	—	—	—
イギリス	—	—	—
カナダ	—	1	1
ニュージーランド	1	1	1
G4 計	1	2	2
ドイツ	55	63	66
フランス	1	2	2
イタリア	—	—	1
ベルギー	2	2	2
オランダ	3	3	4
デンマーク	—	—	—
EU 6カ国 計	61	71	75

出典）IASB のホームページの所載データから作成した。

報属性がIAS/US-GAAP基準に適応していることに過ぎない。この限りで，IAS/IFRS基準適用のEU命令の国内化がドイツの上場・非上場の会社の財務諸表の情報属性と処分利益属性を含めた全体としての適用会計基準の混成システムの根幹にまで影響が及ぶのかどうかということが問題の核心部分である。

2 ドイツの国際化対応における適用会計基準の混成システム

ドイツ株式取引所公表のデータにもとづき，2001年現在のドイツ上場会社の適用会計基準を取引区分から見てみると，第5-3表の通りである。DAX30社の商法基準適用会社が5社であり，MDAX70社では，34社，SMAX137社では，109社となっている。これに対し，IAS基準適用会社では，DAX30社のうち16社，MDAX70社のうち23社，SMAX137社のうち22社であった。また，US-GAAP基準適用会社では，DAX30社のうち9社，MDAX70社のうち13社，SMAX137社のうち6社であった。

また，同じ2001年に関する別の調査の第5-4表でも，DAX30社のうち商法基準適用会社が2社，IFRS基準適用会社が17社，US-GAAP基準適用会社が

第5-3表 取引区分別の適用会計基準の状況（2001年）

適用会計基準	DAX	MDAX	SMAX	Neuer Markt
商法基準	5	34	109	0
IAS基準	16	23	22	171
US—GAAP基準	9	13	6	155
計	30	70	137	326

出典）ドイツ株式取引所のホームページの所載データから作成した。

第5-4表 ドイツ上場会社の適用会社基準（2001年度）

取引区分	商法基準	IFRS基準	US—GAAP基準	合計
DAX	2	17	11	30
MDAX	36	22	12	70
NEMAX50	0	20	30	50
SMAX	45	23	5	73
その他	28	28	21	77
合計	111	110	79	300

出典）Küting, K./Zwirner, C., Latente Steuern in der Unternehmenspraxis, in：Die Wirtschaftsprüfung, Heft 7/2003, S.306.

11社であり，MDAX70社では，商法基準適用会社が36社，IFRS基準適用会社が22社，US-GAAP基準適用会社が12社，NEMAX50社では，商法基準適用会社がゼロ，IFRS基準適用会社が20社，US-GAAP基準適用会社が30社，SMAX73社では，商法基準適用会社が45社，IFRS基準適用会社が23社，US-GAAP基準適用会社が5社であった。さらに，その他の77社では，商法基準適用会社が28社，IFRS基準適用会社が28社，US-GAAP基準適用会社が21社であった。この結果，全体の300社中，商法基準適用会社が111社，IFRS基準適用会社が110社，US-GAAP基準適用会社が79社という内容であった。

この取引区分別の2つのデーターから分かるように，DAX30社では，商法基準適用会社が少なく，反対に，IAS/US-GAAP基準適用会社が多く，全体でみても，上場会社の規模が大きいほどIAS/US-GAAP基準適用にシフトし

ている。しかも，US-GAAP基準よりもIAS基準に適用件数が傾いている。このIAS基準シフトは，DAX30社についいて1997年から1999年のデータによっても明らかであった（第5-5表）。商法基準適用が1997年の70％から1999年の27％に減少しているのに対し，US-GAAP基準適用が1997年の10％から1999年の23％に，さらにIAS基準適用は1997年の20％から1999年の50％へと増加している。

さらに，ドイツ株式取引所のデータによれば，新興ベンチャー企業向けの市場（Neuer Markt）では，326社のなかで，商法基準適用会社がゼロであり，IAS基準適用会社が171社，US-GAAP基準適用会社が155社であった。

第5-5表　DAX30社の適用会計基準の推移（1997年―1999年）

	1997年	1998年	1999年
商法基準	30％	47％	27％
US―GAAP基準	10％	23％	23％
IAS基準	20％	37％	50％

出典）Wagenhofer, A., International Accounting Standards, Frankfurt a. M./Wien 2002, S.48.

しかし，この取引区分別のデータからは，IAS/US-GAAP基準へのシフトということが確認できる一方において，商法基準適用会社がSMAXやMDAXの取引区分の会社に多かったというもう1つの事実が分かる。MDAX70社中の34社，SMAX137社中の109社が商法基準適用会社であるとか（第5-3表），また，MDAX70社中の36社，SMAX73社中の45社が商法基準適用会社である（第5-4表）といった事実が明らかになっている。この点を見る限り，DAX30社や新興市場（Neuer Markt）の上場会社がIAS/US-GAAP基準適用にシフトしているのに対し，MDAXやSMAXの上場会社では商法基準適用のウエイトが大きい。

だが，2002年1月1日以降，これらのデータは，SMAXの取引区分の会社にIAS/US-GAAP基準の適用が義務づけられたことで，よりいっそうIAS／

IFRS基準適用へのシフトがつよまる事態となった。

　以上から見えてくることが何かというと，ドイツの上場会社の連結財務諸表の会計行動のなかで，商法会計基準とIAS/US-GAAP基準の選択行動が見られ，その結果，適用会計基準の混成システムの構造が存しているという特徴点である。第5-1図は，ドイツの適用会計基準の重層的な差別化を示したもので，適用会計基準が商法会計規範の混成システムを表している。

　すなわち，資本市場指向の意思決定有用性の視点から見た連結財務諸表の情報属性のなかに適用会計基準の混成システムが形成されているというドイツの特徴である。取引区分別に見た適用会計基準のデータで明らかなように，連結財務諸表の情報属性に関して，IAS/US-GAAP基準適用へのシフトが顕著である一方で，連結財務諸表の情報属性が単独財務諸表の情報属性と一体となって，引き続き商法基準が適用されていた事実がこのことを物語っている。

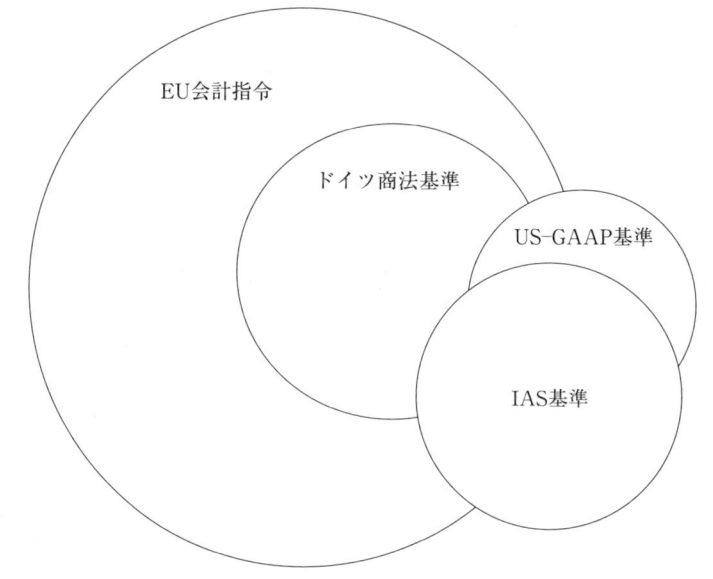

第5-1図　ドイツの適用会計基準の混成システム

出典）Wagenhofer, A., International Accounting Standards, Frankfurt a. M./Wien 3. Aufl., 2001, S.42.

さらに，上場会社の連結・単独の財務諸表の情報属性における適用会計基準が混成システムとなっているという現実に加え，上場・非上場を問わず，すべての会社が単独財務諸表の処分利益属性に関し，商法基準の強制適用が行われていることも適用会計基準の混成システムのドイツ的特徴であった。

この第5-1図の意味するところは何かというと，連結・単独の財務諸表の情報属性と処分利益属性に係わって，商法基準とIAS/US-GAAP基準の適用会計基準の混成システムがドイツの会計行動を特徴づけていると見ることができる。そして，このような商法基準とIAS/US-GAAP基準の混成システムを背景に，ドイツ株式取引所が2003年度以降に「プライム基準適用会社」と「ゼネラル基準適用会社」という新しい取引区分に切り替える方針を打ち出したが，第5-6表に纏めたように，「プライム基準適用会社」についても，商法基準適用からIAS/US-GAAP基準への比重が高くなっている。

ドイツ株式取引所は，新取引区分の「ゼネラル基準適用会社」と「プライム基準適用会社」の用件に関して以下のような内容を求めている。

「ゼネラル基準適用会社」

法律上の最低の要求として，①年次報告書・半期報告書，②ドイツ語による適時報告

「プライム基準適用会社」

国際的な透明性の要求として，①四半期報告書，②IAS/IFRS・US-GAAP基準の財務諸表，③企業カレンダー，④毎年のアナリスト会議の報告，⑤英語による適時報告

第5-6表は，2003年1月1日現在の「プライム基準適用会社」を示すデータであるが，「プラム基準適用会社」381社のうちで，IAS/IFRS基準準拠が203社，US-GAAP基準準拠が135社であったのに対し，商法基準準拠が43社に過ぎなかった。とくに，このIAS/IFRS基準・US-GAAP基準適用シフトは，2002年1月1日以降，SMAXの取引区分の会社がIAS/US-GAAP基準準拠を義務づけている。

第5-6表　2003年1月1日現在のプライム基準適用会社381社のIAS/IFRS・US—GAAP基準採用状況

商法基準適用	43社
IAS/IFRS基準適用	203社
US—GAAP基準適用	135社

出典）Deutsche Borsen Webside, Aktienmarkt, Neue Segmente und Indizes schaffen den transparentesten Aktienmarkt Eu-

〈注〉
1．Gentz, M., Internationale Rechnungslegung als Intrument der Marktkommunikation, in : Coenenberg, A. G. /Pohle, K., Internationale Rechnungslegung, Stuttgart 2001, S. 3.

第2節　2005年以降の適用会計基準のドイツの将来像

1　IAS/IFRS基準の導入に関するEU命令とIAS/IFRS基準の初度適用

「財務諸表の高度な透明性及び比較可能性と資本市場の効率的な機能性を共同市場で確保するために財務情報を調和化させるという目的[1]」から，EU理事会・議会が2005年1月1日以降に資本市場指向会社の連結財務諸表に対しIAS/IFRS基準を強制適用したうえで，非資本市場指向会社の連結財務諸表及び単独財務諸表に対しIAS/IFRS基準の任意適用とするという方針[2]を決めたことで，このようなドイツの適用会計基準の混成システムは，新たな対応に迫られている。

このEU命令の特徴は，EU域内での適用会計基準をIAS/US-GAAP基準とし，US-GAAP基準を2007年1月1日までの暫定適用とした点にある。このことは，1つには，IAS/IFRS基準に対し，米国がUS-GAAP基準をInternational-GAAP基準としていく戦略的な調整問題を抱えるとともに，第5-7表に見るように，EUの上場会社の経営者の多くがUS-GAAP基準よりもIAS/IFRS基準の優先的選択を支持しているということを反映したものであった。

第5-7表　EUの上場会社の経営者の意識調査による適用会計基準の優先的選択

(2000年の監査法人PwCの調査)

優先的選択	全体	グローバル	ヨーロッパ	国内
IAS基準単独適用	46	45	53	43
IAS又は国内GAAP基準適用	21	15	18	30
IAS又はUS—GAAP基準適用	16	24	13	9
IAS又は国内GAAP或いはUS—GAAP基準適用	12	14	12	10
回答なし	5	2	4	8
	100	100	100	100

出典) Van Helleman, J./Slamp, S., The Changeover to International Accounting Standards in Europa, in : BfuP Heft 3/2002, S.220.

EU理事会・議会の決定は，2005年1月1日以降，資本市場指向会社にIAS/IFRS基準に準拠して連結財務諸表を作成・開示することを義務づけるとともに，非資本市場指向会社については連結財務諸表や単独財務諸表に対してIAS/IFRS基準適用を行うかどうかを加盟国選択権に委ねるとした。

第5-8表は，「資本市場指向と非資本市場指向」と「連結財務諸表と単独財

第5-8表　EU命令（2002年6月）による連単財務諸表へのIAS基準適用

	連結財務諸表	単独財務諸表
資本市場指向会社	IAS基準の強制適用	IAS基準適用は加盟国選択権により自由
その他の会社	IAS基準適用は加盟国選択権により自由	IAS基準適用は加盟国選択権により自由

出典) Kahle, H., Zur Zukunft der Rechnungslegung in Deuitschland : IAS im Einzel—und Konzerabschluss？, in : Die Wirtschaftsprüfung, Nr. 6/2003, S.262.

務諸表」を軸としたIAS/IFRS基準の「強制・任意」の適用状況に関するEU命令を一覧表に纏めたものである。EU命令は，加盟各国の立法者に幅広い選択権を与えており，この限りで，連結財務諸表の情報属性だけでなく，財務諸表の情報属性の全般にわたってIAS/IFRS基準適用への可能性に道が開かれた。

いま，EU加盟国は，EU命令に適応し，2005年1月1日からIAS/IFRS基準に移行する措置をとりはじめ，ドイツのスケジュールを示せば，第5-2図のように進められていく。

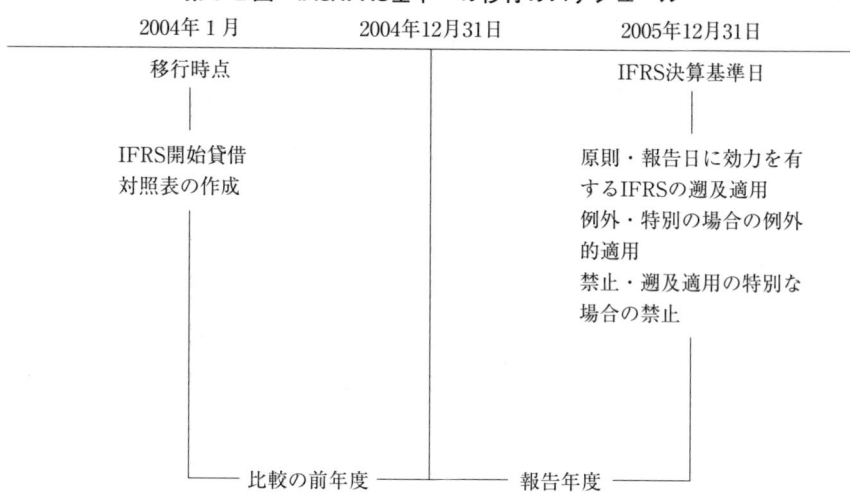

第5-2図　IAS/IFRS基準への移行のスケジュール

2004年1月	2004年12月31日	2005年12月31日
移行時点		IFRS決算基準日
IFRS開始貸借対照表の作成		原則・報告日に効力を有するIFRSの遡及適用 例外・特別の場合の例外的適用 禁止・遡及適用の特別な場合の禁止
	比較の前年度	報告年度

出典）Thiele, C., Erstmalige Anwendung der IAS/IFRS, in：Der Betrieb, Heft 33/2003, S.1745-1752.

また，IAS/IFRS基準の財務諸表の範囲をこの移行スケジュールに合わせて示したのがつぎの第5-9表である。ドイツ上場会社の決算実務は，このスケジュールにしたがって，2005年1月1日に向けた移行を2004年1月1日から開始する。

第5章 ドイツ商法会計規範の将来像　133

第5-9表　最初のIFRS財務諸表の報告の範囲

	2004年 1月1日	2004年 12月31日	2005年 12月31日
貸借対照表	○	○	○
損益計算書		○	○
キャッシュフロー計算書		○	○
自己資本変動表		○	○
附属説明書（セグメント報告・1株利益を含む）		○	○
調整表（自己資本）	○	○	
調整表（当期損益）		○	

出典）Thiele, C., a.a.O, S.1751.

〈注〉
1．2．Verordnung（EG）Nr. 1606/2002 des Europäischen Palaments und der Rates von 19. Juli 2002 betreffend die Anwendung internationaler Rechnnungsstandars, in : Amtblatt der Europäischen Union, L243/1-4.

2　EU命令・IAS/IFRS基準導入に対するドイツの対応

このEU命令・IAS/IFRS基準導入に関して，2005年1月1日以降の国際化対応へのドイツ会計の将来像がどうあるべきかをめぐって議論が行われている[1]。

このEU命令によって，ドイツ会計の国際化対応が新たな局面に入ったが，この対応の如何は，ドイツの財務諸表の情報属性に関する適用基準の内容だけでなく，処分利益の財務諸表属性にもパラダイム転換を促しかねない問題を投げかけることは間違いない[2]。EU命令の作用が商法上の配当可能利益規制の領域に限らず商法確定決算基準の税務の領域にも及ぶことが予想される[3]。

だが，その一方で，EU加盟国の立法選択権に委ねられたもう1つの留意点として，単独財務諸表が情報属性とともに，処分利益属性も有していることから，IAS/IFRS基準が処分利益の基準として必ずしも適切ではないのではないか，そのため，厳格な制限条件のもとで適切な調整メカニズムが働くように

IAS/IFRS 基準の適用を方向づけることが許容されるべきでないかといった考えがドイツの国内議論に見られる[4]。ドイツにおける財務諸表の比較可能性がとくに実現原則を維持したまま IAS 基準を商法基準に変更することで保証されることができるとか，ドイツ企業会計法の真の包括的な現代化へのチャンスであるといったコメント[5]が見られるのもこの点を示唆したものである。

これらのことを勘案すれば，IAS/IFRS 基準の適用に関する EU 命令に対するドイツ側での論点として以下の二点を挙げることができる。

(1) EU 命令で IAS/IFRS 基準が資本市場指向会社に対し強制適用とされるが，非資本市場指向会社の連結財務諸表に関して任意適用であるとされていることにどう対処すべきか，また，非資本市場指向の大会社の連結財務諸表に関しても IAS/IFRS 基準を強制適用とすべきかどうか

(2) 資本市場指向会社かその他の会社を問わず，情報属性にもっぱら限定して単独財務諸表にも IAS/IFRS 基準の任意適用を認めていることに対してもどのように対処すべきか

といったことである。要するに，2005年1月1日降の EU 域内において IAS/IFRS 基準を適用するとした EU 命令に対し，ドイツの対応がどうあるべきかを「資本市場指向と非資本市場指向」，「連結財務諸表と単独財務諸表」を軸に論点が提示されており，ドイツ会計の根幹にある商法を改正することを視野に入れて，EU のなかでのドイツ会計の将来像が議論されているのである。そして，いまのところ，ドイツ会計の将来像については，大きく分けて，二つの立場からの議論がドイツで繰り広げられている。

第1の立場は，上場会社の会計行動の現状を反映させたもので，商法基準と IAS/IFRS 基準の適用会計基準の混成システムを堅持して，2005年以降の国際化対応を行うべきであるとする現状維持の主張である。これに対し，第2の立場は，IAS/IFRS 基準への同化を図るべきであるとする主張を行う。

前者の現状の混成システムを維持する立場からは，第5-10表のようなドイツ会計の将来像が描かれる[6]。第5-10表に示されるように，ドイツ会計の将

第5-10表　将来の連結・単独の財務諸表のIAS基準適用の
　　　　　ドイツの対応方向

	連結財務諸表	単独財務諸表
資本市場指向の会社	IAS基準の強制適用	商法基準の強制適用
その他の会社	IAS基準の選択適用	商法基準の強制適用

出典）Kahle, H., Zur Zukunft der Rechnungslegung in Deutschland：IAS im Einzel—und Konzernabschluss？, in：Die Wirtschaftsprüfung, Nr. 6/2003, S.274.

来像について，資本市場指向の上場会社の連結財務諸表に対しIAS/IFRS基準の強制適用を求め，非資本市場指向の連結財務諸表についてIAS/IFRS基準の選択的な任意適用に止めるとしたうえで，単独財務諸表に関し資本市場・非資本市場指向の如何を問わず，商法基準の強制適用がよいという棲み分けの主張がなされている[7]。

　このような現状の適用会計基準の混成システムを堅持してドイツ会計の将来像を描く立場に対し，後者の立場にたって，ドイツ会計の意思決定有用性の視点から将来像を提唱する新たな動きがある。それが（1）ドイツ会計基準委員会から公表された①2001年7月6日の「会計国際化法公開草案[8]」と②2002年10月の「概念フレームワーク（正規の会計の諸原則）公開草案[9]」，（2）2003年2月25日に連邦政府から発表された「10ポイントプログラム提案[10]」である。

　ドイツ会計基準委員会の2001年の「会計国際化法公開草案」は，商法改正を大きな混乱をはらまずに早急に実施できるよう会計国際化対応も連結財務諸表に限定して提案を行ったものであり，単独財務諸表に関する商法改正を除外している。そのため，配当可能利益・税務上の利益計算を取り上げる対象としていなかった。国際的資本市場に向けた連結財務諸表の透明性・比較可能性に絞り込んだかたちでの会計国際化法の商法改正を提案した。さらに，この「会計国際化法公開草案」に一歩踏み込んだのが2002年の「概念フレームワーク公開草案」である。この「概念フレームワーク公開草案」は，IASC/IASBやFASBと共通した意思決定有用性の視点を採用した提案を行っている。この公開草案の詳細は省くが，EU域内におけるIAS/IFRS基準の適用にかかわっ

て,「概念フレームワーク公開草案」を特徴づけると,資本市場指向と非資本市場指向,連結財務諸表と単独財務諸表の違いを問わず,すべてにわたって,IAS/IFRS 基準の適用を義務づけようとする提案がなされている。この限りで,「会計国際化法公開草案」よりも「概念フレームワーク公開草案」の方がより IAS/US-GAAP 基準シフトを強めたと言える。「概念フレームワーク公開草案」につぎのような叙述がある。

> 「正規の会計の諸原則は,連結財務諸表,連結状況報告書,単独財務諸表と状況報告書ならびに中間財務諸表に関して遵守されなければならない。正規の会計の諸原則は,その法形態に係わりなくすべての企業に適用される。正規の会計の緒原則は,資本市場を利用するかに係わりなく,すべての企業に遵守なされなければならない[11]」。

ここで記されている正規の会計の諸原則は,概念フレームワークそのものを指し,ドイツの伝統的な概念装置であった正規の簿記の諸原則とは違ったものとして新設された概念である。この正規の会計の諸原則のもとに,IASC/IASB や FASB の概念フレームワークと同じ意思決定有用性の視点から,IAS/IFRS 基準・US-GAAP 基準への収斂にむけた商法基準の改正が提案されている。このため,IAS/IFRS 基準を資本市場・非資本市場指向の有無に係わりなく,また,連結・単独の財務諸表の如何に係わりなく,ドイツが受け入れる方向性を支持している。

この意味で,ドイツ会計基準委員会の提案する「概念フレームワーク公開草案」は,商法基準と IASUS-GAAP 基準の適用を認める(国内基準適用会社と国際基準適用会社,連結財務諸表と単独財務諸表という二重性)混成システムの現状を改革し,IAS/IFRS 基準適用にシフトさせた単成システムへのパラダイム転換を図って商法改正を行うことを意図している。

だが,このドイツ会計基準委員会の「概念フレームワーク公開草案」が「情報の原則と利益計算の原則の相互補完[12]」を構想しながらも,意思決定有用性の視点につよく傾斜した内容となっていることから,処分利益計算の視点が後退してしまった。このため,単独財務諸表の処分利益計算の視点をどのように

識別していくべきかといった問題が残された。

そして、この点の問題点に言及した新しい提案が2003年5月に連邦政府より公表された「10ポイントプログラム提案」における「会計ルールの発展と国際的な会計原則への適応[13]」の提示である。

連邦政府の「10ポイントプログラム提案」では、IAS/IFRS基準適用のEU命令に向けたドイツの対応方針について以下のように提起している。2005年1月1日以降の資本市場指向会社の連結財務諸表の情報属性に対するIAS/IFRS基準の強制適用を支持したうえで、非資本市場指向会社の連結財務諸表の情報属性及び資本市場指向会社やその他の会社の情報属性の単独財務諸表に対してもIAS/IFRS基準の任意適用を企業選択権として認める[14]。

連邦政府のこの提案は、連結・単独の財務諸表の情報属性を重視し、IAS/IFRS基準の（強制と任意の）適用を求めている点で、ドイツ会計基準委員会の「概念フレームワーク公開草案」と共通した認識を示しており、意思決定有用性の視点からドイツ会計会計法の真正かつ包括的な現代化へのチャンスであると捉え、ドイツ会計のパラダイム転換であると受け止めている[15]。しかし、連邦政府の「10ポイントプログラム提案」が特徴的なのは、連結・単独の財務諸表の意思決定有用性の情報属性に関してIAS/IFRS基準適用へのシフトを提唱する一方で、処分利益計算の利害調整の視点から単独財務諸表の属性に対し商法基準への準拠を別途に制度設計するべきであると以下の提案をしていることであった。

「とくに債権者保護、配当計算及び課税に役立つ商法基準準拠で作成されなければならない単独財務諸表は維持されるべきである。その際、（もっぱら）商法典第325条にもとづく商法基準の財務諸表に代えて、商業登記所に備え付け義務を有し、そして大資本会社の場合に連邦官報に公示の義務がある単独財務諸表を情報目的のために作成しなければならない会社に対して、そのことが実施されるべきである。そのような選択権を行使する企業は、会社法、監督法及び課税の目的のためにもう1つ別の商法基準準拠の財務諸表を作成しなければならない[16]」。

以上から分かるように,ドイツ会計基準委員会の「会計国際化法公開草案」の内容をいっそう IAS/US-GAAP 基準に近づけて,「概念フレームワーク公開草案」は,財務諸表への計上選択権・評価選択権の放棄を提案し,利益標準化の可能性を制限することを主張しており[17],その結果,IAS/IFRS 基準適用を意思決定有用性の視点から,連結・単独の財務諸表の情報属性を優先する単成システムを提唱した。これに対し,連邦政府の「10ポイントプログラム提案」は,意思決定有用性の視点の連結・単独財務諸表の情報属性に対する IAS/IFRS 基準適用を支持する一方で,商法基準準拠の処分利益計算の利害調整の視点からの単独財務諸表の制度設計を別途に行う混成システムを提唱していた。

 連邦政府(連邦法務省)は,2003年と2004年の会計改革法プランのなかで EU 命令の変換,決算監査人の独立性の強化,公正価値指令を組み込み,また,会計現代化法プランのなかで EU 会計現代化指令の変換と国際的規範への適応のための商法改正を図ることを目指しており[18],「会計と法治国[19]」の視点から,「IAS の受け入れなのか,商法典の改正なのか[20]」が議論されていく状況にある。この「会計と法治国」の視点から見た場合,ドイツの立法者がとり得る選択肢は,IAS/IFRS 基準導入の EU 命令を情報目的に限定して受け入れ,上場会社の連結・単独財務諸表に IAS/IFRS 基準適用を行うということである。すなわち,連結・単独の情報財務諸表について IAS/IFRS 基準を適用し,資本維持の債権者保護・慎重主義の単独財務諸表を堅持する商法会計規範の混成システムということであれば,「会計と法治国」の視点から,憲法上の枠組みのなかで許容されるとするもので,①資本市場向けの連結・単独の情報財務諸表,②資本維持の単独財務諸表,③資本維持の単独財務諸表にもとづく税務上の利益計算の財務諸表三本説を主張している[21]。同様の見解は,シュマーレンバッハ経営経済学協会外部会計作業部会の「統一財務諸表」構想でも示されており,要は,商法確定決算基準を維持し,慎重主義原則・債権者保護重視の商法準拠の単独財務諸表を堅持し,資本市場向け情報財務諸表である連結財務諸表(単独財務諸表も含む)に限って IASIFRS 基準導入を図るといった制

度設計をするというのが憲法上のドイツ立法機関の選択行動であると考え，この方向のなかに会計改革のドイツの道を見出している。

この財務諸表三本説に対し，連結財務諸表それ自体に「情報伝達及び配当算定の媒体として[22] (als Instrument zur Informationsvermittlung und Ausschüttungsbemessung) 認めようとする提案もある。さらにまた，IAS/IFRS 基準の適用に関しても，IAS/IFRS 基準が連結・単独財務諸表の両方に認めるべきとする見解がドイツ会計基準委員会をはじめとして，シュマーレンバッハ経営経済学協会外部会計作業部会，ドイツ経済監査士協会から肯定的に支持されるのに対し，単独財務諸表への IAS/IFRS 基準適用に反対する意見もある。

連邦政府は，2003年から企業会計法改革法（Bilanzrechtsreformgesetz）の法案づくりに着手し，現在，連邦政府草案（2004年）を公表している。この企業会計法改革法案は，「国際会計基準の導入及び決算監査の質の保証に関する法律（Gesetz zur Einführung internationaler Rechnungslegungstandards und zur Sicherung der Qualität der Abschlussprüfung)」であることから分かるように，「IAS/IFRS 基準の適用[23]」を柱としている。企業会計法改革法案は，ヨーロッパレベルで決定された IAS/IFRS 基準のドイツ国内法への受け入れのために商法典の規定を補充するという制度設計がなされている。本政府草案では，資本市場指向企業について，IAS/IFRS 基準適用に関する EU 命令により，2005年以降，IAS/IFRS 基準の強制適用による連結財務諸表作成が義務づけられるとともに，EU 加盟国立法選択権を活かして，非資本市場指向の企業の連結財務諸表，単独財務諸表にも情報目的のために IAS/IFRS 基準の任意適用が認められている[24]。

この点に関する限りにおいて，連邦政府の「10ポイントプログラム」（2003年）提案やドイツ会計基準委員会の「概念フレームワーク公開草案」（2002年）と軌を一にしていた。しかし，その一方で，企業会計法改革法案（政政草案）が単独財務諸表に対し IAS/IFRS 基準の任意適用とした理由について，①「10ポイントプログラム」（連邦政府，2003年）の提案が会社法・税法の目的のための単独財務諸表の独自の制度設計を構想したが，それが実行可能でコスト軽減

の選択肢であるかどうかいまだ不明であるため，②現行の企業会計法及び会社法のシステムの枠組みのなかで単独財務諸表への弾力的な対応を企業に認める解決法が採られたと説明している[25]。この理由づけを見て，政府草案が商法会計規範システムの枠組みのなかで，情報目的の連結・単独財務諸表のIAS/IFRS基準の適応条項を挿入し，同時に，処分利益計算目的の単独財務諸表をHGB基準で作成することを認める混成システムを制度設計していく方向にあることが分かる。

〈注〉
1. EU命令では，US-GAAP基準適用の上場会社について，IAS/IFRS基準の適用を2006年12月31日まで猶予するとしている。また，このUS-GAAP基準からIAS/IFRS基準へのシフトそのものについての懸念も指摘されて (Kahle,H., Zur Zukunft der Rechnungslegung in Deutschland : IAS im Einzel-und Konzerabschluss?, in : Die Wirtschaftsprüfung, Nr. 6/2003, S. 275.)。
2. Busse von Colbe, W., Der Konzernabschluss nach international anerkanntern Rechnugslegungsgrundsätzen, in : Dörner, D. /Menold, D. /Pfitzer, H./Oger, P., Reform des Aktienrechts, der Rechnungslegung und der Prüfung, 2. Aufl., Stuttgart 2003, S. 672.
3. Herzig, N. /Bär, M., Die Zukunft der steuerlichen Gewinnermittlung im Licht des europäischen Bilanzrechts, in : Der Betrieb, Heft1/2003, S. 1-8.
4. Kirsch, H-J., Zur Frage der Umsetzung der Mitgliedstaaten-Wahlrechte der EU-Verordnung zur Anwendung der IAS/IFRS, in : Die Wirtrchaftsprüfung, Nr. 6/2003, S. 278.
5. Bruns, H. -G., a. a. O., S. 179.　6. 7. Kahle, H., a. a. O., S. 274.
8. Deutscher Standardsierungsrat, Entwurf Grundsätze ordnungsmässiger Rechnungslegung (Rahmen-Konzept), 10. Oktober 2002.
9. BMJ/BMF., Mitteilung für die Presse am 23. Februar 2003 (Nr.10/03), Bundesregierung stärkt Anlegenschutz und Unternehmensintegrität S. 1-13.
10. Deutscher Standardsierungsrat, a. a. O., S. 10.　11. 12. Ebenda, S. 12ff.
13. 14. 15. 16. Ebenda, S. 10 -13. Seichert, U., Das 10-punkte-Programm, in : Betriebs -Berater, Heft14/2003, S. 695.
17. Deutscher Standardsierungsrat, a. a. O., s. 28.
18. Meyer, C., Konturen der Bilanzreform 2003/2004, in : Deutscher Steuerrecht, Heft 20-21/2003. S. 85. なお，このよう法典改正に関して，商法典のさらなる修正ではなく，どの範囲で国際的会計システムの前進が商法典に反映されていくのか，また商法典の現

行の規範の接合部分の何が残されるのかといった問題が大事であるとの指摘がある(Küting, K. /von Garnier, S., Das Handelsbilanzrecht im Umbruch, in : Buchführung, Bilanz und Kostenrechnung, Nr. 6/2001, S. 294.)。
19. 20. 21. Zeitler, F-C., Rechnungslegung und Rechtsstaat-Übernahme des IAS oder Reform des HGB?-, in : Der Betrieb, Heft 29/2003, S. 1529-1534. 同様の問題意識は,Herzig, N., Gefahren der internationalen Rechnungslegung für den Mittelstand?, in : Coenenberg, A. G. /Pohle, K., Iinternationale Rechnungslegung, Stuttgart 2001, S. 58.においても示されている。
22. Hinz, M., Der Konzernabschluß als Instrument zur Infromationsvermitllung und Ausschüttungsbemeseung, Wiesbaden 2002, S. 289.
23. 24. 25. Bundesministrium der Jusitz, Referententwurf, Gesetz zur Einführung internationaler Rechnungslegungsstandard sund Sicherung der Qualität der Abschlussprüfung (Bilanzrechtsreformgesetz-BilReG), vom Dezember 2003), Bundesregierungsentwurf, Gesetz zur Einführung internationaler Rechnungslegungsstandards und Sicherung der Qualität der Abschlussprüfung (Bilanzrechtsreformgesetz-BilReG), vom 21, 04, 2004), Pressermittlung des BMJ vom 21, 04, 2004 Bilanzrechtsreform und Bilanzkontrolle stärken Unternehmensintegrität und Anlegerschutz.

第6章

ドイツ上場会社の適用会計基準の選択行動

はじめに

　ドイツ会計が国際化への対応を始めたのは，EC会計指令との調和化が議論された1970年代後半以降であった。具体的には，EC第4号会計指令と第7号会計指令が加盟各国の国内法に変換される過程で，ドイツ会計のEC域内における国際的調和化が歴史の舞台に登場し，その結果として，1986年1月施行の会計指令法が陽の目を見た。

　この会計指令法にもとづく商法計算規定の改正は，EC第4号会計指令を変換して単独財務諸表について，そして，EC第7号会計指令を変換して連結財務諸表について，域内での国際的調和化に向けたドイツの商法会計規範システムの再編が行われた。しかし，注目される点は，連結財務諸表の比較可能性と等価値性を目指した国際化対応への進展がその後，1990年代以降，著しくなってきたことである。

　この間の上場会社の連結財務諸表の国際化対応の特徴を示すと以下のようであった。

　①1986年の会計指令法によるEC第7号会計指令の国内法化のもとでの連結財務諸表の作成・開示の任意適用のもとでの上場会社の決算実務の広がり
　②1990年以降における連結財務諸表の作成・開示に関する会計指令法の強制適用のもとでの連単ダブルスタンダード対応
　③1998年以前におけるIAS/US-GAAP基準の部分的任意適用にもとづく，商法の選択権の枠内における連結財務諸表の国際化対応

④1998年会計改革関連法（資本調達容易化法及び企業領域統制透明化法）にもとづく商法典第292a条を適用したIAS/US-GAAP基準準拠の免責連結財務諸表による上場会社の国際化対応の進展

⑤2005年IAS/IFRS基準適用のEU命令に適応した上場会社の連結財務諸表の作成・開示への切り替え

　本章では，このようなドイツ会計の国際化対応のなかで，上場会社が適用会計基準の選択行動をどのように行ってきたか，2005年以降のIAS/IFRS基準準拠の連結財務諸表への移行を睨んで，1987年からの上場会社の会計行動を特徴づけていきたい。

第1節　ドイツの上場企業のIAS/US-GAAP基準適応の会計行動

1　IAS/US-GAAP基準適応のドイツ上場企業の現状

　1990年代に入って世界的規模で事業展開を行うドイツ企業にも，会計の国際化の波が怒涛のごとく押し寄せてきた。これは，資本市場の国際化のなかにドイツ企業も巻き込まれ，資本調達を間接金融から直接金融へのシフトがつよまったことが直接的な誘因であった。このドイツ企業の会計国際化適応の新しい現実の基底に位置してきたのがグローバルスタンダードと呼ばれるアングロアメリカの会計基準であるIAS/US-GAAP基準であった。国際的な資本市場で資本の調達を図ろうとするドイツ企業にあっても，このグローバルスタンダードとしてのIAS/US-GAAP基準にどのように適応してくべきかという問題が新たに起こったのである。ドイツにあって，ヨーロッパ域内における会計基準の調和化という戦略からの脱皮を余儀なくされてきたのも，このような新しい現実への戦略的対応が要請されているからに外ならない。しかし，その一方で，ドイツ企業がIAS/US-GAAP基準への適応へと一斉にシフトしはじめていると短絡的に判断することはできない。むしろ，ドイツの現実は，「IAS/US-GAAP基準への適応」をめぐって多様な状況下にあると認識しておく必要がある。

第6章　ドイツ上場会社の適用会計基準の選択行動　145

　本節では，ドイツ企業の財務報告がIAS/US-GAAP基準への適応をめぐってどのような態様を採っているかについて，上場企業DAX30社を考察し，そのなかの具体事例を取りだして，ドイツの会計国際化の現実を明らかにしておきたい。

　第6-1図は，ドイツ企業DAX30社のIAS/US-GAAP基準適応を一覧にまとめたものである。この第6-1図に示すように，1998年度のドイツ企業

第6-1図　ドイツ企業DAX100社のIAS/US-GAAP基準への適応状況

IAS基準適応会社		US-GAAP基準適用会社	
(1) Aachener	(15) Henkel	(1) Agiv (1999/2000年以降)	(13) Siemens
(2) Münchener Beteiligungs (1998年以降)	(16) Hochtief (1999年以降)	(2) BASF (1998年以降)	(14) Schwarz Pharma
(3) Adidas	(17) Hoechst	(3) Contiemental (1999年以降)	(15) SGL Carbon
(4) Allianz	(18) Hypo Vereinbank (1998年以降)	(4) Daimler-Chrysler	(16) Thyssen Krupp (2000年以降)
(5) Bayer	(19) Lahmeyer (1998/1999年以降)	(5) DBV Winterthur Holding (1999年以降)	(17) Veba
(6) Commerzbank (1998年以降)	(20) MAN (1998年以降)	(6) Deutsche Telekom	(18) Degussa-Hüls
(7) DePfa-Bank (1999年以降)	(21) Merck	(7) Fresenius Medical Care	
(8) Deutsche Bank	(22) Metro (1999/2000年以降)	(8) Hannover Rückversicherung (1998年以降)	
(9) Deutsche Lufthansa (1998年以降)	(23) Münchener Rück versicherungsgesellschaft (1999年以降)	(9) Hoechst (IAS/HGBからの移行)	
(10) Dresdner Bank (1994年以降)	(24) Preussag (1998/1999年以降)	(10) Jungheinrich (1999年以降)	
(11) Dyckerhoff	(25) Puma	(11) Metallgesellschaft (1998年以降)	
(12) Ergo Versicherungsgruppe (1999年以降)	(26) RWE (1998/1999年以降)	(12) SAP (1998年以降)	
(13) Gerresheimer Glass (1998年以降)	(27) Schering		
(14) Heidelberger Zement	(28) Tarkett Sommer		
	(29) Viag (1999年以降)		

出典）Keun, F./Zillich, K., Internationalisierung der Rechnungslegung, IAS und US-GAAP im Wettbewerb, Wiesbaden 2000, S.28.

DAX30社のIAS/US-GAAP基準への適応の態様は，大別して，
　①ドイツ商法基準を単独適用している企業が12社
　②IAS/US-GAAP基準を適用している企業が18社
に分かれる。そして，このうちの後者について，さらに，IAS基準適用の企業が12社，US-GAAP基準適用の企業が6社である。しかも，IAS基準適用の12社のなかでも10社がIAS基準を単独適用しているのに対し，2社はIAS基準だけでなく，ドイツ商法基準をも併用している。また，US-GAAP基準適用の6社についても，2社がUS-GAAP基準を単独適用し，4社がUS-GAAP基準とドイツ商法基準の併用をしている。

第6-1図のドイツ企業DAX30社の国際化の態様をさらに企業別にまとめると，つぎのようになる。

　〈ドイツ商法基準を単独で適用した企業（12社）〉
　　　①BMW社　②Karlstadt社　③Linde社　④MAN社
　　　⑤Mannesmann社　⑥Metro社　⑦Münchner Rückversicherung社
　　　⑧Preussag社　⑨Siemen社　⑩Thyssen-Krupp社　⑪VIAG社
　　　⑫Volkswagen社
　〈IAS基準を適用した企業（12社）〉
　　IAS基準を単独で適用した企業（10社）
　　　①Adidas-Solemann社　②Alianz社　③Bayer社　④Bayeische Hypo-und Vereins Bank社　⑤Comerzbank社　⑥Deutsche Bank社　⑦Dt. Lufthansa社　⑧Dresdner Bank社　⑨Henkel社　⑩Hoechst社
　　IAS基準とドイツ商法基準を併用した企業（2社）
　　　①RWE社　②Schering社
　〈US-GAAP基準を適用した企業（6社）〉
　　US-GAAP基準を単独で適用した企業（2社）
　　　①BASF社　②Daimler-Chrysler社
　　US-GAAP基準とドイツ商法基準を併用した企業（4社）

①Degussa-Hüls 社　②Deutsche Telekom 社　③SAP 社　④VEBA 社

　以上は、ドイツ企業DAX30社の1998年度の状況であるが、これを1996年度の状況で見てみると、IAS基準を単独で適用した企業は2社（①Adidas社　②Deutsche Bank 社)、IAS基準とドイツ商法基準を併用した企業は3社（①Bayer 社　②Hoechst 社　③Schering社）であり、さらに、US-GAAP基準を単独で適用した企業は1社（①Daimler-Benz社）、US-GAAP基準とドイツ商法基準を併用した企業は1社（①Deutsche Telekom社）であった。1996年度から1998年度の2年間に、ドイツ企業DAX30社の財務報告について、国際化適応した企業が7社から16社に増大した。

　さらに、1999年度のドイツ企業DAX100社について見てみると、IAS基準単独適用企業は32社、US-GAAP基準単独適用企業は10社、US-GAAP基準に準拠し、商法基準の調整計算書を併用した企業は3社である。しかし、同時にDAX100社のこれ以外の上場企業が商法基準に準拠した会計行動を採っていたし、DAX30社でも12社商法基準適用企業であった。この点からも、ドイツ上場企業のなかでもとくにDAX30社で見る限り、連結財務諸表作成の会計行動がUS-GAAP基準からIAS基準にシフトしていることが明白であるとともに、1999年度では、なおも商法基準適用も多かったことが分かる。IASB（国際会計基準理事会）のホームページに掲載されているIAS基準適用企業数の世界ランキングでも、ドイツ上場企業が群を抜いて多数にのぼっており、2000年度のIAS全面適用企業数が加盟国中で最も多い。

　(付記)　このDAX企業中のBMW社、Karstadt社、Linde社、MAN社、Mannesmann社、Volkswagen社の6社はIAS基準またはUS-GAAP基準への移行をその後に行った。

　以上、ドイツ上場企業のDAX30社で見る限り、商法基準からIAS/US-GAAP基準への移行傾向が極めて顕著である。この状況を示したのが第6-1表のDAX30社の1997年から2001年の間の適用した会計基準の変更の推移である。この第6-1表によれば、商法基準適用の比重が1997年の70％から2001年

の17%へと激減し，IAS/US-GAAP 基準適用の比重が1997年の30%から2001年の83%へと急増していることが分かる。また，US-GAAP 基準への変更が1997年の10%から2001年の30%へと増えたのに対し，IAS 基準への変更が1997年の20%から2001年の53%へと増えており，明らかに，ドイツ上場企業DAX30社は，IAS 基準へのシフトをいっそう進めていることが分かる。これを見て，ドイツ上場企業がEU委員会の2005年 IAS 基準全面適用の方針を踏まえた対応を行っていることが理解できる。

第6-1表　DAX30 社の会計基準の変更の推移（1997 年から 2001 年）

DAX30 社の適用会計基準（%）	1997 年	1998 年	1999 年	2001 年
商法基準の適用	70	47	27	17
US-GAAP 基準の適用	10	16	23	30
IAS 基準の適用	20	37	50	53

出典）Wagenhofer A., International Accounting Standarsds, Frankfurt/Wien 2002, S.48.

第6-2表　Neuer Markt 上場企業の IAS/US-GAAP 基準適用企業（1999 年度）

IAS 基準適用企業
①BB Biotech　②BB Medtech　③CE Computer Equipment　④CE Consumer Elektronic　⑤Cenit Systemhaus　⑥Dt. Enterainment　⑦Drillisch　⑧Hunziger Information　⑨Infomatec Integr. Inf. Sys.　⑩Kinowelt Medien　⑪Lintec Computer　⑫Mensch und Machine Software　⑬Mobilcom　⑭Mühl Product & Service　⑮Refugium Holding　⑯Saltus Technology　⑰SER Systeme　⑱Sero Entsorgung　⑲SoftM software und Beratung　⑳Technotrans Tiptel　㉑Transtec Vetron

US-GAAP 基準適用企業
①Aixtron　②Augusta Beteiligungs　③Bertrandt　④Beta Systems Software　⑤Brokat Infosysteme　⑥Ceo Tronics　⑦Computer Media　⑧Cybernet internet Inc　⑨I&I　⑩Edel Music　⑪Elsa　⑫Euromicron　⑬Heyde　⑭LHS Group　⑮Micrologica　⑯Pfeiffer Vacuum Technology　⑰Plemun　⑱PSI　⑲Quiagen N.V.　⑳Sachsenring Automobiltechnik　㉑SCM Microsysteme　㉒Singulus Technologies　㉓TDS Informationstechnokogie　㉔Teldafax　㉕Teles　㉖Intershop Communications　㉗Mühlbauer Holding

出典）Keun, F./Zillich, K., a. a. O., S.28.

第6-3表 Neuer Markt 企業の適用会計基準の変更の推移

	1997年	1998年	1999年（4月）	1999年（10月）
上場企業数	11社	30社	90社	173社
適用会計基準(%)				
商法基準の適用	18.2	36.7	4.4	0.6
US-GAAP基準の適用	36.4	30.0	47.8	49.7
IAS基準の適用	45.5	33.3	47.8	49.7

出典）Wagenhofer, A., a. a. O., S.48.

第6-4表 ドイツ上場企業DAX30社の会計基準の適用状況（1998年）

ドイツ商法典基準適用企業		19社
①単独適用	13社	
②IAS基準との併用	2社	
③US-GAAPとの併用	4社	
IAS基準適用企業		9社
US-GAAP基準適用企業		2社
	計	30社

出典）ドイツ株式取引所のホームページのデータから作成した（http://deutsche-boerse.com/）

第6-5表 ドイツ上場企業の市場別の会計基準の適用状況（2001年）

	DAX	MDAX	SMAX	Neuer Markt
ドイツ商法典基準適用企業	5社	34社	109社	0社
IAS基準適用企業	16社	23社	22社	171社
US-GAAP基準適用企業	9社	13社	6社	155社
計	30社	70社	127社	326社

出典）ドイツ株式取引所のホームページのデータから作成した（http://deutsche-boerse.com/）

　DAX30社，DAX100社のドイツ上場企業のIAS/US-GAAP基準へのシフト，とくにIAS基準シフトの傾向が以上から明白であるが，さらに，Neuer Markt（ベンチャー企業向けの資本市場）のドイツ上場企業のIAS/US-GAAP基準適用状況は，つぎの第6-2表と第6-3表の通りである。これによれば，1999年度のNeuer Markt上場企業のなかで，68社がIAS基準適用，69社がUS

-GAAP基準適用の企業であった。また，第6-3表からは，1997年から1999年までの適用会計基準の変更の状況から，商法基準適用企業が激減し，IAS/US-GAAP基準適用企業がUS-GAAP基準適用の1997年の36.4％から1999年の49.7％，IAS基準の適用の1997年の45.5％から1997年の49.7％に進展した。

　第6-4表は，1998年のドイツ上場企業DAX30社の会計基準の適用状況をまとめたものであるが，これによれば，DAX30社中の19社がドイツ商法典基準を適用しており，IAS基準適用企業が9社，US-GAAP基準適用企業が2社であった。

　また，ドイツ商法典基準適用企業にあっても，IAS基準を併用している企業が2社，US-GAAP基準を併用している企業が4社あった。このように，1998年のIAS/US-GAAP基準適用が全体で17社にのぼっていたことが分かる。この適用基準の国際化傾向は，1998年の会計改革法による商法典第292a条の免責条項以降にさらに強まり，第6-5表のような状況になった。

　第6-5表は，2001年のドイツ上場企業の市場別の会計基準の適用状況を示したものであるが，DAX市場では，30社中の25社が，MDAX市場では，70社中の36社が，SMAX市場では，127社中の28社が，そして，Neuer Markt市場では，326社全社がIAS/US-GAAP基準適用企業であることが分かる。なかでも，DAX，MDAXの市場では，IAS基準適用がUS-GAAP基準適用よりも多いという特徴が見られるし，Neuer Marktの市場でも，IAS基準の方がUS-GAAP基準よりも適用企業が多い。これに対し，SMAX市場については，127社中の109社がドイツ商法典基準の適用企業であり，IAS基準（22社），US-GAAP基準（6社）より多かった。

　このことから，ドイツ上場企業の多くが連結財務諸表をIAS/US-GAAP基準に準拠して作成・開示している傾向にあることが判明するが，2003年から，フランクフルト証券取引所の上場企業について，資本市場の区分制の新しいモデルとして，①法的なミニマムな透明性を要求する一般基準適用会社と②追加的な国際的な透明性を要求する国際基準適用会社へのセグメントが実施されることとなった。前者をゼネラル基準適用会社，後者をプライム基準適用会社と

呼称し，ドイツ上場の市場選好が適用する会計基準について，ドイツ商法典の国内基準か，IAS/US-GAAPの国際基準かを迫っている。

しかし，ドイツ上場会社の連結財務諸表の国際化適応の態様を見て，いまひとつ，留意しておく必要があると思われる点がある。それは，ドイツ上場会社の連結財務諸表のすべてが単純にグローバルスタンダードへとシフトしているわけではないということである。ドイツ上場会社の連結財務諸表の国際化適応が，あくまでもドイツの自国基準である商法の枠組みのなかで図られ，必要な範囲において，商法典第292a条の免責条項を適用して，IAS/US-GAAP基準への適応を，しかも，連結財務諸表に限定しているということである。

このことから，ドイツ上場会社の財務報告は，国際化適応が必要な上場会社の連結財務諸表に限って行う。このため，国際化適応がない国内対応の単独・連結の財務諸表を商法基準で作成・開示し，国際向けの連結財務諸表をIAS/US-GAAP基準で作成・開示するデュアルな対応を見せていることが分かる。

換言すれば，EU委員会が2005年1月1日以降，EU域内で資本調達を行う上場会社に対しIAS/IFRS基準の全面適用を義務づける方針を出し，EU加盟国の承認を得ていることがドイツ上場会社のIAS/IFRS基準シフトに拍車をかけているのである。この結果，ドイツ上場会社は，国際的な会計の諸原則に従い，連結財務諸表だけを作成し，単独財務諸表で配当・税額の算定を行う。連結財務諸表は，資本市場向けの財務報告を行うものと考え，連結財務諸表のIAS/US-GAAP基準準拠が利益の早期計上を促し，資本市場の投資家に有用な情報を提供するというように立論している。

2 ドイツ上場企業のIAS/US-GAAP基準適応の形成可能性

ドイツ上場企業の会計行動について，連結財務諸表の国内向けと国際向けの対応の二元性が見られるが，この連結財務諸表の対応の形態を分類して示すと，以下の第6-2図のような多様なすがたが実務で採用されてきた。ドイツ上場会社の国際会計行動から見られる連結財務諸表の国際化対応の形成可能性

は，第6-2図から分かるように，
(1) 商法基準単独適用の連結財務諸表方式（第1類型）
(2) 商法基準準拠の連結財務諸表に対するIAS/US-GAAP基準準拠の追加

第6-2図　ドイツの連結財務諸表の国際化対応の形成可能性

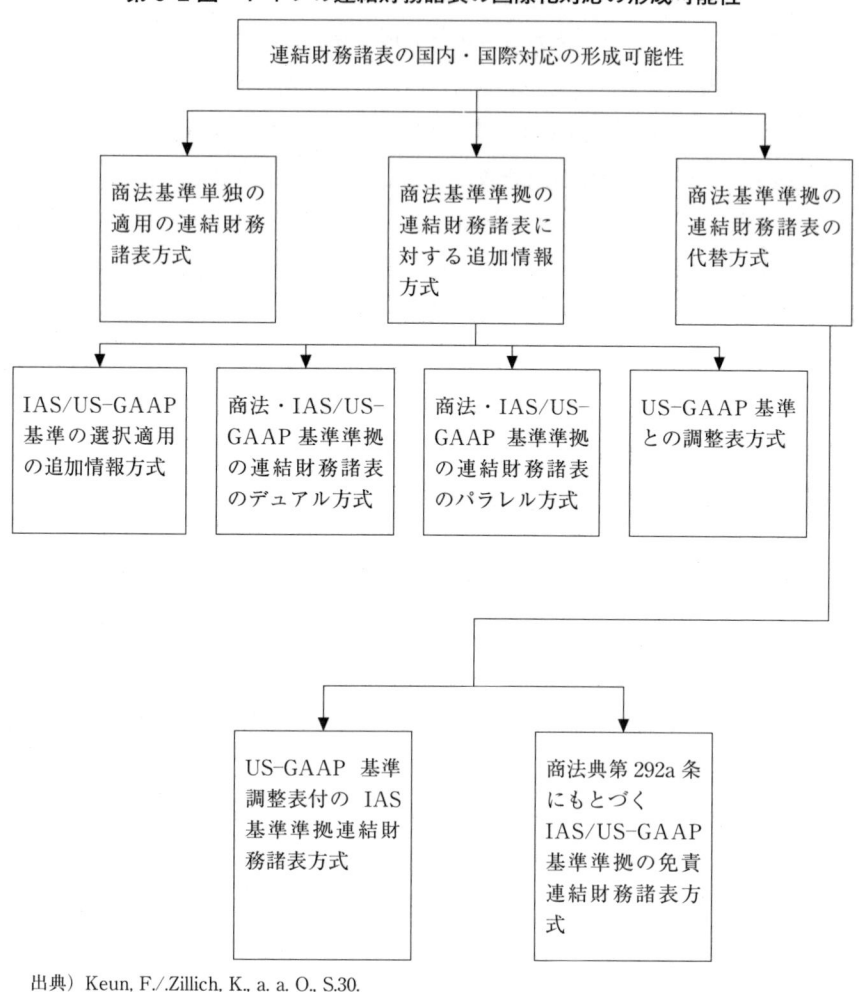

```
                    連結財務諸表の国内・国際対応の形成可能性
          ┌──────────────────┼──────────────────┐
    商法基準単独の        商法基準準拠の        商法基準準拠の
    適用の連結財務        連結財務諸表に        連結財務諸表の
    諸表方式              対する追加情報        代替方式
                          方式
    ┌─────┬─────┐    ┌─────┬─────┐
IAS/US-GAAP  商法・IAS/US-  商法・IAS/US-   US-GAAP基準
基準の選択適用 GAAP基準準拠   GAAP基準準拠    との調整表方式
の追加情報方式 の連結財務諸表 の連結財務諸表
              のデュアル方式 のパラレル方式
                                          ┌──────┴──────┐
                                    US-GAAP基準        商法典第292a条
                                    調整表付のIAS      にもとづく
                                    基準準拠連結財      IAS/US-GAAP
                                    務諸表方式          基準準拠の免責
                                                        連結財務諸表方
                                                        式
```

出典）Keun, F./.Zillich, K., a. a. O., S.30.

情報方式（第2類型）

①IAS/US-GAAP基準の選択適用の追加情報方式
②商法・IAS/US-GAAP基準準拠の連結財務諸表のデュアル方式
③商法・IAS/IS-GAAP基準準拠の連結財務諸表のパラレル方式
④US-GAAP基準との調整表方式

(3)　商法基準準拠の連結財務諸表の代替方式（第3類型）

①US-GAAP基準調整計算付のIAS基準準拠の連結財務諸表方式
②商法典第292a条にもとづくIAS/US-GAAP基準準拠の連結財務諸表方式

このように，多様な連結財務諸表の国際化対応の形成可能性がドイツ上場会社の会計行動に見られた。例えば，ドイツ上場会社の具体的な会計行動を見てみると，それぞれの類型で適用会計基準の選択適用が行われていたことが分かる。

第1類型のIAS/US-GAAP基準をいっさい適用しない商法基準単独適用の連結財務諸表を作成している上場会社は，「国際会計の影響を受けない伝統的な国内基準準拠の連結財務諸表[1]」のケースであり，BMW社やVW社の事例がある。

第2類型の商法基準適用の連結財務諸表にIAS/US-GAAP基準準拠の追加情報方式は，附属説明書にIAS/US-GAAP基準準拠の追加情報を任意にデュアルに提供するケースについては，Dykerhoff社，Heidelberger Zement社の事例があり，商法基準適用の連結財務諸表の他に，IAS/US-GAAP基準準拠の連結財務諸表をパラレルに作成・開示するケースについては，Adidas社，Puma社，Deutsche Bank社の事例が，そして，US-GAAP基準の全面適用をしたDaimler-Chrysler社，VEBA社，Pfeiffer Vacuum Technology社の事例があり，また，商法基準適用の連結財務諸表の特定項目（金額）に対し，US-GAAP基準準拠の調整表を作成するケースについては，BASF社，SAP社，Deutsche Telekom社の事例がある。さらに，追加情報としてIAS/US-GAAP基準を選択適用するケースについては，Siemens社の事例がある[2]。

第3類型の商法基準適用の連結財務諸表に対する代替方式は，US-GAAP基準準拠の調整計算を行った商法・IAS基準適用のデュアルな連結財務諸表を作成・開示するケースとして，Hoechst社の事例があり，また，資本調達容易化法にもとづく商法典第292a条適用の免責連結財務諸表の作成・開示のケースとして，Bayer社，Schering社の事例がある[3]。

　以上のことから，ドイツ上場会社の連結財務諸表の会計行動様式がきわめて多様な形成可能性のもとに実施されていることが明らかとなる。しかも，これは，1999年の事例であるが，このなかで，パラレル方式の連結財務諸表については，つぎのような批判的指摘が見られる。

　　「これらは，企業の任意の調整化への努力の表現ではあるが，同時に，とくにパラレル方式の連結財務諸表による国際化への適応可能性には大きな適応のコストが不可避的にかかるとともに，連結財務諸表が投資家に対しミスリードし，信頼性に欠けるといった問題点がある[4]」。

　このため，2005年のIAS基準全面適用に向けて，ドイツ上場会社の連結財務諸表の国際化対応の会計行動のIAS/IFRS基準への移行過程が続くことになる。

　その一方で，第6-6表にを見るように，ドイツ上場会社DAX30社の会計行動において，商法基準単独適用の連結財務諸表は次第に意義を失いつつあることが分かる。1999年度の商法基準単独適用の8社のうちの4社が2000年にはUS-GAAP基準またはIAS基準への変更を予定しており，また，3社は具体的なプランを検討中であった。このため，商法基準単独適用はVolkswagen社のみになったが，その後，Volkswagen社もIAS基準へ変更がなされた。

　このように，会計基準の適応の進展がドイツ上場会社に見られたが，選択適用を決定づける変更の動機が何であったか。調査結果によれば，第6-7表に掲記した理由が挙げられている。

　上記のことから分かるように，ドイツ上場会社DAX30社がIAS/US-GAAP基準に会計基準の変更を次々の行っている理由として，連結財務諸表の国際的比較可能性，アメリカの証券取引所上場，透明性の向上といったことが挙げら

第6-6表　DAX30社のIAS/US-GAAP基準への適応状況の推移

（1997年度）

商法基準単独適用方式	21社（70%）
US-GAAP基準調整表方式	3社（10%）
商法・IAS基準デュアル方式	1社（3%）
US-GAAP基準調整表付の商法・IAS基準デュアル	2社（7%）
商法・IAS基準パラレル方式	2社（7%）
商法・US-GAAP基準パラレル方式	1社（3%）
	30社

	（1998年度）	（1999年度）
商法基準単独適用方式	14社（47%）	8社（27%）
商法・IAS基準デュアル方式	2社（7%）	2社（7%）
US-GAAP基準調整表付のIAS基準適用方式	1社（3%）	1社（3%）
IAS基準単独適用方式	8社（27%）	14社（47%）
US-GAAP基準調整表付の商法基準適用方式	4社（13%）	3社（10%）
US-GAAP基準完全適用方式	1社（3%）	2社（6%）
	30社	30社

出典）Spanheimer, J./Koch, C., Internationale Bilanzpraxis im Deutschland, in：Die Wirtschaftsprüfung, Nr. 7/200, S.303-304.

れ，さらに，資本市場の情報期待，投資家層の拡大・国際化，内部・外部会計の統合といったことが理由となっている。

第6-7表　IAS/US-GAAP基準への変更の動機

国際的比較可能性	（59%）
海外，とくにアメリカ市場への上場	（41%）
透明性の向上	（36%）
資本市場の情報期待	（14%）
投資家の層の拡大と国際化	（14%）
内部/外部会計の統合	（10%）

出典）Spanheimer, J./Koch, C., a.a.O., S.305-309. から作成。

　同様の調査[5]がMDAX70社についても実施されたが，その調査結果を見てみると，MDAX上場会社の商法基準準拠支配は，1998年の82%であり，1997年（88%）比では大きな変化がなかったが，1999年に59%に激減していること

が分かる。また，1998年に7社が商法典第292a条の開放条項（商法基準の義務からの開放という意味で，免責連結財務諸表を作成することができる根拠規定）をはじめて適用し，これら7社はIAS基準準拠の免責連結財務諸表を作成・開示した。この7社のうちの5社については，1997年にはパラレル方式もしくはデュアル方式のIAS基準準拠の連結財務諸表を作成・開示していたのであるが，このパラレル方式またはデュアル方式といった2つの適応戦略は，MDAX上場会社が商法典第292a条の開放条項を適用することで採られなくなった。

　この結果，1998年には，商法・US-GAAP基準のパラレル方式が2社，US-GAAP基準の調整表付の商法基準準拠方式が3社，IAS基準準拠方式が7社，US-GAAP基準準拠方式が1社であり，1999年度には，US-GAAP基準の調整表付の商法基準準拠方式が2社に減ったのに対し，IAS基準準拠方式が18社，US-GAAP基準準拠方式が9社となり増加した。さらに調査の時点（1999年）で，2001年までにIAS/US-GAAP基準への変更を計画中のものが1999年の商法基準準拠企業の41社中の7社が，そして検討中のものが20社あった。

　MDAX上場会社の実態調査は，さらに，MDAX上場会社のIAS/US-GAAP基準への変更の動機についても，以下の第6-8表のような結果を示しているが，DAX上場会社と同じ傾向にあることが分かる。

　DAXとMDAXの上場会社のほかに，ベンチャー起業対象の新興市場であるNeuer Marktというものがもうひとつの資本市場として開設されているが，

第6-8表　MDAX上場会社のIAS/US-GAAP基準への移行の動機

国際的比較可能性	(42%)
資本市場の情報期待	(37%)
透明性の向上	(21%)
海外，とくにアメリカの証券取引所上場	(15%)
投資家層の拡大・国際化	(15%)
内部外部会計の統合	(4%)

出典）Spanheimer, J/Koch, C., a. a. O., S.306-307.

第6章 ドイツ上場会社の適用会計基準の選択行動　157

この市場におけるドイツ上場会社の会計行動もまた，IAS/US-GAAP基準シフトを強めている。1999年の調査[6]では，Neuer Marktの108社中，IAS基準単独適用方式が25社，US-GAAP基準単独適用方式が25社，商法・IAS基準パラレル方式が18社，US-GAAP基準調整表付の商法基準適用方式が14社，IAS基準調整表付の商法基準適用方式が13社，商法・US-GAAP基準パラレル方式が12社という内容であり，商法基準単独適用方式を採っていたのはわずか1社であった。この傾向は，第6-9表のように，2001年までの推移からも明らかになっている。

第6-9表　Neuer Markt上場企業の会計基準の選択

	1997年	1998年	1999年	2000年	2001年
上場会社数	11社	30社	173社	319社	344社
会計基準の選択(%)					
商法基準	18.1	36.7	0.6	0.1	2.9
IAS基準	45.5	33.3	49.7	48.1	48.0
S-GAAP基準	36.4	30.0	49.7	50.8	49.1

出典）Ballwieser, W., Rechnungslegung und Prüfung am Neuer Markt, in：Zeitschrift für betriebswirtschaftliche Forschung, Heft 53/2001, S.842.

また，この調査のなかで，IAS基準とUS-GAAP基準が選択適用しているが，第6-10表が示すように，ドイツ上場会社の選択の基準が何であるか，非常に興味深い。

以上のDAX，MDAX，Neuer Marktのドイツ上場企業の多様なIAS/US-GAAP基準対応の調査結果から，以下のことが明らかとなる。

(1)　1997年から1999年の間，MDAX100社について，商法基準単独準拠の上場会社が激減し，1999年の商法基準準拠の上場会社のなかでIAS/US-GAAP基準への変更を22%が予定，45%が検討中である。

(2)　DAX30社のうちの22社（73%）が1999年にIAS/US-GAAP基準準拠であり，さらに，4社が2000年に変更予定である。これに対し，MDAX企業では，29社（41%）がIAS/US-GAAP基準準拠であった。IAS/US-GAAP基準準拠へのDAX上場会社の変更は，グローバルプレイヤーの

第 6-10 表　Neuer Markt の IAS/US-GAAP 基準の選択の動機

IAS 基準の選択動機	US-GAAP 基準の選択動機
①履行の容易化と低い変更コスト	①アメリカの証券取引所の上場の計画または可能性
②ヨーロッパとノイアマルクトにおける大きな受容と普及	②アメリカ市場への拡大参入
③外部パートナーの推薦	③競争相手と比較可能な会計実務
④会計政策上のメリット	④より大きな国際的な受容
⑤商法基準との近似	⑤将来のグローバル会計基準としての実行
⑥アメリカの証券取引所上場	⑥少数の選択権を有した厳格な投資家保護の基準

出典) Spanheimer, J./Koch, C., a.a.O., S.238.

　　国際化への強まりと国際資本市場の利用の高まりによるもので，海外，とくにアメリカの証券取引所上場について，DAX 上場会社の方がMDAX 上場会社よりも変更の動機が大きかった。

(3)　DAX と MDAX の上場会社の連結財務諸表の決算実務が多様な国際的な会計行動をもって特徴づけられる。具体的には，8つの類型が採用されているが，資本調達容易化法にもとづく商法典第292a 条の開放条項を利用した IAS/US-GAAP 基準準拠の免責連結財務諸表の作成・開示が増えたのに対し，パラレル方式とデュアル方式が適用の意義を失ってしまった。

(4)　DAX と MDAX の上場会社ともに，IAS 基準へのシフトが進み，DAX 上場会社について，US-GAAP 基準よりも IAS 基準の方が優先適用されている。1999年度に DAX 上場会社の半数が IAS 基準準拠（13社が免責方式，2社がデュアル方式）であったのに対し，6社が US-GAAP 基準準拠（3社が免責方式，3社が調整表方式）であった。また，ニューヨーク証券取引所上場を目指す7社（Allianz 社2000年，BASF 社2000年，Deutsche Bank 社2000年，Dresdner Bank 社2000年，Schering 社2000年，Siemens 社2001年，Thyssen-Krupp 社2002年である）が IAS 基準準拠にもとづく US-GAAG 基準調整表方式を採用していた。

(5)　IAS/US-GAAP 基準準拠を義務づけられた Neuer Markt 上場会社に

ついては，1999年では56社がIAS基準準拠，51社がUS-GAAP基準準拠であったが，調査対象企業の46％が免責方式のIAS/US-GAAP基準準拠の連結財務諸表を作成・開示していた。
(6)　IAS/US-GAAP基準への会計基準の選択の動機として，IAS基準の場合は，移行が容易で，コストが低いため，IAS基準の受け入れと普及がスムーズであること，US-GAAP基準の場合は，アメリカの証券取引所上場，アメリカ市場への参入，競争相手企業の決算実務に対応のメリットがあることが挙げられている。
(7)　投資家の観点から見た場合，ドイツ上場会社の連結財務諸表決算実務における国際会計への発展傾向について，より強い資本市場指向のアングロアメリカの基準への変更は，個々の上場会社の開示レベルの改善をもたらし，さらに，連結財務諸表の国際的な比較可能性という国際会計の基本的考え方からは，多様な企業の個別の国際的な会計戦略を考慮に入れて，IAS/IFRS基準に収斂されていくといった特徴が見られる。

　ドイツ上場会社の会計行動は，IAS基準とUS-GAAP基準の会計基準間の競争のなかで，「選択決定基準[7]（Entscheidungskriterien für die Auswahl zwischen IAS und US-GAAP）」を考慮して具体的な適用会計基準を選択してきたのである。

〈注〉
1．2．3．4．Keun, F. / Zillich, K., Internationalisierung der Rechnungslegung, IAS und US-GAAP im Wettbewerb, Wiesbaden 2000, S. 32.
5．Spanheimer, J. /Koch, C., Internationale BilanzierungspraxisIn Deutschland, in : Die Wirtschaftsprüfung, Nr. 7/2000, S. 306-307.
6．Ballwieser, W., Rechnungslegung und Prüfimg am Neuen Markt, in : Zeitschrift für betriebswitschaftliche Forschung, Heft 53/2001. S. 852.
7．Keun, F. /Zillich, K., a. a. O., S. 74-75.

第2節　ドイツ上場会社の適用会計基準の選択行動の事例研究

1　Daimler-Benz／Daimler-Chrysler株式会社
　—US-GAAP基準を部分的適用から完全適用したケース—

　US-GAAP基準を単独適用した上場会社としてDaimler-Benz/Daimler-Chrysler社がある。Daimler-Benz/Daimler-Chrysler社の連結財務諸表の国際化の始まりは，Daimler-Benz社がニューヨーク証券取引所に株式上場（ADR）を行い，1993年にSEC（米国証券取引委員会）が上場要件としている「フォーム20-F」を提出をしたことである。この間の国際化対応の進展を見ると，

　①1992年度までのDaimler-Benz社のきわめて限定された範囲の部分的な国際化への対応
　②1993年度にはじまり，1995年度にいたる間のDaimler-Benz社の調整表方式のUS-GAAP基準の適用によった国際化への対応
　③1996年度から1997年度までのDaimler-Benz社としてのUS-GAAP基準の完全な適用によった国際化への対応
　④1998年度から2003年度におけるDaimler-Chrysler社としてのUS-GAAP基準の完全な適用によった国際化への対応

といった4つのステップを経ていることが分かる。第6-3図は，Daimler-Benz/Daimler-Chrysler社の連結財務諸表の国際化対応の決算の推移を概観したものである。

　第6-4図から分かるように，Daimler-Benz社が1993年以降にUS-GAAP基準を適用してきたのは，ドイツ上場会社がアメリカの証券取引所で資金調達を図るべく上場を行うにあたってSEC（アメリカ証券取引委員会）からアメリカ企業と等価値の連結財務諸表を作成・開示することを強制されたためであった。このため，Daimler-Benz社は，1993年のニューヨーク証券取引所上場に際し，US-GAAP基準に適合した連結財務諸表を作成・開示する必要に迫られ

第6-3図　Daimler-Benz/Daimler-Chrysler 社の連結財務諸表の国際化対応

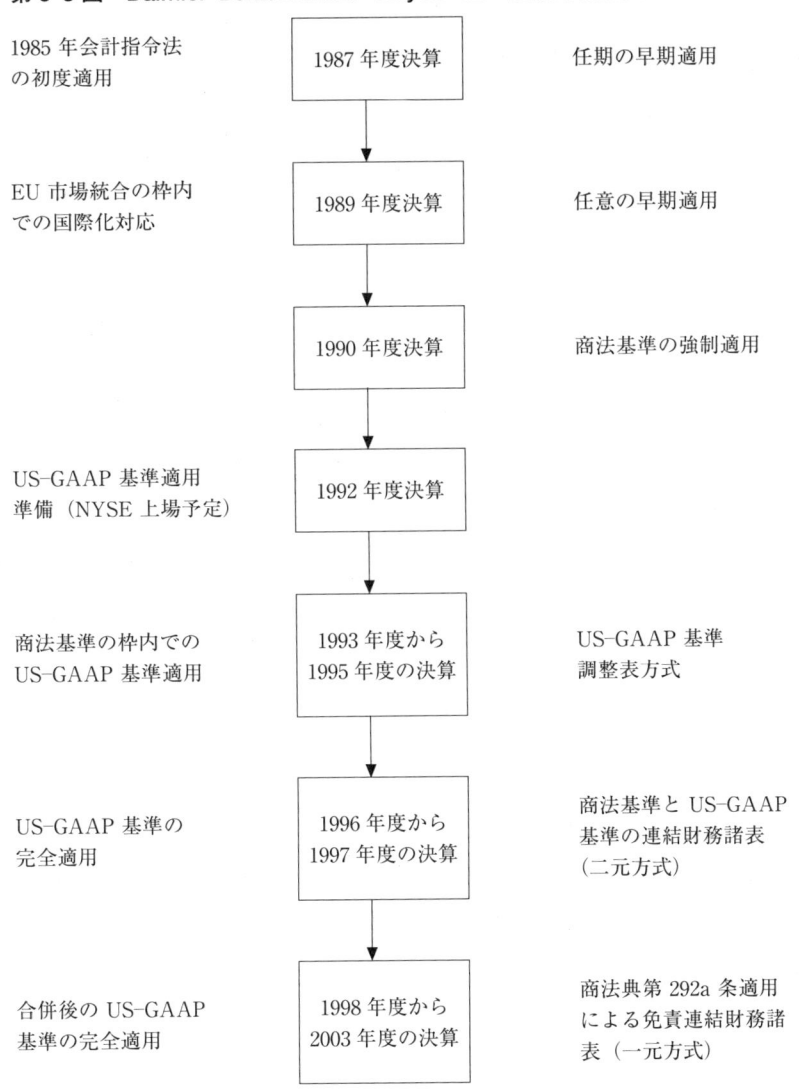

適用段階	決算年度	適用方式
1985年会計指令法の初度適用	1987年度決算	任期の早期適用
EU市場統合の枠内での国際化対応	1989年度決算	任意の早期適用
	1990年度決算	商法基準の強制適用
US-GAAP基準適用準備（NYSE上場予定）	1992年度決算	
商法基準の枠内でのUS-GAAP基準適用	1993年度から1995年度の決算	US-GAAP基準調整表方式
US-GAAP基準の完全適用	1996年度から1997年度の決算	商法基準とUS-GAAP基準の連結財務諸表（二元方式）
合併後のUS-GAAP基準の完全適用	1998年度から2003年度の決算	商法典第292a条適用による免責連結財務諸表（一元方式）

第6-4図　Daimler-Benz/Daimler-Chrysler社の連結財務諸表の国際化対応の特徴

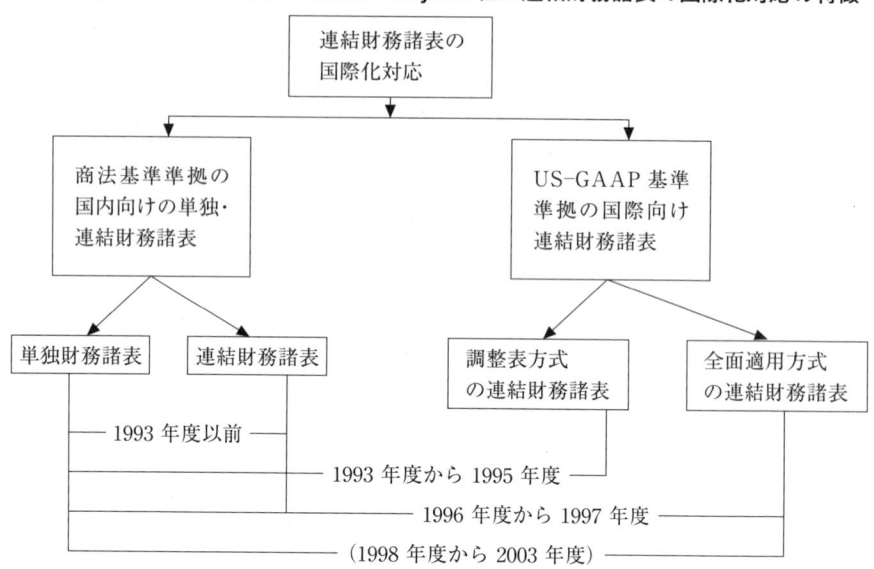

```
                    連結財務諸表の
                    国際化対応
              ┌──────────┴──────────┐
         商法基準準拠の              US-GAAP基準
         国内向けの単独・            準拠の国際向け
         連結財務諸表                連結財務諸表
         ┌────┴────┐              ┌────┴────┐
      単独財務諸表  連結財務諸表    調整表方式      全面適用方式
                                   の連結財務諸表  の連結財務諸表
         ├───1993年度以前───┤
         ├──────1993年度から1995年度──────┤
         ├────────1996年度から1997年度────────┤
         ├──────────（1998年度から2003年度）──────────┤
```

た。

　具体的に言えば，1993年度から1996年度の決算では，連結財務諸表を商法基準で作成・開示したうえで，US-GAAP基準の適用を行い，両者の差額をしめす調整表を作成・開示する方式を採用した。それ以降の1996年度から1997年度の決算では，Daimler-Benz社は，US-GAAP基準に適合した調整表方式を転換させ，US-GAAP基準完全適用の連結財務諸表を作成・開示するとともに，商法基準準拠の連結財務諸表も同時に作成・開示する二元方式を採用した。さらに，合併後の1998年度から2000年度には，Daimler-Chrysler社の連結財務諸表は，US-GAAP基準完全適用による連結財務諸表を単独に作成・開示する一元方式に切り替えられた。

　1987年度の連結財務諸表は，1985年の会計指令法施行後の早期適用初年度に任意に作成・開示されたものである。連結附属説明書において，

　　　「Daimler-Benz社の単独財務諸表及び連結財務諸表は，1987年度に会
　　　計指令法の諸規定の初年度の適用により作成されている。単独財務諸表に

関しては，新法の早期適用のあたって貸借対照表計上及び評価規定の変更が軽微であったため，成果中立的な移行であり，とくに自己資本への影響は重要なものでなかった。これに対し，連結財務諸表に継承された財産対象物及び負債は，Daimler-Benz 社の会計方法で統一的に評価され，このコンツェルン統一的評価による適応の他，資本連結，繰延税金，関係会社の評価による変動は，連結利益準備金と相殺計算されている[1]」

と記されている。この連結附属説明書にあるように，会計指令法の適用からは，Daimler-Benz 社の単独の自己資本に重要な影響を与えなかったが，第6-11表に見るように，連結自己資本の変動に関し減少額が15億マルクにのぼった。しかし，その一方で，Daimler-Benz 社の配当政策に関しては，連単利益の一致表示の会計行動が採られていた。すなわち，第6-12表のように，会計指令法への移行により，連結自己資本の変動を情報価値として表示する一方で，連単利益一致で，前年度と同額の配当支払いを行った。自己資本の変動を情報価値として表示する一方で，連単利益一致で，前年度と同額の配当支払いを行った。

第6-11表　会計指令法の初度適用による自己資本の変動

	百万マルク	百万マルク
旧法による 1986 年 12 月 31 日現在		12,165
1986 年度の当期純利益	702	
準備金特別項目の自己資本組入れ	129	
旧法の借方連結差額の相殺消去	-1,315	-486
1986 年 12 月 31 日現在の新法による比較額		11,679
新法適用による増減		
コンツェルン統一的評価及び持分法による適応	-3,347	
成果作用的な相殺消去取引の繰延税金	639	-2,508
1986 年度の Daimler-Benz 社の配当		-568
1987 年度の未処分利益の利益準備金組入れ		1,085
1987 年度当期純利益		702
その他増減		-224
1987 年 12 月 31 日現在		10,166

出典）Daimler-Benz AG, Geschäftsbericht für das Geschäftsjahr 1987.

第 6-12 表　親会社の Daimler-Bennz 社の連単利益一致表示と配当支払

1987 年 12 月 31 日の Daimler-Benz 社の単独財務諸表は，当期純利益，701,618,000 マルクを表示している。株主総会は，当期純利益が以下のように処分される旨の提案を受けている。

配当金の合計	501,678,888 マルク
利益準備金組入れ	199,939,312 マルク
当期純利益	701,618,000 マルク

（単独の当期純利益と連結利益が 701,618,000 マルクと同額で表示）
出典）Daimler-Benz AG, Geschäftsbericbt für das Geschäftsjahr 1997.

　会計指令法の早期適用の初年度の Daimler-Benz 社の1987年度決算から分かることは，EC 域内での連結財務諸表の調和化を目指し，EC 第 4 号・第 7 号会計指令への適応という点で，EC 域内における国際化対応を行ったということである。そして，1988年度決算の連結財務諸表も1987年度と同様の決算内容を示していた。

　1989年度決算の連結財務諸表は，早期の任意適用で，会計指令法に準拠して作成・開示されたが，その会計方針を国際化に対応させるべく変更を行った。1989年の連結附属説明書において，

　　「世界的に事業展開するテクノロジーグループへのリストラクチャリングを図る Daimler-Benz 社は，認識・測定の会計処理ををよりいっそう国内及び国際的な実務慣習に適合させた。自動車メーカーとして，保守主義的な会計処理の方針を採ってきたが，それでは，新しく組織された Daimler-Benz グループを国際的比較のなかで適切に判断することができないことになる。そのため，Daimler-Benz 社は，評価の適応を行った[2]」

と記している。しかし，1989年度決算の連結財務諸表は，会計指令法の商法基準に準拠した枠組みのなかでの国際化対応に一歩踏み入れたに過ぎなかった。このことにも関連して，第 6-13表のように，1989年度の Daimler-Benz 社の単独の当期純利益が連結利益と一致しており，親会社の当期純利益が連結損益計算書で調整されていた。

　1990年度決算の連結財務諸表は，1989年度の国際化対応の新しい会計方針を

第6-13表　Daimler-Benz社の連単利益の一致表示と利益処分

（百万マルク）	1989年度	1988年度
連結未処分利益	6,809	1,702
利益準備金組入れ	−5,870	−874
少数株主利益	−446	−56
少数株主損失	+67	+29
Daimler-Benz社の当期純利益	560	691

利益処分内容

1989年度のDaimler-Benzの単独財務諸表は，当期純利益，560,022,000マルクを表示している。株主総会は，当期純利益を以下のように処分することを決定した。

配当金	554,896,332
次期繰越利益	5,125,668
当期純利益	560,022,000

(出典) Daimler-Benz AG, Geschäftsbericht für das Geschäftsjahr 1989.

堅持するとともに，商法基準の強制適用の初年度にあたっていた。しかし，連結財務諸表の特徴は，1989年度と同様であり，1991年度の連結財務諸表でも同じ状況であった。

　Daimler-Benz社の連結財務諸表の国際化対応の会計方針が決定的な方向転換をみせたのは，1992年度決算以降からである。すなわち，

　①1992年決算のUS-GAAP基準への準備

　②1993年度から始まり，1995年度の決算まで続いたUS-GAAP基準に準拠した場合の調整表方式

が見られたことである。前者の1992年度決算の連結財務諸表の作成・開示の特徴点については，つぎのことが分かる。

　「第一に，連結財務諸表に関して連結附属説明書の記載があるのに対し，単独財務諸表に関する単独の附属説明書がなかったということである。この事実から，連結財務諸表重視の会計方針への転換が読み取れる。

　第二に，国際化への兆しとして，1992年度からキャッシュフロー計算書について，US-GAAP基準のSFAS第95号の適用による作成が行われていることである。

第三に，Daimler-Benz の株式の上場がドイツ国内の市場だけでなく，バーゼル，ジュネーブ，チューリヒ，ロンドン，パリ，東京，ウィーンの海外市場でも行われ，Daimler-Benz の国際発展が進んだということである。

　第四に，1992年度のはじめにニューヨーク証券取引所での株式上場について，アメリカ証券取引委員会との交渉が始められたことである[3]」。

　Daimler-Benz 社は，資本調達方法をドイツ国内だけでなく，海外市場にシフトさせる方向を採り，とくに，ニューヨーク証券取引所上場を目指す方向転換を図る準備に入り，そのために，US-GAAP 基準のSFAS 第95号のキャッシュフロー計算書作成に切り替えた。

　この Daimler-Benz 社のニューヨーク証券取引所上場を受けて，1993年度決算の連結財務諸表作成・開示の会計方針として，US-GAAP 基準準拠への移行が明確にされた。しかし，この1993年度決算では，US-GAAP 基準準拠への完全な移行がなされたのではなかった。この当時の法的状況から，US-GAAP 基準の適用が商法基準に準拠した連結財務諸表に対する追加情報のかたちで許容されるという制約条件があった。このため，Daimler-Benz 社のケースでは，商法基準と US-GAAP 基準の適用の差異について調整表を作成・開示し，追加情報を提供するという方式が採られたのである。Daimler-Benz 社の調整表方式は，1993年度から1995年度の決算まで続いた。1993年の連結附属説明書において，調整表方式の追加情報について，つぎのような説明がなされていた。

　「連結財務諸表は，商法上の計算規程に準拠して作成されている。さらに，アメリカの会計に適用されている評価原則への適応という目標のために数多くの方法の変更を行った[4]」。

　Daimler-Benz 社は，1993年度決算における「アメリカの会計規範による US-GAAP 基準に準拠した追加情報[5]」について，以下のように説明している。

　「ニューヨーク証券取引所における Daimler-Benz 株式の上場に伴って，アメリカ証券取引委員会にフォーム20-F のアニュアレポートを提出した。

第6章　ドイツ上場会社の適用会計基準の選択行動　　*167*

　このアニュアルレポートには，Daimler-Benz社の営業報告書による情報の一部とアメリカの規範により計算した追加的な報告と評価額が含まれている。Daimler-Benz社の観点から最重要な情報がフォーム20-Fにもとづき示されている。とくに，損益と自己資本について著しい相違があるため，ドイツの連結財務諸表をアメリカの原則による評価額に移行させた調整表を作成している[6]」。

　Daimler-Benz社の1993年度決算の連結財務諸表の会計方針は，1994年度と1995年度の決算においても採用され，US-GAAP基準によった調整表方式の追加情報が開示された。

　以下の第6-14表は，Daimler-Benz社の1993年度から1995年度の連結財務諸表の調整表方式の概要である。

第6-14表　Daimler-Benz社の商法・US-GAAP基準の調整表方式

連結損益の調整計算

Daimler-Benzグループ	1995年度	1994年度	1993年度	1992年度
商法基準の連結損益（百万マルク）	-6,734	896	416	1,451
1株当り損益（マルク）	-110.59	21.57	12.78	30.12
US-GAAP基準の連結損益（百万マルク）	-5,729	1,052	-1,839	1,350
1株当り損益（マルク）	-111.67	21.53	-39.47	29.00

連結自己資本の調整計算

Daimler-Benzグループ	1995年度	1994年度	1993年度	1992年度
商法基準の自己資本（百万マルク）			18,145	19,719
US-GAAP基準の自己資本（百万マルク）			26,281	27,604

出典）Daimler-Benz AG, Geschäftsberichte für die Geschäftsjahre 1992-1995.

　Daimler-Benz社の1993年度から1995年度までの連結財務諸表の調整表方式では，第6-15表のように，商法基準とUS-GAAP基準との差異分析が開示されている。

　1993年度の商法基準とUS-GAAP基準の連結損益と連結自己資本の差異分析の調整表方式は，1994年度と1995年度にも継続採用された。

　この調整表方式の会計方針のもとで，連結財務諸表の国際化対応が実施され

第 6-15 表　調整表における商法基準と US-GAAP 基準との差異分析

1992 年度と 1993 年度の商法基準と GAAP 基準との差異

	1993 年度	1992 年度
連結損益の差異		
US-GAAP 基準準拠のその他の影響		
長期請負工事	78	-57
暖簾及び企業増価	-287	-76
企業減少	—	337
年金引当金及び年金者の疾病費用	-624	96
外貨換算	-40	-94
為替先物取引	-225	-438
その他の評価差額	292	88
潜在的租税	2,627	-646
連結自己資本の差異		
US-GAAP 基準準拠のその他の影響	1993 年度	1992 年度
長期請負工事	207	131
暖簾及び企業増価	2,284	1,871
年金引当金及び年金者の疾病費用	-1,821	-1,212
外貨換算	85	-342
為替先物取引	381	580
その他の評価差額	-698	-1,708
潜在的租税	2,489	-138

出典）Daimler-Benz AG, Geschäftsbericht für das Geschäftsjahr 1993.

第 6-16 表　1995 年の連結損益計算書における単独利益の表示

（百万マルク）	1995 年度	1994 年度
連結営業損益	-835	2,077
特別損益	-3,884	—
所得税及び収益税	-1,015	-1,182
連結当期損益	-5,734	895
前期繰越利益	19	18
利益準備金取崩し/組入れ	5,655	-489
少数株主利益	-183	-169
少数株主損失	243	328
Daimler-Benz 株式会社の当期純利益	—	583

出典）Daimler-Benz AG, Geschäftsbericht für das Geschäftsjahr 1995.

たが，同時に，この調整表方式のもとにあっても，連結損益計算書において親会社の単独利益が表示されるという会計方針が維持されていたことが特徴的であった。以下の第6-16表は，1995年度のDaimler-Benz社の連結損益計算書である。

　Daimler-Benz社の連結財務諸表における国際化対応の会計方針は，1996年と1997年度決算において，方針の転換が行われた。1993年度から1995年度の商法基準とUS-GAAP基準の調整表方式を取りやめ，US-GAAP基準完全適用に切り替えた。この結果，Daimler-Benz社の会計方針は，商法基準準拠とUS-GAAP基準準拠の二つの連結財務諸表を作成・開示する二元方式を採ることとなった。1996年度のDaimler-Benz社の取締役会の報告で，会計方針の転換について以下のように記されている。

　　「本営業報告書に含まれている連結財務諸表の作成にあたってDaimler-Benz株式会社の取締役会が責任を有している。連結財務諸表は，アメリカ合衆国の会計規定にはじめて完全に準拠して作成されたものである。本報告に含まれる財務情報は，本財務諸表及びアメリカの会計規定によって行われた評価をベースに測定されている[7]」。

　しかし，US-GAAP基準への完全な会計方針の転換にもかかわらず，EC第7号会計指令及びIAS（国際会計基準）の規準に許容される比例連結法によりさまざまな共同企業を連結財務諸表に含めている処理をしたが，それは，US-GAAP基準によれば，これらの共同企業は持分法によってDaimler-Benz社の連結財務諸表に含まれなければならなかったものである，しかし，アメリカ証券取引委員会は，Daimler-Benz社により連結財務諸表の注記2で定義され，その影響について説明されている比例連結法については，その適用をまったく妨げないとし，比例連結法という例外を除いて，US-GAAP基準完全適用に移行した。そして，このUS-GAAP基準完全適用について，以下のような説明を行い，それが株主価値志向の企業経営のためにUS-GAAP基準の会計数値による内部管理と内部・外部関係者への情報価値のある時宜に適した透明な報告であったこと，さらに，ニューヨーク証券取引所上場と資本調達容易化法

(草案)を睨んだ国際化対応であったことを強調している。そのうえで，US-GAAP基準完全適用に大きく舵をきったことを「外部者に向けたいっそうの透明性[8]」，「すべての株主にとってのメリット[9]」として，以下のことが叙述されている。

「異なった会計観にもとづいた，部分的には大きな相違がある商法基準とUS-GAAP基準に準拠した企業の経済的成果のそれぞれに違った指標に代えて，Daimler-Benz社の株主，証券アナリスト，関心のある大衆に対し，US-GAAP基準に準拠した指標を提供したい。Daimler-Benz社は，企業の財産及び財務の状況を含めて経済的成果を以前の会計システムよりもいっそう明瞭かつ適切に反映させることのできる国際的に最高水準の会計基準を遵守している。US-GAAP基準に準拠した会計は，投資家情報を重視している。(中略)国際的に活動する証券アナリスト，経験豊かな機関投資家だけでなく，すべての個人株主にとっても，US-GAAP基準準拠の会計にもとづくことで，経済状況や企業の発展を適切に判断することができなければならない。Daimler-Benz社は，これによって透明性を増し，国際的な尺度で比較可能となる。このことがDaimler-Benz株式の国際的な承認に貢献している[10]」。

しかし，Daimler-Benz社のUS-GAAP基準完全適用の一方で，第6-17表のように，1996年度と1997年度の決算における連結財務諸表の会計方針の特徴点は，US-GAAP基準準拠の連結財務諸表の作成・開示とともに，商法基準準拠の連結財務諸表及び親会社の単独財務諸表の作成・開示が同時に実施されたことであった。その結果，Daimler-Benz社の連結財務諸表は，国内向けと国際向けの二元的対応を示すこととなった。とくに，連単利益に関する表示情報に二元的対応の特徴が浮き彫りになっていた。

国内向けの連単財務諸表では，連単利益の一致表示を行い，連結財務諸表が利益処分計算を行い，親会社(Daimler-Benz社)の配当計算を行っているような決算実務を示していた。これに対し，US-GAAP基準準拠の連結財務諸表がニューヨーク証券取引所における投資家情報向けに作成・開示されていた。

第6-17表　Daimler-Benz社の商法基準に準拠した連単財務諸表の利益処分計算

Daimler-Benz社の単独利益処分計算

（百万マルク）	1996年度	1995年度
当期未処分損益	1,298	−6,577
前期繰越利益	—	19
利益準備金の取崩し／組入れ	−649	6,558
当期純利益	649	—

Daimler-Benz社の連結利益処分計算

（百万マルク）	1996年度	1995年度	
当期未処分利益	2,689	−5,734	
前期繰越利益	—	19	（連単利益一致）
利益準備金の取崩し／組入れ	−2,126	−5,655	
少数株主利益	−164	−183	
少数株主損失	250	243	
Daimler-Benz社の当期純利益	649	—	

Daimler-Benz社の利益処分提案

1996年12月31日のDaimler-Benzの単独財務諸表は，当期純利益648,875,451.55マルクを表示している。株主総会に以下の利益処分提案が提出された。

配当金	566,996,035.60マルク
次期繰越利益	81,939,415.95マルク
当期純利益	648,875,451.55マルク

出典）Daimler-Benz AG, Geschäftsbericht für das Geschäftsjahr 1996.

第6-18表　Daimler-Benz社のUS-GAAP基準に準拠した国際向けの連結利益処分計算

（百万マルク）	1996年度	1995年度
財務損益，収益税，少数株主損益		
控除前の損益	1,465	−8,162
財務損益	496	929
収益税	712	1,620
少数株主損益	89	−116
連結損益	2,762	−5,729

出典）Daimler-Benz AG, Geschäftsbericht für das Geschäftsjahr 1996.

以上の結果，第6-18表に示したように，1996年度と1997年度のDaimler-Benz社の連結財務諸表は国内向けの商法基準とアメリカ向けのUS-GAAP基準といったダブルスタンダードによる二元的な決算を会計方針として採用したことが分かる。そして，国内向けの商法基準準拠では，連単利益の一致表示を連結損益計算書で行い，国際的な投資家情報に向けてUS-GAAP基準準拠を図って，国内向けの連結利益（1996年度は649百万マルク）と違ったUS-GAAP基準の連結利益（1996年度は2,762百万マルク）を表示していた。

　このような商法基準とUS-GAAP基準のダブルスタンダードにもとづく会計方針のもとにあって，Daimler-Benz社の連結利益の差異が発生することになるが，この連結利益の差異について，第6-19表のように，1996年度と1997年度の決算では，「ドイツとアメリカの会計の間の重要な差異」[11]という注記上の説明をしている。

第6-19表　ドイツとアメリカの会計の間の重要な差異

（原則的な差異）
ドイツとアメリカの会計には，原則的に異なった考え方がある。商法基準に準拠したドイツの会計が慎重主義の原則と債権者保護を重視しているのに対し，株主に対する意思決定に有用な情報を提供することがアメリカ会計の優先的目標である。それゆえにまた，US-GAAP基準に準拠した異なった年度や異なった企業の財務諸表の比較可能性ならびに期間に適正な損益計算は，商法基準準拠よりも大きな価値を認められている。

出典）Daimler-Benz AG, Geschäftsberjcbt für das Geschäftsjahr 1997.

　Daimler-Benz社の1996年度と1997年度の決算では，ドイツとアメリカの重要な差異が具体的に，①引当金，②暖簾，③未実現利益，④リース，⑤繰延税金の5つの項目であったと注記されていた。

　1996年度と1997年度のDaimler-Benz社の連結財務諸表の会計方針は，1998年度になって再度の方針転換を見せた。

　1998年度決算は，Daimler-Benz社とChrysler社との間で企業合併後の最初の年度であった。合併後のDaimler-Chrysler社の連結財務諸表の会計方針も引き続きUS-GAAP基準完全適用を採用したが，1998年度決算の特徴は，

1998年に成立した資本調達容易化法にもとづき新設された商法典第292a条の免責条項を適用した点にあった。この1998年度のUS-GAAP基準に準拠した免責連結財務諸表の会計方針は、その後も継続適用され、2003年度決算に至っている。1998年度の連結財務諸表の会計方針に関する説明によれば、以下のことが記されていた。

　「連結財務諸表、連結キャッシュフロー計算書、連結自己資本変動表は、アメリカの会計規定であるUS-GAAP基準に準拠して作成されている。ドイツ法に準拠した連結財務諸表の作成の義務からの免責のため、US-GAAP基準準拠の連結財務諸表は、ドイツマルクで作成され、商法典第292a条にもとづき連結状況報告書ならびにその他の説明による補足が行われている。同時に、商業登記所に備え付け、連邦官報に公表されなければならない連結財務諸表及び連結状況報告書はEC第4号及び第7号会計指令に合致している。この会計指令の解釈にあたっては、EU委員会と連邦法務省からも承認されている会計指令に関する連絡調整委員会の意見書を支持している[12]」。

この1998年度決算と同じ記述が2001年度決算まで継続されている。この結果、Daimler-Chrysler社の連結財務諸表の会計方針は、商法典第292a条の免責条項を適用して、US-GAAP基準準拠の連結財務諸表に一元化されたことが分かる。

　なお、Daimler-Benz社とChrysler社の企業合併の会計処理は持分プーリング法によるものであったとも記されており、この点は、1998年度の決算上の特徴であったといってよい。さらに、1998年度決算において、US-GAAP基準の適用にあって、1つの例外として比例連結法を採用していることが明記されていることも注目される。そのことについては、Adtranz Joint Venture社への投資として、以下のように注記されている。

　「Adtranz Joint Venture社への投資は比例連結法で会計処理している。このため、Daimler-Chrysler社は、Adtranz社の資産及び負債、費用及び収益、キャッシュフローに対する50％の持分を報告している。当グルー

プは，このような財務諸表の表示方法がEG第7号会計指令の規定によって認められており，また，IASCから奨励されている標準的取り扱いを示しており，連結財政状況，経営成績，キャッシュフローの結果を当グループの連結財務諸表の読者に対しより適正に表示するものであると確信している。(中略) US-GAAPは，Daimler-Chrysler社のAdtranz社に対する投資を持分法を適用して会計処理することを要請しているが，比例連結法と持分法の相違は，Daimler-Chrysler社の株主持分または純利益に影響を与えない。持分法では，Daimler-Chrysler社のAdtranz社に対する純投資額は貸借対照表の投資勘定として計上され，Adtranz社に対する純損益に対する持分は投資先の純資産に対する持分を投資額が超えた部分の償却額とともに金融収益として連結損益計算書に計上されている。さらに，Adtranz社は，Daimler-Chrysler社による資本拠出から生じた1998年度の投資活動からの資金支出の範囲内でのみ当グループの報告済みのキャッシュフローに影響を与えている。アメリカでの財務諸表開示のため，Daimler-Chrysler社は，アメリカ証券取引委員会に対し，この点について，US-GAAP基準から逸脱した連結財務諸表を作成することを要請し，認可されている[12]」。

　Daimler-Chrysler社の1998年の決算において，このようにAdtranz社への投資を比例連結法で会計処理したことを注記していたが，翌年の1999年の注記では，Adtranz社に対する投資について，1999年度の第一四半期にAdtranz社の発行済株式のうち未取得分を取得したことから，この取得についてパーチェス法に切り替えて会計処理したと以下のように記されている。

　　「この取得は，パーチェス法で会計処理されている。この取得価額は，資産及び負債の見積もり公正価値にもとづき配分されている。この配分によって営業権が100百万ユーロの金額で計上され，17年間の定額法による償却が行われている。グールプでは，1999年度の取得以前のAdtranz社に対する投資については，子会社65社と同様に，比例連結法で会計処理していた。このため，1998年度のDaimler-Chrysler社の連結財務諸表には，

Adtranz 社の資産，負債，費用，収益，キャッシュフローに対する50％持分相当額が含まれていた[13]」。

　このように，1999年度の決算では，Adtranz 社に対する投資の会計処理について，新規の投資については，パーチェス法が採用されていたことが分かる。いずれにせよ，この会計処理方法がアメリカ証券取引委員会の承認を得て実施されていることが記されていた。

　以上，Daimler-Benz/Daimler-Chrysle 社の連結財務諸表の US-GAAP 基準の適応の国際化対応を考察してきたが，それは，連結財務諸表が投資家の意思決定に有用な情報を提供するという枠組みのなかで，アメリカの資本市場への対応から生じた会計方針によったものであるということである。しかし，その際，Daimler-Benz/Daimler-Chrysler 社の連結財務諸表の会計行動に見られるもう1つの特徴は，連結損益計算書において利益処分計算が行われ，1997年度決算までは，親会社の単独財務諸表の利益処分計算との一体化が図られてきたということである。以下の第6-20表は，1997年度決算の利益処分計算を連結財務諸表（連結損益計算書）と親会社の単独損益計算書との関係で見たものであるが，1997年度決算の財務諸表の体系は，商法基準準拠の単独財務諸表・連結財務諸表と US-GAAP 基準準拠の連結財務諸表という構造を特徴としていた。このなかで，商法基準準拠の単独財務諸表（単独損益計算書）と連結財務諸表（連結損益計算書）の連携が利益処分計算に見られ，一般投資家向けの商法基準の連結損益計算書において，親会社の利益処分計算・配当処分が開示された。

　しかし，1998年度決算以降，Daimler-Chrysler 社は，単独財務諸表を商法基準準拠で，これに対し，連結財務諸表は US-GAAP 基準完全準拠で作成しているため，US-GAAP 基準の連結損益計算書が親会社の単独の利益処分計算と一体化するということがなくなり，その結果，Daimler-Chrysler 社の配当処分計算は単独財務諸表において行われ，US-GAAP 基準準拠の連結財務諸表が資本市場向けの投資家情報としての媒体機能を担っているという特徴が見られる。

第 6-20 表　1997 年度の Daimler-Chrysler 社の利益処分計算機能

US-GAAP 基準準拠の連結損益計算書

（百万マルク）	1997 年度	1996 年度	1995 年度
税引き前損益	4,249	1,961	-7,233
所得税・収益税	3,982	712	1,620
少数株主損益	-189	89	-116
連結損益	8,042	2,762	-5,729

商法基準準拠の連結損益計算書

（百万マルク）	1997 年度	1996 年度	1995 年度
連結利益	7,921	2,689	-3,734
前期繰越利益	82	—	1,620
利益準備金の取崩し・組入れ	3,197	-2,126	5,655
少数株主利益	-217	-164	-183
少数株主損失	179	250	243
親会社の当期純利益	11,162	649	—

商法基準準拠の単独の損益計算書

（百万マルク）	1997 年度	1996 年度	1995 年度
当期損益	5,795	1,298	-6,577
前期繰越利益	82	—	19
利益準備金の取崩し・組入れ	5,285	-649	6,558
当期純利益	11,162	649	—

親会社の Daimler-Chrysler 社の 1997 年度の利益処分案

1997 年 12 月 31 日の Daimler-Chrysler 社の単独財務諸表は，当期純利益 11,161,764,20 マルクを表示している。株主総会は，この金額を以下のように処分することを提案された。

配当金	826,797,339.20 マルク
特別配当金	10,334,966,740.00 マルク
利益準備金	—
繰越利益	—
当期純利益	11,161,764,079.00 マルク

出典）Daimler-Benz AG, Geschäftsbericht für das Geschäftsjahr 1997.

　以下は，第 6-21 表に示すように，2000 年度の Daimler-Chrysler 社の利益処分計算・配当処分であり，単独損益計算書で行われた利益処分計算から，単独の配当処分として株主総会に提案されている。

　Daimler-Chrysler 社の US-GAAP 基準適用の連結財務諸表の決算行動は，

第6章　ドイツ上場会社の適用会計基準の選択行動　177

第6-21表　2000年度のDaimler-Chrysler社の単独利益処分計算にもとづく株主総会の配当処分案

単独損益計算書の利益処分計算

（百万ユーロ）	2000年度	1999年度
経常損益	714	2,256
所得税・収益税	25	-867
当期損益	739	1,389
利益準備金の取崩し	1,619	969
当期純利益	2,358	2,358

親会社のDaimler-Chrysler株式会社の2000年度の利益処分案

2000年12月31日のDaimler-Chrysler社の単独財務諸表は，当期純利益2,357,688,990.85ユーロを表示している。株主総会は，この金額を以下のように処分することを提案されている。

配当金	2,357,688,990.85マルク
利益準備金組入れ	―
繰越利益	―
当期純利益	2,357,688,990.85マルク

出典）Daimler-Chrysler AG, Geschäftsbericht für das Geschäftsjahr 2000.

2003年度にも引き続き同様の内容で継続された[15]。

〈注〉
1．2．3．4．5．6．7．8．9．10．11．12．13．14．15．Daimler-Benz/Daimler-Chrysler AG, Geschäftsberichte für die Geschäftsjahre 1987-2003.

2　Deutsche Telekom 株式会社
―US-GAAP基準準拠の調整表方式―

　Deutsche Telekom社の連結財務諸表の国際化対応は，1995年の国営通信事業の民営化に伴って国際市場で資金調達需要をまかなうことから始まった。1995年度から2001年度の間のDeutsche Telekomの連結財務諸表の会計行動は，

①1995年度の民営化初年度の連結財務諸表の会計方針

②1996年度から1998年度までの連結財務諸表のUS-GAAP基準準拠の調整表方式の会計方針

　③1999年度から2001年度までの連結財務諸表のUS-GAAP基準準拠の調整表計算方式の会計方針

といった変遷を辿っている。

　1995年度は，上場開始前のDeutsche Telekom社のが国営通信事業を民営化し，株式会社として組織化された最初の年度であった。しかし，監査役会報告の特記事項として，この1995年度中の1996年11月にDeutsche Telekom社のニューヨーク証券取引所上場という大きな出来事があったと記されているように，Deutsche Telekom社は，民営化の最初からグローバルな投資家の世界の新しいメイドインジャーマンの象徴として，「この上場開始の意義は単にDeutsche Telekom社だけでなく，全体としてドイツの金融の地位を高めるものである[1]」と自画自賛して開業された。株式の分散化が進み，また，従業員持株が幅広く行われると同時に，そのことに関連して，民営化初年度からUS-GAAP基準適用をつよく意識した会計行動が採られた。

　Deutsche Telekom社の1995年度の会計方針は，はじめから，会計国際化として以下のように特徴づけられている。

　　「Deutsche Telekom社は，1993年1月1日付で官庁会計から離脱して，商法典の諸規定に準拠した外部会計に移行し，国内・国際的な投資家及びアナリストに対し中心的なコミュニケーションの媒体として数多くの追加的な報告を提供し，会計の透明化に努めている。本年度の連結財務諸表における認識・測定は，商法の許容する限りでUS-GAAP基準に準拠するよう指向している。同時に，IASの重要な規定は充たされており，また，ニューヨーク証券取引所上場に備えたUS-GAAP基準準拠の損益と自己資本の調整表の作成も最小限度であるが行われている[2]」。

　このように，Deutsche Telekom社は，民営化初年度の1995年度から，ドイツ史上最大級の株式発行を予定したゴーイングパブリックとして開業し，すでにニューヨーク証券取引所上場に向けた準備として，商法基準の枠内で許容さ

れる限りという限定条件のもとではあるが，US-GAAP基準適用を想定した調整表方式の会計方針を掲げていた。この点について，1995年度の連結財務諸表の会計方針について以下の説明がなされている。

「Deutsche Telekom社は，1995年12月31日に商法典及び株式法の諸規定に準拠して連結財務諸表及び連結状況報告書を作成した。連結貸借対照表と連結損益計算書は，比較可能な前年度の数字を計算しているが，それは1994年度の連結財務諸表にもとづくものである。ただし，1994年度の連結財務諸表は監査を受けたものであるが，法律上の義務がないため，非公開であった。

　Deutsche Telekom社の連結会計の国際化に向けて，財務諸表上の認識・測定は，ドイツ商法が選択権の行使の枠組みのなかで許容している限りで，決算日に有効なUS-GAAP基準を考慮している[3]」。

この結果，Deutsche Telekom社は，1995年度決算から，ニューヨーク証券取引所上場の認可を意図して，US-GAAP基準に準拠した場合の損益と自己資本の調整表を限定した勘定科目について作成した。

Deutsche Telekom社の1996年度決算の連結財務諸表の会計方針は，1995年度から継続し，ドイツ商法基準に準拠して作成されたものであると同時に，US-GAAP基準への準拠を図ったものであると記している。

「上場開始の枠組みのなかで行ったアメリカ証券取引委員会によるニューヨーク証券取引所の上場認可及びフォーム20-Fの要請に従ったアメリカ証券取引委員会に対する報告義務がDeutsche Telekom社の連結会計の国際化をもたらした。そのため，財務諸表上の認識・測定にあたって，ドイツ商法の選択権の枠踏みのなかで許容される限りで，決算日に有効なUS-GAAP基準が遵守されている。商法基準とUS-GAAP基準に準拠した可能な限り統一的な報告を保証する一方，連結附属説明書において，US-GAAP基準準拠した場合の損益及び自己資本の調整表を少数の勘定科目に限定して説明するという目標が考えられている[4]」。

このように，1996年度決算の会計方針で説明されていたが，この限りで，

Deutsche Telekom社の連結財務諸表は，勘定科目の区分や表示の形式に関しては商法基準に準拠することが義務づけられ，商法基準とUS-GAAP基準との間の差異が少数の勘定科目について調整表という追加情報方式のかたちで作成・開示され，さらに，連結キャッシュフロー計算書や連結自己資本変動表が商法基準から離脱するかたちで作成・開示されていた。

　他方で，民営化に伴うもう1つの特徴として，アメリカ証券取引委員会の要請にもとづいて，連結損益計算書において前2年間の比較数字が報告されているが，この点については，つぎのような特殊な事情を背景としていた。

　　「非公開の連結財務諸表は，当時有効な第1次郵政改革の特別規定を遵守して，商法上の連結財務諸表の規定に準拠して作成され，無限定の監査証明を付されたものである。その後，1995年1月1日まで有効であった第2次郵政改革の規定にもとづき，1995年1月1日の開始貸借対照表において国営事業のDeutsche Bundespost-Telekomの財務諸表の帳簿価額を継承しなかった[5]」。

　このため，Deutsche Telekom社の1995年度と1996年度の連結財務諸表は，非公開に作成された1994年度の国営のDeutsche Budespost-Telekom連結財務諸表と比較可能なものでないことから，比較可能となるように誘導した1994年度の連結財務諸表を作成した。

　1996年度のDeutsche Telekom社の連結財務諸表では，前2年間の比較数字を表示され，1994年度から1996年度の比較可能性が保証されたが，同時に，以下のケースについて，US-GAAP基準の適用の関連して，親会社のDeutsche Telekom社の単独財務諸表から離脱していた。

　　―経済的に長期の金融による設備財となされるべき賃貸借の有形固定資産は購入のケースに該当しており，取得原価で記載されなければならない。そして，減額記入が計画的に経済的な利用期間もしくはリース契約の経過期間にわたって行われなければならない。将来のリース料からもたらされる支払い義務は現在価値で貸方記入されなければならない。

　　―有形固定資産の製作原価には他人資本利息が参入されている。

第6-22表　1999年度から2001年度の US-GAAP 基準適用の調整表

Deutsche Telekom 社の連結財務諸表は、ドイツ商法典及びドイツ株式法の諸規定に準拠して作成されている。この諸規定は、特定の貸借対照表計上及び評価の諸規定について US-GAAP 基準と相違している。US-GAAP 基準の適用は、1999年度、2000年度、2001年度の連結損益と2000年12月31日、2001年12月31日の連結貸借対照表に影響を与えている。以下、商法基準と US-GAAP 規準の重要な差異について一覧表で示す。Deutsche Telekom 社の商法上のドイツの連結財務諸表と US-GAAP 基準の連結財務諸表の貸借対照表計上及び評価の諸規定ならびにそれ以外の US-GAAP 基準の義務的報告の重要な差異の説明は2001年度のフォーム20-F のアニュアルレポートに詳述されている。

商法基準から US-GAAP 基準への調整表 （百万ユーロ）	2001 年度	2000 年度	1999 年度
商法基準に準拠した連結当期純損益	-3,454	5,926	1,253
US-GAAP 基準への調整			
有形固定資産評価調整額	443	2,782	—
モービルファンクライセンス	2,098	865	—
自家開発のソフトウェア	166	95	163
現物出資の増資効果	-396	1,751	—
営業権差異	-285	-97	5
Markennamen 減額記入	1,040	—	—
前払い税金調整額	-27	-169	288
デリバティブ及び関連した外貨換算	-31	-146	68
SFAS 第133号の初度適用	370	—	—
従業員削減調整引当金	10	-125	-97
金融取引資産	-42	—	—
限定の譲渡収益	27	-348	—
貸方計算限定項目	-168	48	129
SAB 第101号の導入	—	-869	—
新株発行費	—	120	238
資産保証証券	-71	—	—
関連企業投資	-182	62	—
税引き後の debis 全部連結効果	-294	-116	—
その他の差異	253	-28	-32
法人税等の税効果	1,066	-482	-244
US-GAAP 基準に準拠した連結当期純損益	523	9,269	1,771

商法基準から US-GAAP 基準への連結自己資本の調整計算 （百万ユーロ）	2001 年 12 月 31 日	2000 年 12 月 31 日
商法基準に準拠した自己資本	66,301	42,715
US-GAAP 基準への調整項目は上記と同様（中略）		
US-GAAP 基準に準拠した自己資本	73,704	46,108

出典）Deutsche Telekom AG, Geschäftsbericht für das Geschäftsjahr 2001.

―直接的な年金債務は，単独財務諸表上の間接的年金債務と違って，SFAS第87号による期待現在価値法によって評価されている。
　―内部の決算関連コストに対する引当金は記載されていない。
　―投資助成金は取得または製作原価から圧縮記帳されている。

　以上は，Deutsche Telekom社の1996年度決算の連結財務諸表の会計方針の特徴であったが，この会計方針は，1997年度以降も踏襲され，2001年度の決算まで継続適用され，Deutsche Telelom社の連結財務諸表がドイツの商法基準（商法典及び株式法の諸規定）に準拠して作成され，商法の選択権の枠組みのなかでUS-GAAP基準を適用し，第6-22表のように，商法基準とUS-GAAP基準の差異について調整表作成を行う追加情報方式が採られてきた。そして，その会計方針の具体内容についても1996年度決算の連結附属説明書と同じ文言で記されていた。

　以上から，Deutsche Telekom社の連結財務諸表が民営化直後からドイツ国内の商法基準に準拠しているとともに，商法の選択権の枠組みのなかで調整表にもとづきUS-GAAP基準の適用を行ってきたことが分かる。

　第6-22表は，1999年度から2001年度までのDeutsche Telekom社のUS-GAAP基準適用の調整計算の内容である。

　Deutsche Telekom社の連結財務諸表の会計方針は，以上のように1996年11月の国営通信事業からの民営化以降，一貫してUS-GAAP基準適用の調整表方式を継続的に採用してきた。しかし，この連結財務諸表の会計方針にあって，連結財務諸表の連単利益表示の会計方針については1995年度から1998年度までの連単利益一致表示から1999年度以降の連単利益不一致表示への変更が見られた。

　Deutsche Telekom社の民営化が行われた1995年度の決算の連結財務諸表上の損益計算書において，以下のような1994年度と1995年度の利益処分計算が表示されていた。第6-23表から分かることは，1994年度から1998年度まで親会社の単独財務諸表上の当期純利益が連結財務諸表上の連結当期純利益の金額が一致表示され，しかも，連結損益計算書の利益処分計算においてこの連単利益

の一致表示が行われていた。US-GAAP 基準の適用を調整表方式の連結財務諸表の会計方針のもとで国際的な投資家向けた会計国際化の会計行動を採る一方で，商法基準準拠の連結財務諸表のもとで，連結利益処分計算が行われたということである。

第 6-23 表　Deutsche Telekom 社の連単利益一致表示の会計方針

1994 年度と 1995 年度の連結損益計算書の利益処分計算

（百万マルク）	1995 年度	1994 年度
連結利益（少数株主を除く）	5,270	3,591
少数株主損益	2	4
連結利益	5,272	3,595
利益準備金組入れ	−3,981	—
連結当期純利益（親会社の当期純利益）	1,291	—

1995 年度と 1996 年度の単独財務諸表の利益処分計算

（百万マルク）	1996 年度	1995 年度
当期未処分利益	1,554	5,791
前期繰越利益	91	
利益準備金組入れ	0	−4,500
当期純利益	1,647	1,291

1996 年度，1997 年度，1998 年度の連結損益計算書の利益処分計算

（百万マルク）	1996 年度	1997 年度	1998 年度
連結利益（少数株主を除く）	1,921	3,599	4,785
少数株主損益	−163	−285	−397
前期繰越利益	1,758	3,303	4,388
利益準備金組入れ	−202	—	−1,082
連結当期純利益（親会社の当期純利益）	1,647	3,304	3,318

出典）Deutsche Telekom AG, Geschäftsberichte für die Geschäftsjajahre 1995-1998.

しかし，このような連結財務諸表上の連単利益一致表示の利益処分計算は，1999年度決算で会計方針が転換し，連単利益の不一致表示に切り替えられた。

以下の第 6-24表は，1999年度から2001年度の連結財務諸表と単独財務諸表の非連携にもづく連単利益の不一致表示を表したものである。この結果，1999年度から連結財務諸表の連結利益から切り離されて，単独財務諸表上の当期純利益の処分を通じて株主配当が行われることになった。

第 6-24 表　Deutsche Telekom 社の連単利益不一致表示の会計方針

1999 年度から 2001 年度までの連結財務諸表における連結利益表示

（百万マルク・ユーロ）	2001 年度	2000 年度	1999 年度	1998 年度	1997 年度
連結当期純利益(少数株主を除く)	-3,312	6,015	1,524	2,446	1,835
少数株主損益	-142	-89	-271	-203	-146
連結当期純利益(商法基準)	-3,454	5,926	1,253	2,243	1,689
連結当期純利益(US-GAAP 基準)	523	9,269	1,513		

1997 年度から 1999 年度の単独損益計算書における単独利益表示

（百万マルク）	1999 年度	1998 年度	1997 年度
当期未処分利益	9,729	1,690	1,689
前期繰越利益	13	6	1
利益準備金組入れ	-4,857	—	—
当期純利益	4,885	1,696	1,690

1998 年度から 2000 年度の単独損益計算書における単独利益表示

（百万ユーロ）	2000 年度	1999 年度	1998 年度
当期未処分利益	-3,333	9,729	1,690
前期繰越利益	45	13	6
自社株利益準備金取崩し	7	—	
その他の利益準備金取崩し	5,266	13	—
自社株利益準備金組入れ	—	13	
その他の利益準備金組入れ	-7	-4,657	—
当期純利益	1,978	4,885	1,696

出典）Deutsche Telekom AG, Geschäftsberichte für die Geschäftsjahre 1999-2001.

　以上は，1999年度から2000年度の Deutsche Telekom 社の連単利益の不一致表示であったが，ここで明らかなように，連結財務諸表がドイツ国内向けの商法基準の連結利益とアメリカ資本市場向けの US-GAAP 基準の連結利益の二元的な表示を行っているといった特徴が見られ，その一方で，商法基準の連単利益が不一致表示となっているということであった。この点について，2000年度の決算結果にその特徴点がよく現れていることに気付く。

　2000年度の決算では，US-GAAP 基準準拠の連結利益が9,269百万ユーロであるのに対し，商法基準準拠では6,015百万ユーロであったが，これは，商法基準よりも US-GAAP 基準の方が連結利益が大きいことを市場に印象づけている。しかし，連結決算で黒字であるのに対し，単独決算結果では，2000年度

は赤字決算（マイナス3,333百万ユーロ）であった。連単利益が不一致表示されたことから，単独利益からの利益処分として株主配当を行うために，結局，利益準備金の取崩し（5,266百万ユーロ）を行って配当利益を確保したのである。

以下の第6-25表は，単独決算にもとづく2000年度利益処分案を示したものである。

第6-25表　Deutsche Telekom 社の 2000 年度の利益処分案

Deutsche Telekom 株式会社の損益計算書は，3,333,558,248.92 ユーロの当期未処理損失を決算している。取締役会は，利益準備金から 5,226,306,376.32 ユーロを取崩すことを決定した。1999 年度の利益繰越額の 44,476,448.26 ユーロを含めて，当期純利益は 1,977,224,575.69 ユーロである。
取締役会及び監査役会は，1,876,698,587.72 ユーロの利益配当を行い，残額の 110,525,987.97 ユーロを次期に繰り越すことを株主総会に提案する。

出典）Deutsche Telekom AG, Geschäftsbericht für das Geschäftsjahr 2000.

ところが，2001年度決算では，商法基準の連結利益が赤字（マイナス3,454百万ユーロ）を示し，US-GAAP基準の連結利益で黒字（523百万ユーロ）を出した。一方，単独決算では，単独利益が黒字を表示し，結果として，2001年度は，株主配当を確保することができ，第6-26表のような利益処分を行った。その結果，1999年度から連結財務諸表の連結利益から切り離されて，単独財務諸表上の当期純利益の処分を通じて株主配当が行われることになった。

第6-26表　Deutsche Telekom 社の 2001 年度の利益処分案

Deutsche Telekom 株式会社の損益計算書は，6,632,002,874.39 ユーロの当期未処分利益を決算している。この当期未処分利益のうち，3,300,000,000.00 ユーロが利益準備金に組入れられている。100,525,987.97 ユーロの 2000 年度の繰越利益を含めて当期純利益は 3,432,528,862.36 ユーロである。株式法にもとづき，株主配当は商法典に準拠した Deutsche Telekom 株式会社の単独財務諸表により計算されている。取締役会及び監査役会は，当期純利益を配当処分し，1,870,000,000.00 ユーロを利益準備金に組入れ，残額を次期繰越利益とすることを株主総会に提案している。

出典）Deutsche Telekom AG, Geschäftsbericht für das Geschäftsjahr 2001.

このように，Deutsche Telekom 社は，商法基準の連結財務諸表のなかでUS-GAAP基準適用を調整計算方式による国際化対応の会計方針を採用する一

方で，1999年度以降は，連単利益不一致表示という会計行動を採り，配当利益処分計算を単独財務諸表で行い，市場向けの利益情報はUS-GAAP基準適用の連結財務諸表によって対応するという行動様式を示している。

〈注〉
1．2．3．4．5．Deutsche Telekom AG, Geschäftsberichte für die Geschäftsjahre 1995-2001.

3　Deutsche Bank 株式会社
　—IAS基準からUS-GAAP基準に切り替えたケース—

　Deutsche Bank社の連結財務諸表の国際化対応の会計行動は，1985年度の会計指令法による連結財務諸表の商法基準準拠のもとでヨーロッパ域内における対応からはじまった。このため，1988年度から1992年度の間は，IAS/US-GAAP基準の適用といった決算行動が見られず，もっぱらヨーロッパ域内の国際的調和化を意識した連結財務諸表の会計方針を採ってきた。会計指令法の適用が行われたのは1994年度であったが，しかし，連結財務諸表の国際化対応という点で重要だったのは，1995年度決算から，Deutsche Bank社がそれまでのヨーロッパ域内における国際化の会計方針を転換させ，1997年度決算までの間において，IAS基準準拠による国際化対応の会計行動を採ったということである。さらに，1998年度決算からは，資本調達容易化法にもとづく商法典第292a条の免責条項を適用して，IAS基準準拠の連結財務諸表を作成・開示する会計方針に切り替え，2000年度まで継続させた。しかし，2001年度決算にいたって，Deutsche Bank社は，ふたたび会計方針を転換させ，商法典第292a条の免責条項の適用のもとに，IAS基準からUS-GAAP基準へ切り替えた免責連結財務諸表を作成・開示する会計行動を採っている。

　以下の第6-5図は，Deutsche Bank社の連結財務諸表の国際化対応の会計行動について示したものである。

　Deutsche Bank社の連結財務諸表の国際化対応の会計行動は，第6-5図に

第 6 章　ドイツ上場会社の適用会計基準の選択行動　　*187*

第 6-5 図　Deutsche Bank 社の連単財務諸表の会計行動

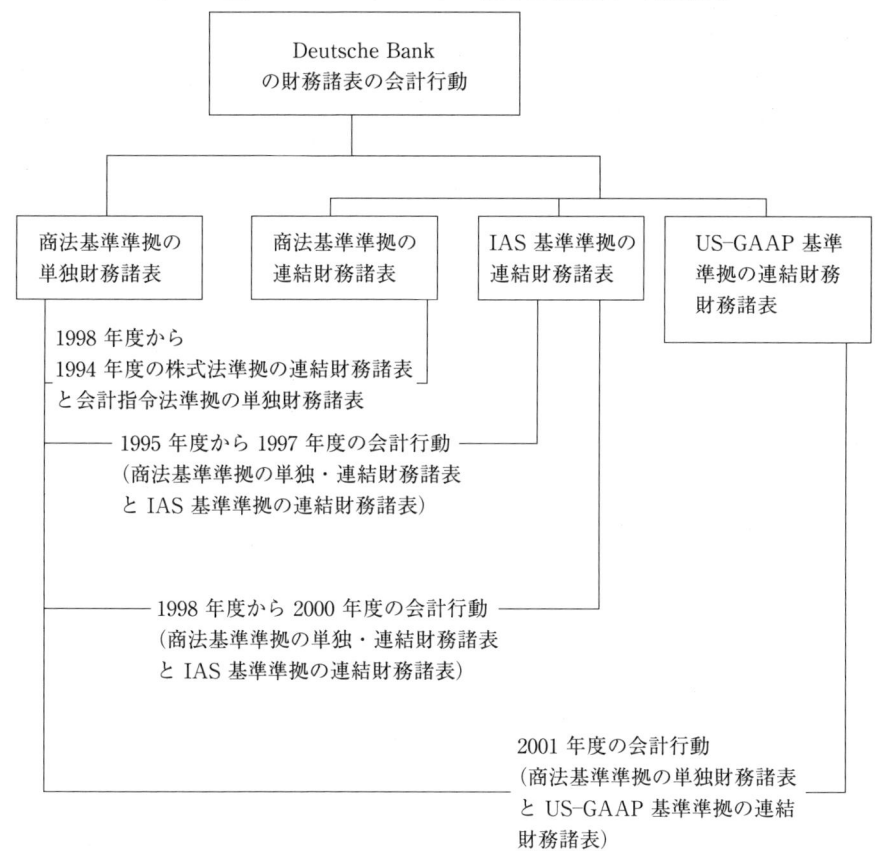

```
                    Deutsche Bank
                    の財務諸表の会計行動
    ┌───────────────┬───────────────┬───────────────┬───────────────┐
商法基準準拠の     商法基準準拠の    IAS 基準準拠の    US-GAAP 基準
単独財務諸表       連結財務諸表      連結財務諸表      準拠の連結財務
                                                     財務諸表
```

1998 年度から
1994 年度の株式法準拠の連結財務諸表
と会計指令法準拠の単独財務諸表

────── 1995 年度から 1997 年度の会計行動 ──────
（商法基準準拠の単独・連結財務諸表
　と IAS 基準準拠の連結財務諸表）

────── 1998 年度から 2000 年度の会計行動 ──────
（商法基準準拠の単独・連結財務諸表
　と IAS 基準準拠の連結財務諸表）

2001 年度の会計行動
（商法基準準拠の単独財務諸表
　と US-GAAP 基準準拠の連結
　財務諸表）

見られるような展開をしてきたが，これを纏めるとつぎのような内容であった。

　①1965年株式法に準拠した1988年度から1994年度までの連結財務諸表の会計方針
　②1995年度から1997年度の連結財務諸表の会計方針
　③1998年度から2000年度までの IAS 基準準拠の連結財務諸表の会計方針
　④2001年度の IAS 基準から US-GAAP 基準に切り替えた連結財務諸表の会計方針

Deutsche Bank 社の連結財務諸表の会計方針を見てみると，1985年の会計指令法の成立後もしばらくは1965年株式法の連結会計規定に準拠した連結財務諸表が作成・開示されていたことが分かる。このことは，1988年度の連結財務諸表の会計方針によって確かめることができる。

　1988年度の Deutsche Bank の会計方針全体の特徴は，単独財務諸表が1986年会計指令法の新しい商法に準拠していたのに対し，連結財務諸表は1965年株式法に準拠していたということである。1988年度の会計方針は，つぎのように記されていた。

　　「グループの貸借対照表及び損益計算書は，株式会社形態の信用機関及び抵当銀行に関する様式に従っている。連結財務諸表は，1985年12月19日の会計指令法の発効前に有効であった1965年株式法の諸規定に準拠して作成が行われているのに対し，国内のグループ会社の単独財務諸表は，会計指令法で改正された商法典の諸規定に準拠して，そして，海外のグループ会社の単独財務諸表は，それぞれの国で有効な諸規定に準拠して作成されている[1]」。

　1988年度の決算当時は，単独財務諸表が主で，連結財務諸表が従であった時期で，このため，1985年会計指令法が採用した「コンツェルン統一的な評価[2]」でなく，「単独財務諸表の評価額がそのまま連結貸借対照表[3]」に継承されるということであった。このため，1988年度の決算監査報告は，以下のように，単独財務諸表について，1985年会計指令法が指示した監査報告の確認の付記の文面が記されていたが，連結財務諸表については，旧来のままの文面であった。

　　単独財務諸表に関する決算監査報告の確認の付記

　　「簿記及び単独財務諸表は，我々の義務にもとづく監査によれば法律上の諸規定と定款に合致している。単独財務諸表は，正規の簿記の諸原則を遵守して資本会社の財産，財務及び収益の状況の実質の諸関係に合致した写像を伝達している。状況報告書は，単独財務諸表と一致している[4]」。

　　連結財務諸表に関する決算監査報告の確認の付記

「連結財務諸表及び連結状況報告書は，我々の義務を有する監査によれば，法律上の諸規定に合致している[5]」。

Deutsche Bank 社の1988年度の決算については，このような会計方針のもとで，単独財務諸表が会計指令法に準拠し，連結財務諸表は1965年株式法に準拠という特徴が見られたが，第6-27表のように，連単利益の表示については連単不一致であったことが分かる。

第6-27表　Deutsche Bank 社の1988年度の連単利益不一致と利益処分

（百万マルク）	1988年度	1987年度
連結未処分利益	1,203	670
単独未処分利益	825	425
利益準備金組入れ	−400	―
株主配当総額	425	425

出典）Deutsche Bank AG, Geschäftsbericht für das Geschäftsjahr 1988.

Deutsche Bank 社の1988年度決算の会計方針はその後も継続され，1992年度決算でも同じ方針が採用され，会計指令法準拠の単独財務諸表が主で，単独を補充する連結財務諸表が従として1965年株式法準拠で作成されていた。また，連単の財務諸表も非連携で，連単利益不一致表示のもとで，株主配当が単独財務諸表の当期純利益からの利益処分として計算されていたことも1988年度決算とまったく同じであった。さらに，経済監査士の決算監査の確認の付記についても，単独財務諸表に対する無限定意見で，1988年度決算と同じ内容であったし，連結財務諸表に関しては，法律の諸規定に適法であったと記されていたに過ぎない。

このように，1988年度決算における会計方針が1992年度に踏襲されたが，この状況は1994年度決算まで継続された。ただ，1994年度決算では，単独財務諸表について，「銀行会計指令法の諸規定に準拠[6]」して作成され，「株式法の諸規定が考慮[7]」されていると記されていたが，連結財務諸表と単独財務諸表の非連携，連単利益不一致表示，単独財務諸表の当期純利益からの株主配当処分計算という1988年度以来の会計方針は継続されていた。

Deutsche Bank 社の連結財務諸表が1988年度決算で1965年株式法に準拠し

て作成されるとした会計方針が連結財務諸表の国際化対応を受けて，方針転換したのは，1995年度決算においてであった。この1995年度決算の特徴は，Deutsche Bank 社が連結財務諸表をはじめてIAS基準を任意適用して作成したことであり，さらに，その際のもう1つの特徴として，IAS基準の任意適用の連結財務諸表とともに，ドイツ国内向けに商法基準の強制適用による連結財務諸表と単独財務諸表を作成したことである。

　　国内向けの連結財務諸表の会計方針

　「1995事業年度の Deutsche Bank 株式会社の連結財務諸表は，会計指令法（商法典第290条以下）及び銀行会計指令法（商法典第340条以下，銀行会計指令）の諸規定に準拠して作成されている[8]」。

　　国際向けの連結財務諸表の会計方針

　「1995事業年度の Deutsche Bank 株式会社の連結財務諸表は，IAS基準に一致している。IAS第8号にもとづき，初度適用は前年度比較が請される。このため，前年度数字の比較可能性を保証するために，1994年1月1日がIAS基準準拠の開始貸借対照表の基準日である[9]」。

　この結果，Deutsche Bank 社は，IAS基準（任意適用）と商法基準（強制適用）というダブルスタンダードによる連結財務諸表の作成を行い，IAS基準の任意適用のかたちでの国際化対応の会計行動を始めた。1995年度決算の連結財務諸表の会計方針について，取締役会の報告では，

　　「Deutsche Bank株式会社の取締役会は，連結財務諸表の作成と提出に関し責任を有している。連結財務諸表は，IAS銃基準に準拠して作成され，さらに，ヨーロッパ連合の開示基準の一部を充たしている[10]」

と説明され，経済監査士の決算監査報告の確認の付記においても，1995年度がIAS基準準拠の連結財務諸表の初年度あったことが記されている。

　　決算監査人の決算監査報告の確認の付記

　「我々は，1994年1月1日現在のIASの初度適用を含めて1995年12月31日の Deutsche Bank 株式会社の連結貸借対照表と1995事業年度の連結損益計算書及び連結キャッシュフロー計算書を監査した。提出された連結財務

諸表に関する責任は，Deutsche Bank 株式会社の取締役会が有している。（中略）我々は，Deutsche Bank 株式会社の連結財務諸表及び連結キャッシュフロー計算書が IAS 基準に一致していること，そして，1995年12月31日の財産及び財務の状況ならびに1995事業年度の収益の状況の実質の諸関係を伝達していることを確認する[11]」。

この1995年度決算については，商法基準準拠の単独財務諸表が決算監査人によって無限定意見の確認の付記がなされ，同時に，商法基準準拠の連結財務諸表が作成され，監査役会に提出されていることは1994年度と同じである。1995年度の特徴は，これに加えて，補足的な情報のかたちで，IAS 基準に準拠した連結財務諸表が任意に作成・開示され，決算監査人の監査が行われたということである。

「Deutsche Bank 社の連結財務諸表は，はじめて IAS 基準に準拠して作成されている。我々は，この任意に作成した報告書によって株主及び一般大衆に世界的に比較可能な連結財務諸表を提供している。また，ヨーロッパ連合の開示基準も充たしている。商法典に準拠した連結財務諸表も別途に作成されている。この二つの財務諸表は，監査法人（KPMG Deutsche Treuhand-Gesellschaft）の監査を受けている。我々は，次年度以降に，グループにとって IAS 基準準拠の財務諸表だけを提出する可能性が立法者から許容されることを想定している[12]」。

このように，Deutsche Bank 社は，ダブルスタンダードの連結財務諸表の会計行動を始めたが，当然ながら，IAS 基準準拠の連結財務諸表が商法基準準拠の場合に比べて，財産，財務及び収益状況のより明瞭な写像を提供するだけでなく，より高い情報価値を与えるものと意義づけられることとなり，具体的には，税務上の特別償却や暖簾の処理の違いとか，年金引当金の評価の違いなどから，IAS 基準の初度適用にあたって，商法基準との評価額の差異が発生し，その差異を利益準備金に組入れるかたちで成果中立的に処理が行われていた。以下の第6-28表は，商法基準と IAS 基準の評価額の差異を1994年度と1995年度について表示したものである。

第6-28表　Deutsche Bank 社の商法基準と IAS 基準の評価額の差異

（百万マルク）	IAS 基準 1995年度	IAS 基準 1994年度	商法基準 1995年度	商法基準 1994年度
連結当期未処分利益	2,120	1,715	2,185	1,360
自己資本	28,043	25,875	22,213	21,198

出典）Deutsche Bank AG, Geschäftsbericht für das Geschäftsjahr 1995.

　この IAS 基準と商法基準の差異については，Deutsche Bank 社発行の別の説明資料によって，利益準備金組入れによった成果中立的な差額調整が行われたことが分かる。第6-29表は，IAS 基準初度適用にあたって，1994年1月1日を基準日として IAS 基準が商法基準の評価額に与えた影響を示したものであるが，影響額の4,574百万マルクが利益準備金組入れによって成果中立的に処理された。

第6-29表　1994年1月1日付の IAS 基準の初度適用の影響

評価額の修正		秘密準備金の取崩し（百万マルク）		秘密負担金の取崩し	
暖簾	+1,900	取得価額準備金	責任準備金	年金債務	
リース	+1,442				
税務上の特別償却	+1,012		商法典第340条以下		
Diverse	+275				
	+3,629	+623	+1,413	−2,091	

利益準備金組入れ　4,574

出典）Krumnow, J., Die Bedeutung eines Konzernabschlusses nach IAS für Banken, 28. November 1996.

　IAS 基準準拠の任意の連結財務諸表の作成が1995年度決算から始まったことについて，Deutsche Bank 社は，「資本市場のグローバル化の拡大[13]」（監査役会報告）といった理由づけを行っていたが，「銀行に関する IAS 基準準拠の連結財務諸表の意義[14]」と題する文書においてより詳しく説明が行われ，「株主構成の国際化[15]」，「銀行業務の国際化[16]」，「債権者保護の改善[17]」，「銀行監督にとってのメリット[18]」，「グループの統制の情報の改善[19]」がその背景にあっ

たことが記され，そのうえで，つぎのようなIAS基準準拠への立場を国際的比較可能性を高めるためであったと説明している。

「我々は，国内の会計を他の国の会計に代替させるつもりはなく，真の国際的比較可能性を高めるよう努めている。アメリカの基準によって会計処理の一致を図ることもあるが，ヨーロッパの銀行との比較可能生を考えた結果，EU指令の開示基準にしたがった任意の追加的報告を行うこととした。IASCの機関の国際的な協力は，基準が高品質で国際的に受け入れられることを保証しており，企業代表，経済監査士，各国の立法者，大陸ヨーロッパの会計の伝統の協力が基準の形成へのドイツの影響を確実なものにしている。同時に，各国の会計規定が批判されることなく受け入れられることを回避している[20]」。

なお，1996年当時は，免責のIAS基準準拠の連結財務諸表の作成が商法に認められておらず，この点で，外国企業に対し免責を認め，ドイツ企業に免責を認めないのは国内企業への差別条項であるとの批判があるとし，ドイツ企業にもIAS/US-GAAP基準準拠の免責財務諸表の作成を認める法改正を支持するとしていた[21]。

Deutsche Bank社の1997年度決算も，1996年度と同じくIAS基準に準拠した連結財務諸表とともに，商法基準に準拠した単独財務諸表と連結財務諸表を作成・開示していた。

この1996年度と1997年度の商法基準とIAS基準に準拠したダブルの連結財務諸表を見て気付くことがある。それは，第6-30表を見て分かるように，商法基準準拠とIAS基準準拠の間に差異が存在しているにもかかわらず，連結当期純利益の額について金額の一体化が見られた。

さらに，1996年度と1997年度の商法基準とIAS基準のダブルの連結財務諸表の特徴点として，決算監査の確認の付記がそれぞれ別個に記されていることが挙げられる。

商法基準準拠の連結財務諸表の決算監査の確認の付記

「連結財務諸表は，我々の義務に従った監査によれば法律上の諸規定に

第 6-30 表　1996 年度・1997 年度の商法基準と IAS 基準のダブルの連結財務諸表

商法基準準拠の連結損益計算書の利益処分計算

（百万マルク）	1996 年度	1995 年度
連結未処分利益	2,403	2,185
少数株主利益	62	71
少数株主損失	3	11
その他利益準備金組入れ	1,444	1,228
連結当期純利益	900	897 ◄──┐

IAS 基準準拠の連結損益計算書の利益処分計算

（百万マルク）	1997 年度	1996 年度	1995 年度
連結未処分利益	1,019	2,218	2,120
少数株主利益	67	92	71
少数株主損失	4	8	11
利益準備金組入れ	—	1,234	1,163
連結当期純利益	856	900	897 ◄──┘

出典）Deutsche Bank AG, Geschäftsberichte für die Geschäftsjahre 1996-1997.

　一致している。連結財務諸表は，正規の簿記の諸原則を遵守して，グループの財産，財務及び収益の状況の実質の諸関係に合致した写像を伝達している。連結状況報告者は，連結財務諸表と一致している[22]」。

　IAS 基準準拠の連結財務諸表の決算監査の確認の付記

　「我々は，1997事業年度の連結キャッシュフロー計算書を含めて1997年12月31日の Deutsche Bank 株式会社の連結財務諸表を監査した。本連結財務諸表の作成及び内容は，取締役会の責任のもとにある。我々の任務は，本連結財務諸表における IAS 基準の遵守を我々の行った監査にもとづき判断することにある。

　我々は，IFAC の国際監査基準を遵守して監査を実施した。この国際監査基準の諸原則は，連結財務諸表の監査を計画し，実施するために，連結財務諸表が本質的に不適切な言明をしていないかどうかに関する十分に確実な判断が報告されることを要請している。連結財務諸表監査は，連結財務諸表の会計処理及び報告に関する証拠を無作為抽出法により監査した。それには，適用されている会計処理方法及び取締役会の重要な予測ならび

第6章　ドイツ上場会社の適用会計基準の選択行動　　195

に連結財務諸表の言明の全体の判断の監査も含まれている。我々の監査が監査判断のための十分に確実な基礎を形成しているとの見解を有している。

　我々の考えでは，連結キャッシュフロー計算書を含めて連結財務諸表はすべての重要な関係事項において1997年12月31日現在の財産及び財務の状況ならびに当該年度中の収益状況とキャッシュフローを適正に表示し，IASCの開示基準の要請に合致している[23]」。

　以上のように，Deutsche Bank社は，1996年度と1997年度の決算で，商法基準準拠の連結財務諸表の他に，IAS基準に準拠した連結財務諸表を作成・開示し，商法基準への合致という国内向けの枠組みを越えた国際化対応を図ったのである。しかし，この商法基準とIAS基準のダブル連結財務諸表という会計方針は，1998年の資本調達容易化法にもとづく商法典第292a条の新設によって，IAS/US-GAAP基準準拠の連結財務諸表の免責条項が成立したことから，1998年度決算でもう一度方針転換された。

　Deutsche Bank社の1998年度決算の特徴は，それまでの商法基準準拠の連結財務諸表を廃止し，IAS基準に準拠した連結財務諸表だけを作成・開示するよう会計方針が転換されたことである。この結果，1998年度決算では，単独財務諸表を商法基準に準拠，連結財務諸表をIAS基準に準拠して作成・開示されることとなり，これが2000年度決算まで継続適用となった。

　この会計方針のもとで，Deutsche Bank社の配当処分計算は，単独財務諸表ベースで行われ，株主総会において利益処分提案がなされた。

　「我々は，1999年5月17日の株主総会においてDeutsche Bank株式会社の単独当期純利益にもとづき1株1.80マルクから2.20マルクに引き上げる株主配当（1,200百万マルク）を行い，その他利益準備金に2,100百万マルクを組入れることを提案している[24]」。

　この結果1998年度決算では，IAS基準の連結財務諸表が単独財務諸表と切り離されて，資本市場向けの投資家に対する情報提供の機能を担うこととなった。これは，1998年の資本調達容易化法にもとづき商法典第292a条が新設さ

れた連結財務諸表の免責条項がDeutsche Bank社の会計方針に適用された結果でもあった。Deutsche Bank社の1998年度決算の連結財務諸表の注記で以下のように記されていた。

「1998事業年度のDeutsche Bankグループの連結財務諸表は，IAS基準に合致し，同時に，ドイツ商法基準に準拠した連結財務諸表の作成の義務の免責のための商法典第292a条の前提条件を充たしている。さらに，ヨーロッパ連合の開示基準の要請も充たしている[25]」。

そのうえで，IAS基準準拠の連結財務諸表が投資家を中心とした利害関係者の意思決定に有用な情報を提供するところにその意義を見出すことができるとの説明,が行われていた。

「IAS基準に準拠した連結財務諸表は，明らかに商法基準に準拠した連結財務諸表と違っている。IAS基準準拠の連結財務諸表は，明白に改善した透明性を与え，基本的に経営経済の言明能力を高めることになっている。（中略）IAS基準は，商法基準と違った会計目標にもとづいており，幅広い利害関係者，とくに投資家に対する意思決定に適合した情報の伝達を行うことにある。この場合，経済的な意思決定に対する情報の有用性が重要であるため，完全な情報の諸原則と期間に適正な利益計算の諸原則が中心的な意義を有している。IAS基準準拠の連結財務諸表にとって，理解可能性，意思決定有用性，比較可能生，信頼性といった枠組み原則が基準的である。IAS基準準拠の連結財務諸表というものは真の国際的可能生をもたらす[26]」。

この点で，1996年度と1997年度の決算と違って，商法基準準拠の連結財務諸表の作成・開示を行わず，商法典第292a条の免責条項を適用して，投資家を中心とした利害関係者の意思決定に有用な情報を提供する，IAS基準準拠の連結財務諸表が単独に作成・開示されていた。この結果，商法典第292a条の免責条項の適用初年度として，商法基準からIAS基準への移行に伴って生じる差異項目に関する説明が第6-31表のよう内容で付されていた。

Deutsche Bank社は，このような商法基準からIAS基準への移行に伴う差

第6-31表　商法基準からIAS基準への移行に関する説明

ドイツ会計と違って，IAS基準に準拠すれば，債権者保護の思考にとって，慎重な計上及び評価の規準よりも言明能力のある情報の方が適している。
IAS基準の違った目標にもとづき，異なった貸借対照表計上及び評価の方法または連結財務諸表の枠内での異なった表示が行われている。

出典) Deutsche Bank AG, Geschäftsbericht für das Geschäftsjahr 1999.

異項目の説明を行って，IAS基準準拠の連結財務諸表を作成・開示した結果，以下の第6-32表のような連結利益処分計算が行われた。しかし，連結利益処分計算に示された1997年度の連結当期純利益の956百万マルクが親会社であるDeutsche Bank社の配当総額と一致していたのに対し，1998年度の連結当期純利益の3,286百万マルクと一致しない配当総額の1,173百万マルクが表示されていた。

第6-32表　Deutsche Bankグループの連結利益処分計算

（百万マルク）	1998年度	1997年度
連結未処分利益	3,375	1,019
少数株主持分利益	74	67
少数株主持分損失	4	4
利益準備金組入れ	20	―
連結当期純利益	3,286	956

Deutsche Bank株式会社の1997年度と1998年度の配当総額

（百万マルク）	1998年度	1997年度
配当総額	1,173	956

出典) Deutsche Bank AG, Geschäftsbericht für das Geschäftsjahr 1998.

この連結利益処分計算から分かるように，1997年度までは，連結当期純利益が商法基準とIAS基準で同じ額で単独利益と一致していたのに対し，1998年度は，IAS基準準拠の連結当期純利益が単独利益と一致せず，そのため，連単不連携となった。その結果，親会社の配当は，親会社のDeutsche Bank社の単独財務諸表によって利益処分計算されていた。

Deutsche Bank社の1998年度決算から始まったIAS基準準拠の連結財務諸

表の会計方針は，その後，1999年度と2000年度の決算まで継続された。両年度におけるIAS基準準拠の連結財務諸表の会計方針は，1998年度と同じ内容であるとともに，商法基準からIAS基準への移行に伴う差異についても，1998年度決算と同じ説明が付されていた。

しかし，Deutsche Bank 社の2001年度決算の連結財務諸表の会計方針で，IAS基準準拠からUS-GAAP基準準拠へと適用会計基準の変更を行った。

Deutsche Bank 社の2001年度決算の特色は，2001年10月3日のDeutsche Bank 株式のニューヨーク証券取引所上場に伴って，IAS基準準拠の会計方針を替え，「US-GAAP基準へのDeutsche Bank 社の連結財務諸表の転換の年度[27]」であった。

>「2001年度の営業報告書は，US-GAAP基準の初度適用の連結財務諸表を含んでいる。2000年度の数字は，比較するためにUS-GAAP基準に準拠して作成しているが，2000年度の営業報告書の数字とは違っている。US-GAAP基準準拠の報告は，2001年10月3日のニューヨーク証券取引所へのDeutsche Bank 株式の上場によるものである。これまで，1995年度以降の連結財務諸表は，IAS基準に準拠して作成してきた[28]」。

この結果，Deutsche Bank 社の2001年度決算の連結財務諸表において，IAS基準からUS-GAAP基準への移行に伴い差異が生じることとなった。この差異について，以下のように記されている。

>「添付された連結財務諸表は，アメリカ合衆国で一般に認められた会計原則（US-GAAP基準）に合致している。US-GAAP基準に準拠した財務諸表の作成は，経営管理者が積極財産と消極財産，決算基準日の偶発的債権債務の表示ならびに報告期間の費用収益の表示に影響を与える見積もり査定を行うことを要請されている，実際の損益は，経営管理者の査定見積もりから離脱することができる。2001年度の取引数字の表示との比較を行うために，前年度の数字を調整表示している[29]」。

このように，Deutsche Bank 社の2001年度決算は，US-GAAP基準への移行によった連結財務諸表を作成する会計方針を採ったが，このUS-GAAP基準

移行の2001年度決算の特徴は，US-GAAP基準の決算数字と異なった経営管理者の報告数字が比較対照して表示されている点である。すなわち，①新しい組織変更をおこなったことに伴い，②費用・収益要素とUS-GAAP基準に準拠した連結財務諸表の対応する項目との調整を行った，③コーポレートセンターのコスト負担をしているといった変更にもとづき経営管理者の報告システムが2001年度に修正されたことから。経営管理者の報告数字とUS-GAAP基準の報告数字の差異が第6-33表のようなセグメント報告に示されるような金額で生じた。

第6-33表　経営管理者の報告数字とUS-GAAP基準の報告数字の調整計算

(百万ユーロ)	純収益	信用リスク準備	利息依存的費用	税引前損益	積極財産
1999年度					
経営管理者の報告数字	25,919	699	20,955	4,265	794,142
US-GAAP基準の報告数字	25,032	725	21,956	2,351	875,789
差額	-887	26	1,001	-1,914	81,647
2000年度					
経営管理者の報告数字	33,961	477	25,918	7,566	885,796
US-GAAP基準の報告数字	34,479	478	27,132	6,869	928,994
差額	518	1	1,214	-697	43,198
2001年度					
経営管理者の報告数字	30,397	1,015	26,042	3,340	896,800
US-GAAP基準の報告数字	29,621	1,024	26,794	1,803	918,222
差額	-776	9	752	-1,537	21,422

出典）Deutsche Bank AG, Geschäftsbericht für das Geschäftsjahr 2001.

このセグメント報告について，つぎの説明が記されている。

　「経営管理者の報告システムにもとづいた報告損益・積極財産とUS-GAAP基準に準拠して作成した連結財務諸表との調整計算が報告されている。これには，経営管理者の報告システムで適用された方法とUS-GAAP基準との間の差異が含まれている[30]。」

これは，経営管理者の報告数字がUS-GAAP基準の数字と異なったもので，税引き前利益について，US-GAAP基準よりも経営管理者の数字の方が大きいということを伝えたものであった。

他方で，2001年度決算でIAS基準からUS-GAAP基準に移行したことで，以下の第6-34表のように，IAS基準に準拠した未処分利益とUS-GAAP基準に準拠した未処分利益の金額に差額があった。このことは，Deutsche Bank社にあって，利益情報が多様であることを意味している。すなわち，IAS基準に準拠した利益（未処分利益）とUS-GAAP基準に準拠した利益（未処分利益）がそれぞれに市場対応の投資家への利益情報の価値を有しているということであり，また，これらと違った利益情報として，経営管理者の報告利益が開示されている。市場対応の連結財務諸表の利益情報が多様かつ多元的に開示されているところにDeutsche Bank社の会計行動の特徴が見出される。

第6-34表　IAS基準からUS-GAAP基準への移行に伴って生じた未処分利益の差額

（百万ユーロ）	1997年度	1998年度	1999年度	2000年度	2001年度
IAS基準準拠の未処分利益	521	1,726	2,453	4,949	
US-GAAP基準準拠の未処分利益	1,202	285	1,613	13,513	167
差額	+681	-1,441	-840	+8,564	
Deutsche Bankの配当	489	600	706	801	808

出典）Deutsche Bank AG, Geschäftsbericht für das Geschäftsjahr 2001.

 しかも，Deutsche Bank社の利益情報のもう1つの特徴点は，この連結財務諸表とは別個に親会社自身の単独財務諸表がドイツ国内基準である商法基準に準拠して作成され，連結財務諸表の準拠基準に係わりなく，商法基準に準拠した単独利益から親会社の株主に対する配当支払いが行われているということである。

第6-35表　Deutsche Bank社の適用会計基準

	1994年度以前	1995年度から2000年度	2001年度
連結財務諸表基準	商法基準準拠	IAS基準準拠	US-GAAP基準準拠
単独財務諸表基準		一貫して商法基準準拠	

 この点で，Deutsche Bank社の会計行動を見てみると，第6-35表に示した通り，連結財務諸表の適用会計基準が1991年度から1993年度までの商法基準準

拠から1994年度から2000年度までのIAS基準準拠を経て，2001年度のUS-GAAP基準準拠への変更した一方において，それにもかかわらず，親会社であるDeutsche Bank社の単独財務諸表は，ドイツ国内の商法基準準拠であり，当利益処分計算が一貫して商法基準にもとづいてきたということである。

〈注〉
1．2．3．4．5．6．7．8．9．10．11．12．13．14．15．16．17．18．19．20．21．22．23．24．25．26．27．28．29．30．Deutsche Bank AG, Geschäftsberichte für die Geschäftsjahre 1998-2001．

4　Bayer株式会社
　　—IAS基準を単独適用してきたケース—

　Bayer社の連結財務諸表の会計行動は，1985年商法改正（会計指令法）の適用初年度である1990年度の以前においては1965年株式法に準拠し，1990年度から1993年度までは，1986年の会計指令法の商法基準に準拠した連結財務諸表を作成・開示してきた。そして，1994年度にIAS基準への準拠に会計方針が変更され，これが1997年度まで続いた。しかし，このIAS基準準拠は，1998年資本調達容易化法にもとづき新設された商法典第292条a項の免責条項の適用を受け，1998年度以降，会計方針が定まった。

　その一方において，Bayer社の支払い配当処分計算に関しては，1998年商から最新の2001年度まで，商法改正においても単独財務諸表ベースで実施されている。

　Bayer社の会計国際化の会計方針の推移を見ると，以下のようであった。

①1985年会計指令法以前の会計方針
②1985年会計指令法の適用初年度の会計方針
③1994年度から1997年度のIAS基準適用の会計方針
④1998年度から2003年度までの商法典第292a条に基づくIAS基準適用会計方針

Bayer社の会計方針が国際化に向けた転換したのは，1994年度決算からである。Bayer社の1994年度決算がIAS基準に準拠した連結財務諸表を作成・開示した初年度であるが，それは，商法基準の枠内におけるIAS基準適用であった。この点について，以下のように記している。

　　「連結財務諸表は，これまでと同様に，商法基準に準拠して作成されている。国内的枠組みを越えて比較可能生を保証するため，初めて決算基準日に有効であるIASCの基準もまた適用されている。ドイツ法との一致は，会計処理方法の選択権をそれに対応させて行使することで達成されている。IAS基準が慎重及び実現の原則に十分に適応していないような取引事象は，連結財務諸表にとって重要性に乏しい。慎重原則による会計処理は変わらず堅持されている[1]」。

　1994年度の特徴点は，商法基準準拠の連結財務諸表のなかで追加的な情報としてIAS基準適用が行われたところにある。この点をより明確にしているのがつぎのような決算監査人による決算監査の確認の付記であった。

　　「1994年12月31日のBayer社の連結財務諸表に対し，我々は，以下のようにドイツ商法の無限定の確認の付記を行っている。

　　　『連結財務諸表は，我々の義務にもとづく監査によれば法律の諸規定に合致している。連結財務諸表は，正規の簿記の諸原則を遵守してBayerグループの財産，財務及び収益の状況の実質の諸関係に合致した写像を伝達している。Bayer社の単独の状況報告書に関係した連結状況報告書は連結財務諸表と一致している』。

　　　我々の監査結果によれば，連結財務諸表は，連結附属説明書の追加的な説明を考慮に入れて，IASCの基準にも一致している[2]」。

　このように，Bayer社の連結財務諸表が商法基準の会計処理方法の選択権の枠内でIAS基準に準拠して作成・開示されたが，IAS基準の適用に伴い，関係する勘定項目について評価替えが行われた。その結果，評価替えにもとづき，つぎの第6-36表に示すような影響額が収益・費用に生じた。

　しかし，第6-36表に示されたIAS基準適用による影響額について，自己資

第6-36表　IAS基準適用に伴う収益・費用への影響額

評価換えによった影響項目	影響額（百万マルク）
税務上の減額記入と定額法の減額記入との差異	236
製品評価の変更	179
税務上の特別項目の取崩し	55
通貨換算の変更	63
年金債務の評価替え	−696
年金類似の債務の評価替え	160
潜在的租税	33
全体の影響額	30

(出典) Bayer AG, Geschäftsbericht für das Geschäftsjahr 1994.

本及び連結利益への影響がほとんどなかったと説明している。このためか，連結利益が1993年度の1,327百万マルクから1994年度の1,970百万マルクへ増加したのは景気が良かったことから収益が上昇した点にあったと記している。

このことから，「企業の財産及び収益の状況に関するいっそうの情報伝達を図り，かつ国際的比較可能生を改善するために，連結財務諸表を1994年度に初めてIASCの基準でもとづき作成している[3]」としたBayer社の趣旨が自己資本及び連結利益に影響を与えずに実現している。

しかし，連結財務諸表の一方において，Bayer社の単独財務諸表が同時に作成・開示されている。この単独財務諸表は，ドイツ国内法である商法基準に準拠して作成され，親会社の配当処分計算への利益情報を提供している。これに対し，連結財務諸表は投資家に対する有用な利益情報を提供していることになる。ただし，それにも係わらず，Bayer社の1994年度の具体的な会計行動を見てみると，配当利益処分計算の段階で，配当処分額が単独財務諸表の純利益から支払われるにも係わらず，連結利益からの控除項目として配当処分額が決定されていることがつぎの第6-37表から分かる。

第6-37表から明らかなように，利益配当が親会社の単独の当期純利益から支払われるよう株主総会で決定されているとともに，そのことが連結利益処分計算としても説明され，連結利益配当が行われたかたちになっていることが分かる。

第 6-37 表　1994 年度の Bayer 社の配当利益処分計算と連単利益

株主総会における利益処分提案

1995 年 4 月 26 日の株主総会に対し，利益準備金への 30 百万マルクの組入れ後の Bayer 社の当期純利益の 901 百万マルクを 1994 年度に配当請求権を有する資本金の 3,465 百万マルクについて額面 50 マルク株式 1 株 13 マルクの利益配当処分を提案している。
利益配当後に企業グループの内部強化のために 1,100 百万マルクの金額を以下のように留保している。

Bayer グループの連結未処分利益	2,012 百万マルク
連結当期純利益（少数株主損益を除く）	1,970 百万マルク
利益配当額	901 百万マルク
企業グループ内部強化のための留保額	1,069 百万マルク

Bayer 社の単独損益計算書の利益処分計算

（百万マルク）	1994 年度	1993 年度
当期未処分利益（税引後）	931	818
準備金組入れ	30	80
当期純利益	901	738
利益配当額	901	738

出典）Bayer AG, Geschäftsbericht für das Geschäftsjahr 1994.

　1995年度決算の連結財務諸表の会計方針についても，1994年度と同様に，商法基準準拠のもとに作成・開示が行われ，この商法基準の選択権の枠内でIAS基準適用がなされ，国際的に比較可能な情報の提供が行われたと記されている。

　　「報告は，ドイツ商法の諸原則及びIASCの基準を遵守している。前年度と同様に，IAS基準の完全な適用は，ドイツ商法で認められている選択権の行使によって保証されている[5]」。

　この会計方針は，1996年度及び1997年度決算の連結財務諸表にも継続採用された。

　ここで明らかなことは，1994年度から1997年度における連結財務諸表の会計方針が，商法基準準拠を基本としながら，市場の投資家情報向けにIAS基準を適用した連結財務諸表を作成・開示している点である。これに対し，第 6 -

38表のように，Bayer 社の配当利益処分計算に関しては，単独財務諸表にもとづき行われている。

第6-38表　1996年度と1997年度の Bayer 社の単独損益計算書の利益処分計算

（百万マルク）	1997年度	1996年度
単独の当期未処分利益	1,458	1,361
その他利益基準金組入れ	70	130
当期純利益	1,388	1,231

1997年度の株主総会における利益処分案

Bayer 社の単独財務諸表は，1,388 百万マルクの当期純利益を

Bayer 社の単独財務諸表は，当期純利益の 1,388 百万マルクを表示している。この当期純利益の処分について，1997 年度に配当請求権を有する資本金 3,652 百万マルクに対し額面 5 マルク株式 1 株 1.90 マルクの配当を支払うことを提案している。

出典）Bayer AG, Geschäftsbericht für das Geschäftsjahr 1997.

　このように，1995年度から1997年度の株主総会の利益処分案を見る限り，1994年度に見られた連結利益からの配当利益処分計算が行われず，単独の当期純利益からの配当処分がなされていた。

　1998年度決算の連結財務諸表の会計方針は，IAS 基準適用を継続させる一方において，1998年資本調達容易化法にもとづき新設された商法典第292a条の免責条項を適用するという方針転換を行い，これが2001年度まで継続されている。1998年度決算の連結財務諸表の会計方針について，以下のように記されている。

　　「連結財務諸表は，商法典第292a条を適用して，決算基準日に有効であるIASCの基準に準拠して作成されている。連結財務諸表は，連結会計に関するEU会計指令と一致している[6]」。

　すなわち，Bayer 社は，商法典第292a条の免責条項にもとづき IAS 基準に準拠した連結財務諸表を作成・開示し，商法基準準拠から離脱した。この点は，以下のように，決算監査の確認の付記に明記されている。

　　「連結財務諸表の作成及び内容は，取締役会が責任を有している。我々

の任務は，我々が実施した監査にもとづいて連結財務諸表がIAS基準に合致しているかどうかを判断することにある。(中略) 我々の判断によれば，1998年12月31日の連結財務諸表は，企業グループの財産，財務及び収益の状況ならびに事業年度のキャッシュフローの実質の諸関係に合致した写像を伝達している。(中略) さらに，1998年12月31日の連結財務諸表及び1998事業年度の連結状況報告書がドイツ法に準拠した連結財務諸表及び連結状況報告書の作成の免責の前提条件を充たしていることを我々は確認する[6]」。

この結果，1998年度の連結財務諸表は，第6-39表のように，資本調達容易化法の趣旨に沿ったかたちの投資家情報への対応を図ったもので，IAS基準準拠が拡充された。しかし，その一方で，配当利益処分に関しては，連単分離で進められた。

第6-39表　利益処分計算と連単利益の不一致表示

連結損益計算書における連結当期利益 （百万マルク）	1998年度	1997年度
連結未処分利益	3,159	2,952
少数株主損益	2	11
連結当期純利益	3,157	2,941

単独損益計算書における当期純利益と配当利益処分 （百万マルク）	1998年度	1997年度
単独当期未処分利益	2,141	1,458
利益準備金組入れ	680	70
単独当期純利益	1,461	1,388
利益配当額	1,461	1,388

(出典) Bayer AG, Geschäftsbericht für das Geschäftsjahr 1998.

1998年度決算の連結財務諸表の会計方針が1999年度，2000年度，2001年度にも継承されたことは，1998年度に記されていたIAS基準に準拠した連結財務諸表がドイツ商法基準からの免責の前提条件を充たして作成されているという決算監査の確認の付記から明白であった。

2001年度決算のもう1つの特徴点は，2002年1月24日にBayer社がニュー

ヨーク証券取引所の上場を行ったことであるが，このニューヨーク証券取引所上場がBayer社の連結財務諸表の会計方針を変更せしめるのは2002年度決算からであるから，2001年度については，IAS基準準拠の連結財務諸表が作成・開示されていた。

この2001年度の連結財務諸表がIAS基準に準拠して作成・開示されるという具体内容がつぎの第6-40表のように報告されている。

第6-40表　連結財務諸表におけるIAS基準及びSICの解釈指針の適用

IAS基準の適用	
・IAS基準第12号	所得税
・IAS基準第19号	退職給付
・IAS基準第39号	金融商品，認識及び測定
・IAS基準第40号	投資
・SIC解釈指針第17号	持分―持分取引コスト
・SIC解釈指針第19号	通貨報告

出典）Bayer AG, Geschäftsberjcbt für das Geschäftsjahr 2001.

Bayer社の2001年度決算の連結財務諸表において，第7-40表に示されたIAS基準とSICの解釈指針の適用が行われたが，Bayer社は，この新しい会計基準の適用から財務及び収益の状況とともに，2000年度と2991年度の連結財務諸表の比較可能性にも重要な影響をあたえなかったと記している。2002年度と2003年度決算の連結財務諸表についても，IAS/IFRS基準準拠の会計方針が踏襲され，新しいIAS/IFRS基準の適用によっても，重要な影響は生じていないとの注記説明が行われている[7]。

〈注〉
1．2．3．4．5．6．7．Bayer AG, Geschäftaberichte für die Geschäftsjahre 1994-2003.

5 Volkswagen 株式会社
—2000年度決算から商法基準の単独適用からIAS基準へ切り替えたケース—

　Volkswagen社の連結財務諸表は，長年にわたって，ドイツ国内基準である商法及び株式法の諸規定に準拠して作成されてきた。このため，同じ自動車大手のDaimler-Benz/Daimler-Crhysler社と違って，IAS/US-GAAP基準への適応を長年にわたって実施してこなかった会社であった。しかし，Volkswagen社もまた，2000年度決算で連結財務諸表をIAS基準に準拠して作成・開示する試行を始め，2001年度決算から本格的にIAS基準に移行するといった方向転換を行っている。このことは，2005年からIAS基準の全面適用を決めたEU委員会の方針に対応して採られたVolkswagen社の会計国際化戦略に他ならない。

　Volkswagen社の連結財務諸表の会計方針の変遷について，以下，
　①1985年会計指令法以前の連結財務諸表の会計方針
　②1985年商会計指令法適用初年度の連結財務諸表の会計方針
　③1989年度から1999年度の連結財務諸表の会計方針
　④2000年度以降の連結財務諸表の会計方針
の具体内容を明らかにし，商法基準単独適用からIAS基準適用への移行の軌跡について考察したい。この変遷にあって，Volkswagen社の単独財務諸表と連結財務諸表が1999年度まで一体的に商法基準に準拠して作成・開示されてきたのに対し，2000年度決算では，商法基準準拠の連単財務諸表の一体的な作成・開示の会計方針が維持される一方で，調整計算の追加的情報方式のIAS基準準拠の試行的実施を行うという新しい動きが見られ，さらに，2001年度決算において，商法基準準拠の単独財務諸表の一方で，連結財務諸表におけるIAS基準の本格的適用が行われ，連単分離に踏み出した。

　Volkswagen社の会計行動を見ていくと，他の大会社と違って，1987年度から1999年度の決算にいたるまで一貫して商法基準に準拠した連結・単独の務諸表一体化の会計方針を採ってきたところに特徴がある。

　1987年度のVolkswagen社の単独財務諸表と連結財務諸表は，会計指令法へ

の変換後の新しい商法基準の適用初年度として作成・開示されたが，このことについて，「VolkswagenグループとVolkswagen社の1987年12月31日付の財務諸表の関する附属説明書」においてつぎのように記されている。

> 「VolkswagenグループとVolkswagen社の財務諸表は，1986年1月1日に発効した会計指令法の諸規定に準拠してはじめて作成されたものである。連結財務諸表に関しては，旧法の適用の可能性が利用されている[1]」。

附属説明書は，これに続けて，国際的な比較可能性を改善するため，損益計算書を売上原価法によって作成し，また，全部連結の範囲について，Volkswagen社が直接・間接に過半数出資をしている内国子会社23社と外国会社52社であり，関連子会社の連結について持分法の適用を行い，連結の諸原則では，会計指令法により採用された親会社の統一的な会計方法にもとづき内国・外国子会社の資産と負債を認識・測定し，資本連結について，修正アングロサクソン法を継続適用し，税効果会計と外貨換算会計の適用を実施したと述べている。以上から見て，1987年度のVolkswagen社の連結財務諸表の国際化対応は，会計指令法の初年度適用に見る限り，売上原価法の損益計算書，税効果会計，外貨換算会計といったものに限定されたものであった。

このように，1987年度決算では，会計指令法適用のもとで財務諸表の表示の明瞭性と国際的比較可能性を改善するといった情報提供機能の拡充が強調されていたことが旧法と比べての特徴点であったことがあきらかである。しかし，Volkswagen社の附属説明書によれば，親会社と子会社のそれぞれの単独財務諸表において，旧法と同じ会計処理方法を継続適用していると記されており，とくに，Volkswagen社の単独財務諸表と連結財務諸表において連単利益が一致表示されている点でも旧法と同じ仕組みであった。以下の第6-41表は，1987年度決算の連単の未処分利益計算における当期純利益を示したものであるが，このなかで，連単利益の一致表示が行われていることが特徴的であった。そして，これと同じ連単利益一致の利益処分計算が1989年度決算においても実施されていた。

第6-41表　Volkswagen社の未処分利益計算における連単利益一致表示

（百万マルク）	グループ		親会社	
	1987年度	1986年度	1987年度	1986年度
未処分利益	598.0	580.2	494.1	485.2
親会社の繰越利益	+3.5	+7.4	+3.5	+7.4
自社株準備金取崩し	—	+4.5	—	+4.5
その他準備金組入れ/				
連結準備金増額	-456.7	-326.0	-190.0	-190.0
少数株主利益	-24.6	-2.6	—	—
少数株主損失	+187.4	+43.6	—	—
当期純利益	307.6	307.1	307.6	307.1

出典）Volkswagen AG, Geschäftsbericht für das Geschäftsjahr 1987.

　Volkswagen社の連結財務諸表は，利益処分計算に関して，連単利益一致示を行い，債権者，株主，投資家等の利害関係者に対する有用な情報を提供し，国際的比較可能性を改善するという点で会計指令法に採用された新しい会計方法を適用していたのである。

　1987年度決算の連結財務諸表に関する会計方針は，その後も一貫して継続採用されてきたが，このような連結財務諸表の会計方針は，ドイツ上場会社のなかでも極めて少ない商法基準準拠の連結財務諸表の作成・開示のケースであったといえる。とりわけ，1987年度決算と同様の商法基準準拠の連結財務諸表という会計方針が商法典第292a条の免責条項の新設の1998年度以降も継続採用され，1999年度決算まで続いたことは，ドイツ上場会社の会計国際化対応のなかで大きく注目される行動であった。この点について，1999年度決算の連結財務諸表の会計方針が以下ののように記されていたことから分かる。

　　「Volkswagenの連結財務諸表は，株式法を遵守して商法典の諸規定に準拠して作成されている。表示の明瞭性を改善するために，貸借対照表及び損益計算書の個々の項目を一括表示した。この項目については附属説明書で別途表示している。国際的比較可能性を改善するために損益計算書は売上原価法で作成されている[2]」。

　この意味で，Volkswagen社は，商法基準準拠の連結財務諸表の作成・開示

という会計方針のもとに，会計の国際化対応を図ってきたドイツの数少ない上場会社の1つであったということができる。

しかも，Volkswagen 社の商法基準準拠の会計方針のもう1つの特徴として，商法基準の枠組みのなかで連単利益の一致表示のかたちで単独財務諸表と連結財務諸表が一体的であったという特徴を摘出することができる。第6-42表は，1999年度決算における連結貸借対照表の自己資本勘定のもとで親会社の単独利益（当期純利益）が表示されていること示したものであるが，このような連結貸借対照表における Volkswagen 社（親会社）の単独利益（当期純利益）の表示が1987年度以降，1999年度までのすべての決算に見られた。

第6-42表　1999年度決算の連結貸借対照表の自己資本勘定表示

連結貸借対照表貸方	（百万マルク）
自己資本	
Volkswagen 社の資本金	2,089
資本準備金	8,361
利益準備金	7,708
当期純利益（Volkswagen 社）	646
少数株主持分	385
	19,189

出典）Volkswagen AG, Geschäftsbericht für das Geschäftsjahr 1999.

しかも，Volkswagen 社の単独ベースの配当利益処分計算が連結貸借対照表（自己資本勘定）の当期純利益（親会社）にもとづき行われていた。つぎの第6-43表は，親会社の株主総会に提案された配当処分案であるが，この株主総会

第6-43表　Volkswagen 社の株主総会に提案された配当処分案

株主配当金	640,579,971.73 マルク
繰越利益	5,468,089.55 マルク
当期純利益	646,048,061.29 マルク

出典）Volkswagen AG, Geschäftsbericht für das Geschäftsjahr 1999.

における配当処分案を見る限り，連結財務諸表にもとづき，親会社の配当処分が行われたということが窺える。

このように，Volkswagen社のグループ全体の財務報告の情報開示を連結財務諸表が行うとともに，他方で，親会社の連結財務諸表において親会社の当期純利益が一体的に表示されるかたちで，連結財務諸表のもとで親会社の単独ベースの配当利益処分が実施されてきたのである。この連単一体の利益処分計算をもっとも端的に表示していたのが第6-44表の1993年度決算の事例であった。

第6-44表　1993年度のVolkswagen社の連単の未処分利益計算

（百万マルク）	親会社	グループ全体
当期未処分利益/未処理損失	71	-1,940
グループの利益準備金取崩し		2,011
親会社の当期純利益	71	71

出典）Volkswagen AG, Geschäftsbericht für das Geschäftsjahr 1993..

1993年度決算は，未処分利益計算で，単独黒字，連結赤字という特徴を示していたが，連結未処理損失をグループの利益準備金の取崩しで補填し，親会社の当期純利益と一致させる調整を行っていた。1993年度決算の説明によれば，このことについて，以下のように報告されていた。

「当期未処理損失と当期純利益（親会社）との差額は，グループの利益準備金を取崩して相殺計算している。この結果，連結当期純利益と親会社の当期純利益が一致している[3]」。

このことから明らかなように，Volkswagen社の決算では，連単分離でなく，連単一体での利益処分計算が実施されていることが分かる。換言すれば，Volkswagen社が1987年度以降，1999年度決算まで，商法基準に準拠した連単財務諸表の一体的な作成・開示という会計方針を継続してきたことが明らかとなった。

このように，ドイツの上場会社の多くが1990年代後半に連結財務諸表の国際化に対応させて，IAS／US-GAAP基準への移行という会計行動を採り，さらに，1998年の資本調達容易化法にもとづき新設された商法典第292a条の免責

条項を契機に，いっそうの IAS/US-GAAP 基準へのシフトを強めたにもかかわらず，1999年度決算まで一貫して商法基準準拠の連単財務諸表一体化の会計方針を継続してきた。しかし，2000年度決算において，Volkswagen 社は，連結財務諸表に関する会計方針を IAS 基準の試行的採用へと転換させ始めた。

IAS 基準の本格的採用に先立ち，2000年度決算における IAS 基準の試行的な採用について，以下のような株主説明を行っている。

　「Volkswagen グループは，当該事業年度において事業活動，財務状況及びそれらの発展の透明性をいっそう高めた。とくに，投資家関係情報提供活動を強め，投資家と証券アナリストとのコミュニケーションを改善した。このことに関連して，Volkswagen 株式が年度末に EURO-STOXX-50 指数に入ったことがとくに喜ばしい。さらに企業の開放に向けた重要な進展として，わが社は，Volkswagen グループの会計及び財務報告を IAS 基準に移行させている。このために，2001年度に商法基準と IAS 基準の財務諸表をパラレルに作成することとする。2001年度の連結財務諸表は全面的に IAS 基準に準拠して公開される。2002年度からは，連結財務諸表は，IAS 基準のみに準拠して作成されるが，それは，Volkswagen 社が2005年度以降に想定されるヨーロッパ連合内での上場企業に対する IAS 基準の拘束力のある導入に向けた準備を行うためである[4]」。

Volkswagen 社は，このように述べて，2002年度から商法基準から IAS 基準への変更を宣言する一方で，2000年度決算において，商法基準と IAS 基準のパラレル方式の連結財務諸表の作成・開示といった会計方針を採用していた。連結財務諸表のパラレル方式とは，まず，商法基準準拠を基本としながら，商法基準と IAS 基準との調整表を作成するというものである。このため，Volkswagen 社の会計方針に関する連結附属説明書では，「Volkswagen の連結財務諸表は，株式法の規準を遵守して商法典の諸規定に準拠して作成されている[5]」と記され，IAS 基準への試行的な移行がなされていた。この商法基準と IAS 基準のパラレル方式の連結財務諸表の試行的実施が2000年度決算から始まったのである。

「2001年度に，わが社は，IAS基準ならびにIASCの解釈指針委員会（SIC）の解釈に準拠した連結財務諸表をはじめて公表することになる。この財務諸表は，IAS基準にすべて変換された個々の会社の財務諸表にもとづいている。すでに2000年度にわが社がこの原則に準拠して比較可能な前提として，監査を受けていない貸借対照表と連結損益計算書を作成した[6]」。

この結果，2000年度の決算では，IAS基準に準拠した損益と自己資本が追加的な情報として開示され，商法基準準拠の財務報告との調整表が作成・開示されていた。以下の第6-45表は，「商法基準に準拠した財務諸表とIAS基準に準拠した財務諸表との間の重要な相違[7]」にもとづき生じた税引前損益の調整計算の一覧である。

第6-45表　商法基準とIAS基準の貸借対照表の差額表示（2000年12月31日）

（百万マルク）	商法基準	IAS基準	差額
借方合計	159,582	188,286	28,704
固定資産	69,308	72,608	3,300
流動資産	89,835	115,058	25,223
計算限定項目	439	620	181
貸方合計	159,582	188,286	28,704
自己資本	22,534	43,507	20,973
少数株主持分	―	66	66
引当金	44,728	51,317	6,589
負債	89,203	92,913	3,710
計算限定項目	3,117	483	−2,634

出典）Volkswagen AG, Geschäftsbericht für das Geschäftsjahr 2000.

第6-46表の調整表の結果から分かるように，IAS基準に準拠したグループの自己資本は，43,507百万マルクにのぼり，商法基準に準拠した金額のおよそ2倍に達していた。また，IAS基準に準拠した税引前の損益では，商法基準に比べて744百万マルクの増加であり，また，税引後では，1,870百万マルクの増加が見られた。

第6章 ドイツ上場会社の適用会計基準の選択行動　215

第6-46表　2000年度の商法基準からIAS基準への移行に伴う調整表

（百万マルク）	税引前損益
商法基準の財務諸表	6,784
開発費の借方計上〈償却後〉	681
有形固定資産及びその他の無形固定資産の減額記入	1,096
リース取引の評価	1,254
その他の債権の評価	－215
年金引当金の評価	－106
その他の引当金の増減	－1,913
その他の増減	－53
IAS基準の財務諸表	7,528
実際納税額	－2,752
IAS基準準拠の繰延税金	1,126
通常の取引　　　　　　　　　　－74	
臨時効果　　　　　　　　　　1,200	
IAS基準の税引後の損益	5,902

出典）Volkswagen AG, Geschäftsbericht für das Geschäftsjahr 2000.

　以上が2000年度決算におけるIAS基準の試行的実施に伴う商法基準との調整計算であったが，2000年度の会計方針を見る限り，商法基準準拠の連結財務諸表が本体であり，IAS基準適用の調整計算が追加的情報として作成・開示されていたに過ぎない。

　このため，2000年度の連結財務諸表の利益処分計算についての会計方針を考察すると，Volkswagen社の連単の利益処分計算が従前と同様に一体的な仕組みであったことがもう1つの特徴として確認することができる。すなわち，つぎに示す第6-47表によれば，それまでと同様の表示方法を継続適用して，連結貸借対照表貸方の自己資本勘定のなかで親会社の当期純利益を表示していることが分かる。

　そして，この連結貸借対照表の「親会社当期純利益」について，連結未処分利益に関する説明で以下のような連単の利益調整が行われたことが記されていた。

　「連結未処分利益と当期純利益との差額は，グループの利益準備金で相殺消去されている。この結果，グループの当期純利益が親会社当期純利益

第 6-47 表　2000 年度の連単貸借対照表における「親会社当期純利益」表示

連単貸借対照表貸方側（百万マルク）	2000 年度		1999 年度	
	連結	単独	連結	単独
自己資本				
Volkswagen 社の資本金	2,094	2,094	2,089	2,089
資本準備金	8,402	8,042	8,361	8,361
利益準備金	10,482	6,481	7,700	5,855
当期純利益	994	994	646	646
少数株主持分	66	—	385	—
	22,038	17,611	19,181	16,951

出典）Volkswagen AG, Geschäftsbericht für das Geschäftsjahr 2000.

と一致している[8]」。

2000年度の株主総会への利益処分案は，この連単一致の親会社当期純利益が配当処分されたことを以下の第6-48表のように示していた。

第 6-48 表　株主総会における 2000 年度の利益処分案

株主配当金	991,501,237.25 マルク
次期繰越利益	2,460,185.49 マルク
当期純利益	993,961,422.74 マルク

出典）Volkswagen AG, Geschäftsberjcbt für das Geschäftsjahr 2000.

以上，Volkswagen 社の2000年度決算は，商法基準準拠の連単財務諸表の一体化を堅持して，IAS 基準準拠の調整計算を試行的に作成・開示するといった追加的情報方式を採用した。そして，この試行的実施を経て，2001年度決算から，商法基準から IAS 基準への本格的な移行が図られた。

Volkswagen 社の2001年度決算の特徴は，単独財務諸表を商法基準に準拠して作成・開示する一方で，連結財務諸表を IAS 基準に準拠して作成・開示するというような連単分離の会計方針を採ったことである。2001年度決算の連結財務諸表に関する会計方針について，以下の説明がある。

　「2001年度の Volkswagen グループの連結財務諸表は，IAS 基準準拠の初年度として作成した（これに対応した前年度価値の報告を含めて）。これに

伴って，貸借対照表ならびに損益計算書の構成を変更した[9]」。

このことから，2001年度決算の連結財務諸表がIAS基準に準拠して，1999年度以前の商法基準の違った連結財務諸表が作成・開示されているとともに，そのことが商法典第292a条の免責条項を適用したものであったと取締役会報告につぎのように記されていた。

「ドイツ商法に準拠した連結財務諸表の作成義務の免責に関する商法典第292a条の前提条件を充たしている。この前提条件を充たしているかの判断はドイツ基準設定審議会が公表したドイツ会計基準第1号に基づいている[10]」。

（さらに，2001年度決算から，監査対象である連結財務諸表が貸借対照表・損益計算書の他に，自己資本変動計算書，キャッシュフロー計算書，附属説明書から構成されることも明記されている。）

このように，2001年度決算が商法典第292a条の免責条項を適用したIAS基準準拠の連結財務諸表であったが，この「IAS基準準拠の会計への移行[11]」が「Volkswagen社の商法上の連結財務諸表でこれまで採用されてきた貸借対照表計上，評価及び連結の方法がいくつかのケースでIAS基準の初年度適用によって変更された[12]」。

IAS/IFRS基準準拠の連結財務諸表は，2003年度決算行動においても，商法典第292a条の免責条項の適用にもとづき引き続き作成されている[(13)]。

〈注〉
1．2．3．4．5．6．7．8．9．10．11．12．13. Volkswagen AG, Geschäftsberichte für die Geschäftsjahre 1987-2003.

6　連単利益表示と適用会計基準の選択行動

以上，ドイツを代表する上場会社の決算事例に見る適用会計基準の選択行動について考察してきたが，これらのドイツ上場会社の決算行動のなかにあって，ドイツ上場会社の連単利益の表示に適用会計基準の選択行動が関係してい

るという1つの特徴点が浮かび上がってくる。それは，第6-49表に見るように，1986年会計指令法（商法改正）の施行直後から，ドイツ上場会社の連結財務諸表上において連単利益の一致・不一致表示が見られたことからはじまる。

第6-49表　ドイツ上場企業DAX100社の連単利益の一致・不一致企業数の一覧

年度	1987	1988	1989	1990	1991	1992	1993	1994	1995	1996
一致企業数	34	37	46	50	58	60	64	64	65	64
不一致企業数	40	44	39	39	34	35	32	33	32	33
不明企業数	26	17	15	11	8	5	4	3	3	3

出典）Kühnberger, M./Schmidt, T., Erfolgsausweis deutscher Aktienkonzerne, Wiesbaden 1998, S.79.

このドイツ上場会社DAX100社の連単利益の一致・不一致表示の状況をさらに個別内容について実態調査から考察すると，業種別（自動車・銀行・化学）では，1987年から1996年の10年間に連単利益の一致の会計方針がなんら統一したDAX100社の行動として採られていなかいことが分かる[1]。この実態調査を仔細に見ていくと，つぎのことが特徴点として指摘されている。

企業規模別に見た場合には，DAX100社の1987年から1996年の連単利益一致企業の比率の推移に対し，DAX30社の連単利益の一致企業の比率が高い。DAX30社の連単利益一致企業は，1987年の54%から1996年の83%に増加している。MDAXとDAX100社の比較で見た場合は，1987年から1996年の間でMDAX企業よりもDAX100社の方が増加率が高い。この結果，企業規模が大きいほど連単利益一致企業の比率が大きいことが分かる[2]。しかし，すべてが連単利益一致企業ではなかった。

さらに，マーケット資本調達規模別では，1996年にDAX100社の上位中の4社だけが連単利益不一致企業であった。この4社は，DAX30社の企業でもあった。DAX30社では，25社が連単利益の一致企業であった[3]。

監査法人別で見た調査では，1996年の監査法人別のDAX100社について，監査法人が被監査会社の連単利益の一致・不一致表示の決算行動に対し明白な監査の指針がなく，監査法人によって，一致・不一致表示の両方が無限定意見を

付すという結果になっている[4]。

連結財務諸表の適用会計基準別では，1996年のDAX97社について，IAS/US-GAAP基準を適用した①デュアル方式の連結財務諸表の作成・開示企業が7社，②パラレル方式の連結財務諸表の作成・開示企業が4社であり，残りの企業が③商法基準に準拠した連結財務諸表の作成・開示を行っていた。このうちのパラレル方式を採った4社のなかで3社について商法基準に準拠した連結財務諸表において連単利益の一致表示が見られ，他方のデュアル方式を採用した7社については，4社の連単利益の一致表示があったのに対し，3社では連単利益が不一致であった[5]。

国内取引所・海外取引所別では，連単利益の表示の方針の違いが国内の取引所で上場しているか，海外の取引所で上場しているかによっていることが分かる。全体的に見て，97社中の37社が海外上場している企業であり，国内上場よりも海外上場の方が連単利益の一致企業の比率が高く，逆に不一致企業の企業の比率は国内上場の方が高いという結果が見られた。そして，この調査時点での特徴として，アメリカでの上場企業についても連単利益の一致表示が多いということである[6]。

企業グループの形態の違いでは，1996年DAX97社のうち，企業グループ形態で分類すると第6-52表のような内容であった。この企業グループの形態の違いにもとづき連単利益一致・不一致表示を纏めると，一般持株型の企業グループの方が経営持株型や金融持株型の企業グループに比べて連単利益の一致比率が高いことが分かる[7]。

以上の実態調査の結果のうち，1996年に連単利益の一致表示を行った64社について形式面から解析すると，以下の点に特徴があった[8]。

(1) 64社のすべてが連結貸借対照表上で親会社の単独利益を表示していた。
(2) 株式法第158条1項を適用した企業が52社であり，この52社中の48社が連結損益計算書で利益処分計算を行っていた。附属説明書で利益処分計算書を作成した企業は7社であった。64社中の残りの12社は連結利益と単独利益の調整計算書をいっさい作成していなかった。

(3) 連結差額の相殺のため，また，子会社の単独利益の組入れのために，連結利益準備金という勘定科目を利用していたが，61社が連結利益準備金との相殺を採用していた。

(4) 45社が連単利益の一致を明示していたが，残りの19社は連単利益一致の明示がなかった。また，7社が連結貸借対照表または連結損益計算書上に直接的に表示を行っており，さらに5社が連結附属説明書でも連単利益の一致表示を示していた。また，大部分が採用した連結原則または連結方法の箇所で記述しているが，若干の企業で，自己資本項目に関する説明で一致表示の記述が行われていた。

さらに，この調査の結果によれば，

(1) DAXとMDAXによる企業規模の分類に関して，企業規模と一致表示の間に相関関係がある，

(2) 連単利益の一致表示のバラツキから，期待はずれの写像しか与えられない，

(3) 連結財務諸表の表示形式に関し，連単利益一致表示をした企業の間で大きな相違が見られ，その結果，連結財務諸表の情報内容の低下があり，比較可能性が損なわれている，

(4) 連結財務諸表を配当計算の基礎として考えているということが連単利益の一致表示のなかで確認できる，

といったことが指摘されている[9]。

しかし，この調査結果を見ても分かるように，1987年から1996年の間に，ドイツ上場会社の連結財務諸表が連単利益の一致表示の傾向を相対的に強めてきたが，他方において，連単利益の不一致表示を行う上場企業も引き続き存在しているという事実も見過ごすことはできない。むしろ，このようなドイツ上場会社の連単利益の一致・不一致表示の会計行動が適用会計基準の選択行動に繋がっていたことが重要なポイントである。

この適用会計基準の選択行動が連単利益の一致・不一致表示に結び付いている事実は，個別の上場会社の事例からも明らかである。

US-GAAP基準に準拠した連結財務諸表を作成してきたDaimler-Benz/Daimler-Chrysler社，Deutsche Telekom社，Siemens社の3社の連結財務諸表から，Daimler-Benz/Daimler-Chrysler社とDeutsche Telekom社がUS-GAAP基準への全面移行にともなって，連単利益の不一致表示に転換したのに対し，Siemens社は，US-GAAP基準への転換を図ったにもかかわらず，引き続き，連単利益の一致表示が行われていた[10]。

これに対し，IAS基準準拠のCommerz Bank社，HVBグループ，Heidelberger-Zement社の連結財務諸表については，連単利益の一致表示が確認できる[11]。また，最新の新しい動向として，IAS基準からUS-GAAP基準へ移行したDeutsche Bank社では，1994年から2000年までのIAS基準準拠では，連単利益一致表示を行い，2001年のUS-GAAP基準への移行で，連単利益の一致表示は行われていない[12]。

以上のような実態の背後に，適用会計基準の国内・国際基準のダブルスタンダード選択行動があったが，原因を探っていくと，株式法第158条を援用して連結財務諸表上で利益処分計算が行われ，派生的に間接的な配当計算が連結財務諸表の決算実務で広く採用されてきたことが摘出できる[13]。この連結損益計算書における擬制的な利益処分計算の方法として，以下のようなの3つのモデルが実務で採られていた[14]。

(1) 利益処分計算の枠内での損益繰延に対する連結差額の相殺を行い連単利益の不一致表示を行うモデル1
(2) 連結利益と親会社の単独利益の一致のために連結差額を相殺するモデル2
(3) 連結損益計算書における利益処分計算を断念し，連単利益の不一致表示を行うモデル3

現実のドイツ上場会社の連結財務諸表の決算行動として，この3つのモデルが多様に展開されてきた。だが，これらのうち，モデル1とモデル2が連結財務諸表の利益処分計算が擬制されるかたちで，モデル1が連単利益不一致表示，モデル2が連単利益一致表示を行うのに対し，モデル3が連単財務諸表の

分離で連単利益不一致表示をしていることである。

第6-6図　連結財務諸表と単独財務諸表の目的の違いと利益処分計算のモデル

```
                    財務諸表の目的
                   ┌──────┴──────┐
              支払い測定        財産・財務・収益の状況
                                に関する情報の提供
              ┌───┴───┐         │
            国庫    株主      ・株主
                              ・経営者
                              ・債権者
                              ・従業員
                              ・意先と仕入先
                              ・競争企業

  税務決算 ←基準性─ 商法上の単独      商法基準・IAS.US-GAAP
         ─逆基準性→  財務諸表        基準準拠の連結財務諸表

              連単利益一致  連結利益処分計算  連単利益不一致
                          の3つのモデル
```

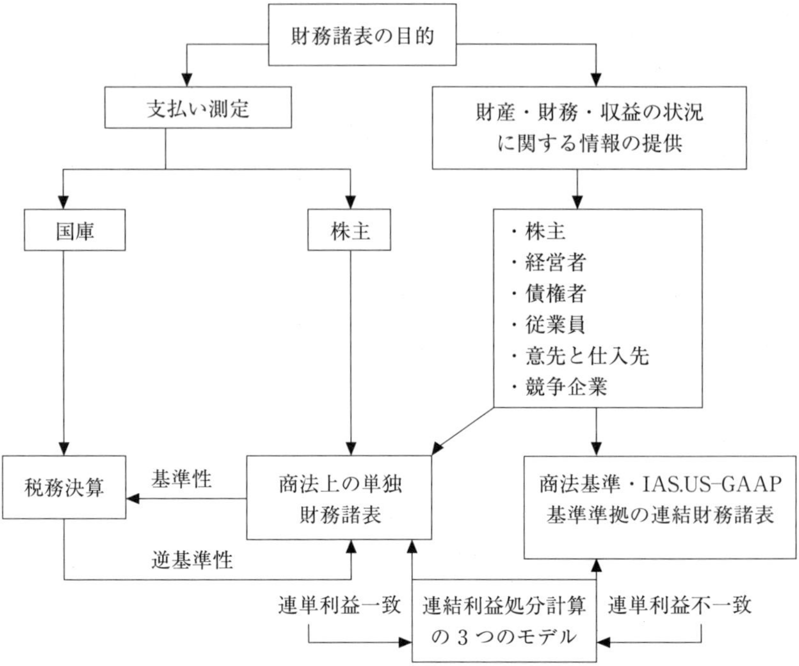

出典）Coenenberg, A. J., Jahresabschluß und Jahresabschlußanalyse, 17. Aufl., Landesberg/Lech 2000, S.41. を一部修正。

第6-6図は，連結財務諸表と単独財務諸表の目的の違いと利益処分計算のモデルを纏めたものである。第6-6図に示したように，連単の財務諸表の目的の違いは明確であり，連結財務諸表に支払い測定の機能がなく，もっぱら多様な利害関係者に対する企業グループの財産，財務，収益の状況に関する情報の提供にあるということである。しかし，現実には，モデル1とモデル2のように，株式法第158条を援用した連結財務諸表において利益処分計算が行われ，とくに擬制的に親会社の配当処分計算を行う連単利益一致表示のモデル2の連結財務諸表決算実務が大多数を占めるという傾向にある。

このモデル2のケースでは，連単の財務諸表の等価値性が強調される。しか

しながら,モデル1とモデル2の連結損益計算書の利益処分計算方式については,批判的指摘がある[15]。とくに,連単利益一致表示のモデル2のような連結損益計算書の利益処分計算方式は,法的な法人格を持たない企業グループが1つの擬制のもとに誤った連結利益を表示する実務であるから,連単の利益処分計算方式を採らないモデル3の方が連結財務諸表の国際化に適していると考えらる[16]。しかし,現実は,必ずしもモデル3に収斂しているわけでなく,モデル1,モデル2のケースがIAS/IFRS基準準拠の上場会社の会計行動に見られるため,モデル3とは異なる適用会計基準の選択行動が採られている。

2005年以降のIAS/IFRS基準適用の上場会社の連結財務諸表上の連単利益表示がどのように展開されていくのか,今後の定点観測の課題の1つである。

〈注〉
1. Kühnberger, M. /Schmidt, T., Erfolgsausweis deutscher Aktienkonzerne, Wiesbaden 1998, S. 83-86, S/86-90.
2. Ebenda, S/90.　　3. Ebenda, S. 91-93.　　4. Ebenda, S. 96-99.
5. Ebenda, S. 100.　　6. Ebenda, S. 101-102.　　7. Ebenda, S. 103-107
8. Ebenda, S. 112.　　9. Ebenda, S. 118.
10. Daimler-Benz AG/Daimler-Chrysler AG, Geschäftsberichte für die Geschäftshahre 1987-2000. Daimler-Chrysler AG, Geschäftsbericht für das Geschäftsjahr 2000. Deutsche Telekom AG, Geschäftsberichte für die Geschäftsjahre 1995-2001. Siemens AG, Geschäftsbericht für das Geschäftsjahr 2000.
11. Commerz Bank AG, Geschäftsberichte für die Geschäftsjahre 1997, 2000. HVB Gruppe, Geschäftsbericht für das Geschäftsjahr 2000. Heidelberger Zement AG, Geschäftsberichte für die Geschäftsjahre 1997-2000.
12. Deutsche Bank AG, Geschäftsberichte für die Geschäftsjahre 1998-2001.
13. Coenenberg, A.J., Jahresabschluß und Jahresabschlußanalyse, Landsgerg/Lech 2000, S. 40-41.
14. 15. 16. Küting, K. /Weber, C-P., Der Konzernabschluß, 6. Aufl., Stuttgart 2000, S. 417.

第3節　事例研究から見た適用会計基準の選択行動の意味

　ドイツ上場会社の適用会計基準の選択行動は，連結財務諸表の投資家の意思決定に有用な情報属性に関し，商法基準，IAS/IFRS基準，US-GAAP基準への上場会社の適応戦略を表している。また，適用会計基準の選択行動は，同じ上場会社にあっても，時期によって会計国際化の会計方針に変化を見せている。

　その代表的な事例がDaimler-Benz/Daimler-Chrysler社の適用会計基準の選択行動であったDaimler-Benz/Daimler-Chrysler社は，この30年間，会社法（配当）・税法（課税）の目的のための処分利益計算属性に関し，商法基準に準拠した単独財務諸表を採用してきたが，その一方で，投資家の意思決定に有用な情報属性の連結財務諸表に関し，1987年度決算から続けてきた商法基準全面適用の会計方針を1993年度決算において，同社のニューヨーク証券取引所の上場認可に適応させて，商法基準の枠内におけるUS-GAAP基準の部分的適用（調整表方式）へと会計方針を切り替え，さらに，2000年度決算からは，US-GAAP基準全面適用の会計方針に転換するといった適用会計基準の選択行動を採っていた。US-GAAP基準適用が2007年までの猶予措置であるため，Daimler-Chrysler社の連結財務諸表の会計方針がIAS/IFRS基準適用にふたたび切り替えられることも今後予想されるところである。

　このように，適用会計基準の選択行動が1990年代以降，他の多くの上場会社の会計行動の事例にも見られたが，そのことが商法会計規範システムの枠組みにおける商法基準，IAS/IFRS基準，US-GAAP基準の混成システムのなかで展開された連単の財務諸表の機能分化・役割分担に意味があったと理解することが重要な論点である。1998年に新設された商法典第292a条の免責条項を適用した連結財務諸表の情報属性にかかわった①IAS/IFRS基準とUS-GAAP基準の選択行動であるとともに，②会社法（配当）・税法（課税）の処分利益計算属性にかかわった単独財務諸表の選択行動であったと考えられる。

ドイツとEUの「2005年適応問題」が提起したのは，この商法会計規範システムにおける1998年バージョンから2005年バージョンへの切り替えであるが，いまの時点で，商法会計規範システムがどのように制度設計されようとしているのか，商法改正案（企業会計法改革法政府草案）が現在進行中であり，不明な点が多い。しかし，IAS/IFRES基準への収斂に適応した会計改革のドイツの道に向け，商法会計規範システムの枠組みを堅持したかたちで，新たな「法規範」と「専門規範」の混成システムを形成していくことが現実的な選択肢であると考えられる。

索　引

あ行

IAS/IFRSS基準設定プロセスへのドイツの積極的な関与 …………… 55
IAS/IFRS基準 … 10, 45, 62, 130, 134, 136
IAS/IFRS基準の強制適用 ………… 2
IAS/IFRS基準初度適用 ………… 130
IAS基準 ………………… 10, 14
IASC（国際会計基準委員会）……… 45
IASB（国際会計基準理事会）……… 20
IAS/US−GAAP基準 … 3, 4, 6, 11, 15, 16, 17, 20, 53, 57, 68, 77, 80, 83, 84, 87, 89, 91, 92, 93, 102, 144, 151
IOSCO（証券取引監督者国際機構）… 45
新しい会計基準設定主体の設置構想 … 88
新しい貸借対照表法システム …… 72, 75
アメリカのSEC規制 …………… 16

EC会計指令 ………………… 63
EC会計指令の加盟国の国内法化 …… 14
EC第7号会計指令 ………… 69, 143
EC第4号会計指令 ……………… 61
EU委員会 …………………… 45
EU委員会のIAS/IFRS基準重視 …… 45
EU委員会の資本市場法規制 ……… 36
EU会計指令 ………………… 10, 14
EU会計戦略 ………………… 23
EU会計法現代化指令 …………… 45
意思決定有用性アプローチ ………… 1

HVBグループ ………………… 221

FASB（米国財務会計基準審議会）… 9, 53

か行

会計改革のドイツの道 … 2, 23, 43, 54, 56, 94, 225
会計基準設定機関設置条項 ………… 17
会計規定の差別化 ……………… 12
会計規範を設定する権限 ………… 17
会計国際化法公開草案 ………… 135, 136
会計システムの影響要因 ………… 8
会計システムの環境要因 ………… 11
会計システムの二元主義 ………… 7
会計指令法 …………………… 57
会計審議会 …………………… 88
会計と法治国 …………… 56, 121, 138
会計人 ………………… 53, 90, 99, 113
会計の国際的調和化 …………… 10
会計領域におけるパラダイム転換 …… 49
概念フレームワーク …………… 135
概念フレームワーク公開草案 … 112, 136, 137, 138
株式価値指向 ………………… 40
株式の相互持合い ……………… 37
株式の閉鎖的な持合い …………… 26
株主指向モデル ………………… 23

機関投資家 …………… 29, 33, 35
企業会計法改革法 ………… 62, 96, 139
企業統治 … 23, 24, 26, 27, 29, 30, 32, 34, 35, 38, 39, 40, 41, 43, 54
企業統治行動規範 ……………… 40

企業統治自主規制…………………………35
企業統治におけるドイツの道…………35
企業統治の市場……………………………23
企業統治のドイツの道…………………55
企業報告の開示の透明性………………23
企業領域統制透明化法 ……1, 3, 4, 13, 16,
　23, 35, 37, 52, 62, 80, 84, 88, 99, 104,
　106, 144
議決権ブロック…………………………54
議決権ブロックホルダー………………26
競争優位性………………………………119
金融…………………………………………24

公開草案…………………………………135
公告………………………53, 90, 91, 99, 104
公的会計審議会…………………………52
ゴーイングパブリック…………………178
国際会計への適応の戦略的指向………62
国際的な会計規制………………………14
混成システムの会計規制………………61

さ行

債権者保護 ……1, 4, 10, 11, 12, 14, 16, 41,
　44, 59, 61, 76, 115

シェアーホルダー………………………27
自国基準の支配…………………………62
自国基準のヨーロッパ化………………15
市場経済システム…………………………5
市場重視型の会計システムの国際的
　ネットワーク……………………………11
市場による統制…………………………43
私的会計委員会……………………52, 88
資本市場活性化法………………………30
資本市場指向………………………1, 117, 122
資本市場による統制……………………40

資本市場文化の相違……………………23
資本調達容易化法 …1, 3, 4, 13, 16, 23, 49,
　62, 79, 84, 85, 99, 102, 106, 144
社会的市場経済 …1, 27, 28, 34, 38, 40, 41,
　43, 54, 55, 92
従業員の共同決定………………………27
商事貸借対照表の税務貸借対照表に対す
　る基準性原則……………………………12
商法会計規範 …1, 4, 10, 11, 12, 14, 15, 17,
　20, 57, 59, 62, 63, 74, 76, 77, 86, 92, 143,
　225
商法会計規範システム…………………16
商法会計規範の混成システム …………8
商法確定決算基準 …12, 14, 17, 20, 52, 59,
　62, 67, 76, 90, 93, 95, 113, 115
商法基準適応の連結財務諸表…………16
商法典第292a条 …2, 14, 17, 50, 51, 55, 58,
　85, 93, 99, 100, 102, 151
商法典第342a条…………………………17
商法典第342条 ……17, 52, 55, 58, 93, 99,
　104
商法典第三篇 ………11, 12, 15, 62, 85, 86
真実かつ公正な概観………………15, 61

ステークホルダー………………………27

正規の簿記の諸原則 …12, 17, 20, 59, 61,
　62, 65, 67, 75, 76, 93, 113
正当性の推定……………………………113
世界的に承認された会計・開示の諸原則
　……………………………………………72
ゼネラル基準適用会社…………129, 150
1971年ドイツ税制改革委員会答申……67
1985年の会計指令…………………………2
1985年適応問題…………………………57
1998年適応問題 ……………………57, 58, 62

専門規範……………………………18

た行

ダブルスタンダード適用の会計方針…16
ダブルスタンダード適用問題…………78
単独財務諸表・連結財務諸表の二極化
　………………………………………80
単独財務諸表と連結財務諸表の差別化
　……………………………………117
単独・連結財務諸表の混成システム…4

適応条項………………………13, 17
適用会計基準……123, 125, 128, 129, 130, 134, 143, 153, 217, 224
適用会計基準の国際的な選択行動……11
適用会計基準の混成システムの
　パラダイム転換……………………121
10ポイントプログラム提案
　………………………………135, 137, 138

ドイツ会計改革論……………………1
ドイツ会計基準…………20, 53, 99, 113
ドイツ会計基準委員会………17, 18, 20, 53, 58, 89, 90, 93, 99, 100, 104, 110, 112, 113, 114, 115, 117, 119, 135, 136, 137, 138
ドイツ会計の意思決定有用性の視点
　……………………………………135
ドイツ会計のパラダイム転換…1, 11, 121
ドイツ企業会計法のヨーロッパ化
　………………………………58, 59
ドイツ経済監査士協会………………114
ドイツ商法……………………………10
ドイツ商法会計規範の将来像………121
ドイツの会計改革の動き……………23
ドイツの戦略的な国際化対応…………17

ドイツのナショナルインタレスト
　………………………13, 14, 15, 17, 20
ドイツの立法権限という憲法原則……90
ドイツ版FASB………………17, 52, 89
統一財務諸表…………………51, 96, 138
統一貸借対照表………………………68
投資家の意思決定………………16, 80
投資家保護……………10, 12, 13, 16, 61
投資と情報の非対称…………………26
透明化開示法…………………………35

な行

2005年IAS/IFR基準導入……………55
2005年適応問題…57, 105, 117, 118, 119, 225

は行

Beisse, H.………………74, 75, 76, 77
配当抑制計算テスト…………65, 67, 76
ハイブリッド方式……………52, 91, 100
パブリックセクター…………………6, 9

比較可能性と等価性…………………13

プライベートセクター………………6, 9
プライム基準適用会社…………129, 150

Baetge, J.………………………72, 73
Pellens, B.………………………3, 4, 5

法規範…………………………………18

や行

US-GAAP（一般に認められた会計原則）……………………………………9
US-GAAP基準……………10, 14, 16, 136

ヨーロッパ会計基準委員会 ………… 115
ヨーロッパ企業会計法の変革………… 95
ヨーロッパ基準設定機関 …………… 118
預託議決権……………………………… 27

ら行

Liener, G. …………………… 72, 73, 74
立法国家 ………………………………… 1
立法選択権に基づく相互承認方式…… 61

連結会計についての適用勧告 ……… 117

連結財務諸表に関する正規の簿記の
　諸原則（GoK）……………… 90, 113
連結財務諸表の国際的調和化………… 45
連結財務諸表の国際的比較可能性
　………………………………… 44, 51
連単利益表示 ………………………… 217
連邦法務省……………………………… 17

労働者の共同決定……………………… 40

企業名索引

Adidas-Solemann ………………… 146
Alianz …………………………… 26, 146
BASF ………………………… 146, 153
Bayerische Hypo-und Vereins Bank
　………………………………… 26, 146
Bayer ……… 13, 15, 16, 57, 58, 72, 78, 81,
　146, 154, 201
BMW …………………………………146
Commerz Bank ………………… 146, 221
Daimler-Benz … 5, 13, 15, 16, 32, 37, 48,
　57, 58, 72, 73, 74, 78, 81, 160
Daimler-Benz/Daimler-Chrysler
　………………………………… 221, 224
Daimler-Chrysler … 34, 146, 153, 160, 221
Degussa-Hüls …………………………147
Deutsche Bank　26, 37, 78, 146, 153, 186,
　221
Deutsche Telekom
　………… 32, 34, 81, 147, 153, 177, 221
Dresdner Bank ………………… 26, 146
Dentsche Lufthansa ………………… 146
Dykerhoff ………………………… 153

Heidelberger Zement … 78, 81, 153, 221
Henkel …………………………………146
Hoechst ……………… 34, 81, 146, 154
Karlstadt ……………………………… 146
Linde …………………………………… 146
Mannesmann ……………………… 34, 146
MAN …………………………………… 146
Merk ……………………………………… 81
Metro ……………………………… 34, 146
Müncher Rückversicherung ………… 26
Pfeiffer Vacuum Technology ……… 153
Preussag ……………………………… 146
Puma …………………………………… 153
RWE …………………………………… 146
SAP ……………………………… 147, 153
Schering ………………… 78, 81, 146, 154
Siemens ………………… 146, 153, 221
Thyssen-Krupp ……………………… 146
VEBA ………………… 34, 81, 147, 153
VIAG …………………………………… 146
Volkswagen …………………… 146, 208

著者略歴

1944年　神戸生まれ
現　職　新潟大学大学院現代社会文化研究科教授

著　書

『リース会計の論理』（単著，森山書店，1985年）
『会計規準の形成』（単著，森山書店，1991年）
『企業集団税制改革論』（単著，森山書店，1998年）
『ドイツの連結納税』（単著，森山書店，1999年）

『ドイツ会計の新展開』（共著，森山書店，1999年）
『将来事象会計』（共著，森山書店，2000年）
『ドイツ連結会計論』（共訳，森山書店，2002年）

```
著者との協定
により検印を
省略致します
```

適用会計基準の選択行動 ―会計改革のドイツの道―

2004年11月5日　初版第1刷発行

著　書　ⓒ　木　下　勝　一
発行者　　　菅　田　直　文
発行所　有限会社　森山書店　東京都千代田区神田錦町
　　　　　　　　　　　　　　1-10林ビル（〒101-0054）
　　　　TEL 03-3293-7061 FAX 03-3293-7063　振替口座 00180-9-32919

落丁・乱丁本はお取りかえします　　　　印刷／製本・シナノ
　　　　本書の内容の一部あるいは全部を無断で複写複製する
　　　ことは，著作権および出版社の権利の侵害となります
　　　ので，その場合は予め小社あて許諾を求めてください。

ISBN 4-8394-1991-4